Theo Stemmler

Wie das Eisbein ins Lexikon kam

Ein unterhaltsamer Gang
durch die deutsche Wortgeschichte

Dudenverlag
Mannheim · Leipzig · Wien · Zürich

Redaktionelle Bearbeitung Dr. Matthias Wermke
Herstellung Monika Schoch

Die Duden-Sprachberatung beantwortet Ihre Fragen
zu Rechtschreibung, Zeichensetzung, Grammatik u. Ä.
montags bis freitags zwischen 08:00 und 18:00 Uhr.
Aus Deutschland: 09001 870098 (1,86 € pro Minute aus dem Festnetz)
Aus Österreich: 0900 844144 (1,80 € pro Minute aus dem Festnetz)
Aus der Schweiz: 0900 383360 (3,13 CHF pro Minute aus dem Festnetz)
Unter www.duden-suche.de können Sie mit einem Online-Abo auch
per Internet in ausgewählten Dudenwerken nachschlagen.
Den kostenlosen Newsletter der Duden-Sprachberatung können Sie
unter www.duden.de/newsletter abonnieren.

Bibliografische Information der Deutschen Nationalbibliothek
Die Deutsche Nationalbibliothek verzeichnet diese Publikation in der
Deutschen Nationalbibliografie; detaillierte bibliografische Daten
sind im Internet über http://dnb.ddb.de abrufbar.

Das Wort Duden ist für den Verlag
Bibliographisches Institut & F. A. Brockhaus AG als Marke geschützt.

© Bibliographisches Institut & F. A. Brockhaus AG,
Mannheim 2007
D C B A

Typografie Raphaela Mäntele, Heidelberg
Umschlaggestaltung Sven Rauska
Umschlagabbildung picture-alliance/akg-images, Frankfurt am Main
Satz tiff.any GmbH, Berlin
Druck und Bindung Firmengruppe APPL, Wemding

Printed in Germany
ISBN 978-3-411-72291-4
www.duden.de

Vorwort

Die Wortgeschichten, die ich hier erzähle, sind auf den Menschen zentriert: Um seine Familie, seine Ernährung und seine geistigen Tätigkeiten geht es in ihnen.

Das Kapitel über Essen und Trinken ist das umfangreichste – nicht weil der Autor der Völlerei zugeneigt ist, sondern aus mehreren sachlichen Gründen.

UMBERTO ECO, dem man nicht vorwerfen kann, ein maßloser Gourmand oder gar Hedonist zu sein, hat einmal die Küche als das Zentrum des Lebens bezeichnet. Der belgische Soziologe LEO MOULIN hat darauf hingewiesen, dass der Mensch im Laufe seines Lebens 75.000- bis 100.000-mal isst und dafür etwa fünfzehn Jahre seiner Lebenswachzeit aufwendet.

Dieser Zeitaufwand ist jedoch nicht der alleinige Grund. Wir verschlafen ja sogar ein Drittel unseres Lebens – und darüber gibt es wortgeschichtlich wenig zu berichten. Schlafen, Dösen, Schlummern, Traum und Albtraum – das war's schon.

Dagegen finden sich in Sachen Essen und Trinken unglaublich viele erzählenswerte Wortgeschichten. Dies ist zurückzuführen auf die große Palette des Nahrungsangebots, auf dessen frühe Internationalität und auf die immer wieder wechselnden Essgewohnheiten.

Der Mensch also steht im Mittelpunkt, doch ist nicht nur von ihm die Rede, sondern auch von der ihn umgebenden Welt: Wortgeschichte als Kulturgeschichte.

Solch ein Auswahlprinzip, wonach die einzelnen Wörter jeweils zu Sachgruppen zusammengefasst werden, die wiederum nach den wichtigsten Lebensbereichen des Menschen geordnet sind, erscheint mir angebracht, da es die Leserinnen und Leser, um die es in diesem Buch eigentlich geht, zu Betroffenen macht.

Jedenfalls ist solch ein Auswahlverfahren wohl sinnvoller als jenes in bereits vorliegenden wortgeschichtlichen Sammlungen angewandte, das in alphabetischer Folge willkürlich und zusammenhanglos einen Artikel an den anderen reiht.

Mit anderen Worten: Ich habe kein alphabetisch organisiertes Wörterbuch verfasst, sondern einen fortlaufenden Text, welcher der Leserin und dem Leser eine kontinuierliche Lektüre anbietet – des ganzen Buches oder einzelner Kapitel, je nach Lust und Laune. Wer sich auf die »Wortgeschichten« einlässt, kann in ihnen *schmökern* – was ja nach Auskunft des »Großen Duden« bedeutet, dass sie oder er ›gemütlich und längere Zeit etwas Unterhaltsames, Spannendes liest‹.

Können aber Wortgeschichten überhaupt spannend und unterhaltsam sein? Ich habe versucht, sehr frei nach NIETZSCHE dem Prinzip der »Fröhlichen Wissenschaft« zu folgen und sie entsprechend zu erzählen. In der Tat haben sehr viele Wörter ein ganz besonderes, oft sogar abenteuerliches Schicksal. *Habent sua fata verba* – so könnte man den Satz des TERENTIANUS MAURUS abwandeln: Wörter haben ihre Schicksale.

Doch nachschlagen können die Wissbegierigen auch: Ein vollständiges Wort- und Namensverzeichnis führt sie zu den einzelnen Wortgeschichten und den Autoren der zahlreichen Zitate, die ich nicht nur als Belege für meine Erörterungen eingefügt habe, sondern auch um den literarischen Horizont der Leserinnen und Leser zu erweitern.

Die vielen Illustrationen sollen den Lesenden die Lektüre angenehmer und kurzweiliger gestalten, als dies für sprachwissenschaftliche Veröffentlichungen üblich ist. Dennoch sind diese Abbildungen nicht lediglich amüsantes Beiwerk, sondern funktional wichtig: Sie unterstützen den Gang der textlichen Argumentation.

Da sich dieses Buch vor allem an Laien richtet, habe ich weitgehend auf Fachausdrücke und auf die Darstellung kontroverser Lehrmeinungen verzichtet, aber dennoch einige wichtige sprachwissenschaftliche Bemerkungen eingeschmuggelt – etwa zur Volksetymologie, zur Wortbildung oder zu den indogermanischen Sprachen. Auch zahlreiche grafische Darstellungen sollen dem Laien die Lektüre – insbesondere das Verstehen komplexer Zusammenhänge – erleichtern.

Und ein wenig Politik habe ich überdies eingebracht. *Last but not least* soll dieses Buch ein Zeugnis gegen nationalsprachliche Borniertheit sein, indem es zeigt, dass die Völker im Lauf der Jahrhunderte nicht nur immer wieder aufeinander eingeschlagen haben, sondern auch kulturell und sprachlich voneinander profitierten.

Es geht hier um deutsche Wortgeschichten im europäischen Kontext: Vor allem das Lateinische, Englische und Französische werden berücksichtigt, aber auch Exotisches aus Übersee kommt nicht zu kurz.

Die Zahl der Werke, die ich konsultiert habe, ist Legion – ich kann sie daher hier nicht alle nennen. Dennoch seien als besonders wichtig hervorgehoben: das Deutsche Wörterbuch der Brüder GRIMM, der Große Duden »Das große Wörterbuch d. dt. Spr.« in 10 Bdn. – 3. Auflage), das Deutsche Universalwörterbuch (4. Auflage), das Oxford English Dictionary (2. Auflage), das Etymologische Wörterbuch von FRIEDRICH KLUGE (bearbeitet von ELMAR SEEBOLD; 22. Auflage), das Duden-Herkunftswörterbuch (3. Auflage), der Deutsche Wortschatz nach Sachgruppen (8. Auflage) von FRANZ DORNSEIFF, das Lexikon der Sprachwissenschaft von HADUMOD BUSSMANN (3. Auflage), das Große Duden-Fremdwörterbuch (4. Auflage), die neue Brockhaus Enzyklopädie (21. Auflage) und das Handwörterbuch des deutschen Aberglaubens von HANNS BÄCHTOLD-STÄUBLI (1. Auflage).

Angesichts der großen Zahl der untersuchten Wörter, der supranationalen Anlage des Buchs und der umfangreichen kulturgeschichtlichen Nachforschungen kann ich nur hoffen, dass mir nicht allzu viele Fehler unterlaufen sind.

Zu danken habe ich Herrn Dr. MATTHIAS WERMKE, dem Leiter der Dudenredaktion. Er hat dieses Projekt von Anfang an verständnisvoll begleitet und dessen Verwirklichung in der jetzigen Form ermöglicht.

Meiner Frau danke ich dafür, dass sie zugunsten dieses Projekts auf manche Reise mit ihrem emeritierten Ehemann verzichtet hat.

Mannheim, im Juli 2007

Theo Stemmler

* * *

PS: Wie das Eisbein ins Lexikon kam, wird übrigens auf Seite 180 beschrieben.

Inhalt

I Mensch und Familie

1 Mann und Frau

Was ist der Mensch, und warum heißt er so? HERBERT GRÖNEMEYER, der singende Poet, gibt eine einfache Antwort auf diese schwierige Frage:

> Der Mensch heißt Mensch,
> Weil er vergisst, weil er verdrängt,
> Weil er schwärmt und stählt,
> Er wärmt, wenn er erzählt,
> Und weil er lacht, weil er lebt …

Die sprachliche Wirklichkeit sieht jedoch anders aus. Auf diese, also auf den zweiten Teil meiner Frage, wollen wir uns beschränken. Deren ersten Teil überlassen wir den Philosophen und Dichtern.

Dies ist das anfängliche und lange fortdauernde Grundproblem nicht nur indogermanischer Benennungen des Menschen: die Gleichsetzung des Menschen mit dem Mann.

Die Frau war – auch sprachlich – ein Nebenprodukt, für das eigens besondere Benennungen erfunden werden mussten.

Nicht »der Mensch ist das Maß aller Dinge«, wie der Grieche PROTAGORAS im 5. Jahrhundert v. Chr. – und zahlreiche Nachplapperer – meinten, sondern der Mann. Als LEONARDO DA VINCI in seinem Tagebuch (um 1490) eine Skizze des »wohlgeformten Menschen« zeichnete, die später in »De divina proportione« (1509) gedruckt und berühmt wurde, kam für diesen *homo bene figuratus*, nach den Angaben des VITRUVIUS (1. Jahrhundert v. Chr.) proportioniert, nur ein Mann infrage.

Die Bibel hat vor langer Zeit die mythologische Basis für solche Vorstellungen gelegt. Im 1. Buch Mose (2, 21–23) lesen wir:

21_ Da ließ Gott der Herr einen tiefen Schlaf fallen auf den Menschen, und er schlief ein. Und er nahm eine seiner Rippen und schloss die Stelle mit Fleisch.

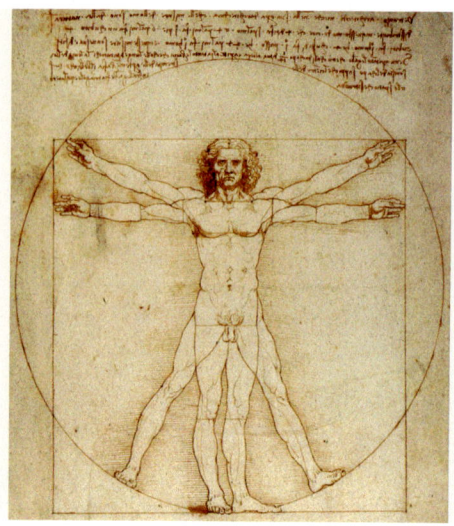

Der Mensch ist ein Mann:
Leonardo da Vincis (nach
den Angaben des Vitruvius
gezeichneter) »wohl-
proportionierter Mensch«.

22_ Und Gott der Herr baute ein Weib aus der Rippe, die er von dem
Menschen nahm, und brachte es zu ihm.

23_ Da sprach der Mensch: Das ist doch Bein von meinem Bein und
Fleisch von meinem Fleisch; *man wird sie Männin nennen, weil sie
vom Manne genommen ist.*

Gleich wie man diese Passage textgeschichtlich und theologisch in-
terpretiert – die Wortbildung und deren Begründung in Vers 23, hier
durch Kursivschrift hervorgehoben, sind unzweideutig. Im hebräischen Original unterstreicht der Verfasser die spätere Erschaffung
der Frau durch ein intelligentes Wortspiel. Er nennt sie *ischa*
(›Frau‹), da sie aus *isch* (›Mann‹) entstanden ist. Mit diesem Wortspiel hatten die späteren Übersetzer ihre liebe Not. So verwendet
HIERONYMUS, Schöpfer der bis in unsere Zeit für die römische Kirche maßgeblichen lateinischen Vulgata (4. Jahrhundert), das Wort
virágó – eine Kombination aus *vir* (›Mann‹) und *virgó* (›Jungfrau‹)
mit der ursprünglichen Bedeutung ›Heldenjungfrau‹, die im heutigen Englisch übrigens zum ›Mannweib‹ oder zur ›Xanthippe‹ abge-
sunken ist.

MARTIN LUTHER versuchte es in seiner Bibelübersetzung mit der *Männin* – einem Wort, das bereits lange vor seiner Zeit existierte, doch immer dem sehr gehobenen Sprachstil vorbehalten blieb und heute äußerst selten ist. Dass THOMAS MANN es in seinem Josephsroman verwendet, nimmt daher nicht wunder.

Das hebräische Wort *ischa,* dem wir soeben in der Schöpfungsgeschichte begegneten, hat auf verschlungenen Pfaden ins Deutsche gefunden und wird gelegentlich noch verwendet. Über das jiddische *ische* ist es gleichlautend in die Umgangssprache eingedrungen, wo es mit der Bedeutung ›Freundin‹ allerdings keine Chance hat gegen die heute bei jungen Leuten so beliebte *Tussi* (darüber später mehr).

Doch nun zum deutschen Wort *Mensch.* Dieses ist – auch wenn man so etwas heutzutage nicht gerne hört – von *Mann* abgeleitet. Am Anfang war eben der Mann: wie im biblischen Schöpfungsbericht so auch in den indogermanischen Sprachen.

Der deutsche *Mensch* ist nichts anderes als das substantivierte Adjektiv (althochdeutsch) *mannisco,* das von *man* abgeleitet ist und dementsprechend ›menschlich‹, ›männlich‹ bedeutet. Bereits in der mittelhochdeutschen Form *mensch(e)* ist die heutige Lautung annähernd erreicht und die ursprüngliche Ableitung von *man* verdunkelt – im Gegensatz übrigens zum Schwedischen, wo *människa*

Der erste Mensch – zweifelsfrei ein Mann
(zumindest nach Ansicht der Bibel und Michelangelos)

das zugrunde liegende *man* noch deutlich erkennen lässt. *Det är synd om människorna!* (Es ist schade um die Menschen) – so ertönt der leitmotivische Klageruf in AUGUST STRINDBERGS »Drömspel« (Traumspiel).

Das deutsche Wort *Mensch* wird noch in zwei weniger verbreiteten Bedeutungen verwendet. Zum einen bezeichnet das bereits im 15. Jahrhundert auftretende Neutrum – welch sprachgeschichtliche Ironie! – eine Frau: zunächst eine Dienstmagd, seit dem 17. Jahrhundert leider auch eine liederliche Person. So erscheint *das Mensch* etwa in SCHILLERS »Räubern«, wo Spiegelberg in seinen gaunerhaften Ratschlägen empfiehlt (II, 3):

> Du führst ihn in Spielkompagnien und bei liederlichen Menschern ein, verwickelst ihn in Schlägereien und schelmische Streiche, bis er an Saft und Kraft und Geld und Gewissen und gutem Namen bankrott wird …

Zum anderen bezeichnet im Jiddischen *mensch* einen guten, anständigen Menschen – ein gelungenes Beispiel für den immer wieder geforderten Verzicht aufs überflüssige Adjektiv!

Diese Bedeutung ist auch ins Amerikanische und Englische eingedrungen. Die Zeitschrift »New Yorker« fragte in ihrer Ausgabe vom 24. Juni 1972: »What is a mensch?« Kurze und überzeugende Antwort: »It means, you're a substantial human being« – ›ein verlässlicher Mensch‹.

Kehren wir zum Ausgangswort *Mann* zurück. Es hat einen illustren, lückenlosen indogermanischen Stammbaum und bedeutet in diesen Sprachen von Anfang an – im Englischen bis heute – ›Mensch‹ *und* ›Mann‹ (vgl. hierzu die Grafik auf S. 15).

Im Deutschen kann *Mann* noch bis weit in die Neuzeit allgemein den Menschen bezeichnen. Auch bei unseren beiden Weimarer Dichterfürsten finden sich dafür Belege. In SCHILLERS »Wilhelm Tell« ermahnt der Titelheld den ängstlichen Fischer Ruodi (I,1):

> Der brave Mann denkt an sich selbst zuletzt,
> Vertrau' auf Gott und rette den Bedrängten.

Und bei seinem Kollegen GOETHE lesen wir (4, 923):

> Glaube dich nicht allzu gut gebettet;
> Ein gewarnter Mann ist halb gerettet.

Mann = Mensch 1

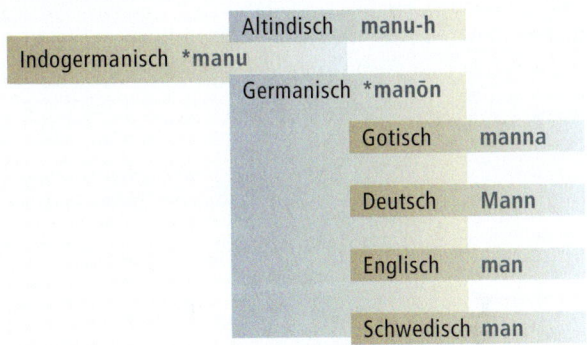

Heute hält sich diese alte umfassende Bedeutung des Wortes nur noch in einigen formelhaften Redewendungen – etwa: *Not am Mann sein, mit Mann und Maus* oder *etwas an den Mann bringen*. Sie ist aber auch in den Pronomina *man, jemand* und *niemand* versteckt.

Das durch die feministische Neuerung *frau* bedrohte *man* ist der leibhaftige Nominativ Singular des Substantivs *Mann* in der uralten Bedeutung ›jeder beliebige Mensch‹. Auch die beiden anderen Pronomina gehen auf dieses Substantiv zurück: auf althochdeutsch *io* (›immer‹) + *man* = ›irgendeine beliebige Person‹ bzw. *nio* (›nie‹) + *man* = ›niemals irgendeine Person‹.

In *jemand* und in *niemand* ist diese Herkunft durch ein auslautendes *-d*, gesprochen »t«, verschleiert, das hier gar nichts zu suchen hat. Es ist – wie auch in *irgend* oder *weiland* – vor langer Zeit willkürlich als lautlich angenehmer und deutlicher Wortschluss angefügt worden. Solch eine Epithese findet sich übrigens auch in der saloppen Aussprache von *eben* als »ēmt«.

Werfen wir noch einen Blick auf eine andere Wortfamilie mit der Bedeutung ›Mensch‹/›Mann‹, die ihren Ausgang vom indogermanischen **gh(ð)om* (›Erde‹) nimmt und etwa im Lateinischen über das Wort *humus* (›Erde‹) zu dessen Ableitung *homō* – die eigentlich ›das Irdische, auf der Erde Lebende‹ bedeutet – geführt hat. In allen

Tochtersprachen des Lateinischen ist das Wort *homō* durchweg in der alten Doppelbedeutung ›Mensch‹ *und* ›Mann‹ erhalten, während seine Entsprechungen in den germanischen Sprachen fast völlig untergegangen sind.

Mann = Mensch 2

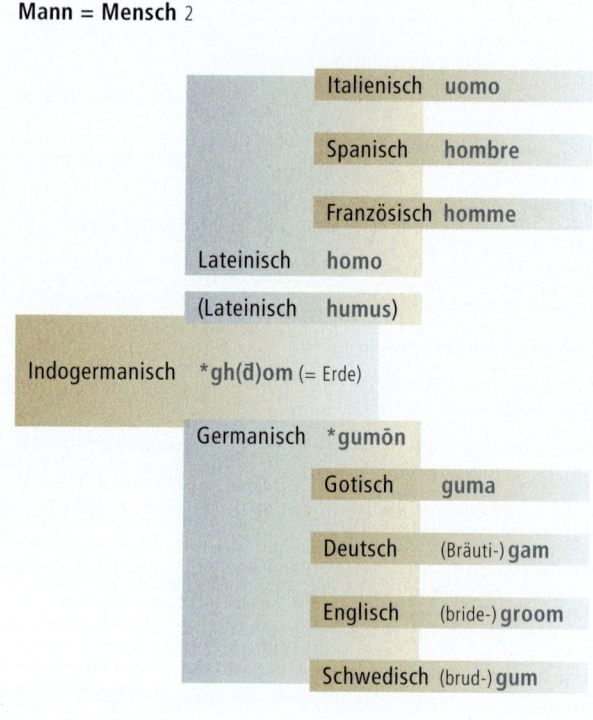

	Italienisch	uomo
	Spanisch	hombre
	Französisch	homme
Lateinisch	homo	
(Lateinisch	humus)	
Indogermanisch	*gh(d̄)om (= Erde)	
Germanisch	*gumōn	
	Gotisch	guma
	Deutsch	(Bräuti-) gam
	Englisch	(bride-) groom
	Schwedisch	(brud-) gum

Als kümmerlicher Rest des altgermanischen *gumōn* verbirgt sich dieses Wort – nun in der alleinigen Bedeutung ›Mann‹ – im deutschen *Bräutigam* (althochdeutsch *brūtigomo*), der ursprünglich also ›Braut-Mann‹ bedeutet. Im Englischen und Schwedischen verhält es sich ebenso. Allerdings ist der altenglische *brȳdguma* später noch mit dem *groom* (›Stallbursche‹, ›Diener‹) gekreuzt worden, als man den zweiten Bestandteil -*guma* nicht mehr verstand, sodass die englische *bride* es heute mit einem *bridegroom* zu tun hat. (Mehr über Braut und Bräutigam im vierten Kapitel: Seite 59.)

Und die alten Griechen? Auch sie ergaben sich – unabhängig von den anderen indogermanischen Sprachen – dem Männlichkeitskult. Dazu passt, dass bei ihnen – wie auch bei den Römern – Frauen (bis auf einige Ausnahmen) aus dem öffentlichen Leben ausgeschlossen waren.

Die beiden Wörter, mit denen sie vornehmlich den Menschen benannten, waren auch die Bezeichnungen für den Mann: ἀνήρ *(anér)*, Genitiv ἀνδρός *(andrós)*, sowie ἄνθρωπος *(ánthropos)*. Mit letzterem Wort wurden bisweilen auch Frauen bezeichnet – allerdings meistens verächtlich!

Die Herkunft dieses Wortes ist bis heute umstritten. Doch eine der gängigeren Herleitungen bestätigt das bisher über die Benennung von Mensch und Mann Gesagte. Aufgrund dieser Annahme ist das Wort aus ἀνήρ *(anér)* abgeleitet und bedeutet in seiner ursprünglichen Form ἄνδρ-ωπος *(andr-opos)* ›mit männlichem Aussehen‹.

Angesichts der männlichen Vorherrschaft bei der Benennung des Menschen drängt sich natürlich die Frage nach deren Ursachen auf. Diese liegen im uralten Überlegenheitswahn der Männer begründet, der eben auch sprachlich zum Vorschein kommt. Konsultieren wir dazu die Brockhaus Enzyklopädie, wo es über die unterschiedlichen Männer- und Frauenbilder treffend heißt:

> Sie sind in den meisten Kulturen durch die Vorstellung geprägt, dass Männer die höchste Verwirklichungsform menschlichen Seins darstellen, während die Frauen als »die Anderen« ihnen seins- und entwicklungsmäßig nach- und untergeordnet sind ... Da Weltdeutung wie Welterkenntnis und Sinngebung in der Regel dem männlichen Geschlecht vorbehalten waren, lässt sich die allgemeine Geistesgeschichte als eine Bildungsgeschichte des männlichen Bewusstseins bestimmen, das sich zugleich als allgemein menschlich verstanden hat.

Zu diesem von den Männern beanspruchten Vorrang passt die Tatsache, dass nicht nur in den drei monotheistischen Religionen der Juden, Christen und Moslems Gott ein Mann ist, sondern etwa auch in altindischen Vorstellungen, wo Manu – der Name steht für das

Wort *manu-h* (= ›Mensch‹ *und* ›Mann‹) – als der Stammvater des Menschengeschlechts angesehen wird.

Die männliche Anmaßung wird umso provokanter, als die Wortfamilie um indogermanisch **manu-*, die hier besprochen wird, vielleicht von der Wurzel **men(ə)-* abgeleitet ist. Diese bedeutet ›denken‹, ›überlegen‹. Der Mensch wäre dann ›der Denkende‹ – ›ein denkender Mann‹ natürlich.

Solche urtümlichen, in der Sprache zum Teil noch erkennbaren, Denkmuster rufen flammende Proteste nicht nur von Feministinnen hervor, zumal die moderne Genforschung über Männlein und Weiblein das genaue Gegenteil herausgefunden hat: Nicht der Mann, sondern die Frau war zuerst da. Nicht die Frau, sondern der Mann mit seinem xy-Chromosom ist die genetische Sonderanfertigung.

Und wie sieht es mit der Benennung der Frau (nicht nur) im Deutschen aus? Aus feministischer Sicht ziemlich trostlos. Dies wird bereits bei der Betrachtung der gängigsten deutschen Benennung *Frau* deutlich. Das Wort (althochdeutsch *frouwe*) ist – wie nicht anders zu erwarten – von einer männlichen Bezeichnung abgeleitet: von einem im Deutschen untergegangenen Wort für Herr, das jedoch in den anderen germanischen Sprachen erhalten blieb (gotisch *frauja*, altenglisch *friega* usw.). Dementsprechend bezeichnete es zunächst die gesellschaftlich hochstehende Frau: die Herrin – wiederum von der männlichen Form, dem Herrn, abgeleitet.

Diese alte Bedeutung – ›edles weibliches Geschöpf‹ – hat sich heute nur noch in geringfügigen Resten erhalten. So spricht man von der *gnädigen Frau,* von der *Frau des Hauses* und lässt – in besonders höflicher Rede – der *Frau Gemahlin* oder der *Frau Mutter* schöne Grüße ausrichten. Und WINIFRED WAGNER, glühende Verehrerin ADOLF HITLERS und eigenwillige Herrin über Bayreuth, war für ihn die *hohe Frau.*

In dieser Bedeutung wurde *Frau* seit dem 17. Jahrhundert weitgehend abgelöst durch das Wort *Dame,* das seinerseits französischer Herkunft und von lateinisch *domina* = ›Herrin‹ abgeleitet ist.

Dagegen hat *Frau* in der allgemeinen Bedeutung ›erwachsene Person weiblichen Geschlechts‹ die alte Rivalin *wīb* längst verdrängt. *Weib* wird heute nur noch umgangssprachlich verwendet, um eine Frau als Lustobjekt zu kennzeichnen – *scharfes Weib* etwa – oder abwertend: *versoffenes Weib* heißt es dann zum Beispiel. Kurios: Ausgerechnet das sprachlich vom männlichen Geschlecht unabhängige *Weib* ist ungeklärter Herkunft.

Die zweifelhafte Vergangenheit dieses Wortes hat die Engländer jedoch nicht davon abgehalten, es – im Gegensatz zu ihren deutschen Sprachverwandten – für die zwei wichtigsten Bezeichnungen eines weiblichen Wesens zu verwenden, nämlich *wife* und – heute nicht mehr erkennbar – *woman*.

Ursprünglich bedeutete das altenglische *wīf* allgemein ›Frau‹ und speziell ›Ehefrau‹. Erst in der frühen Neuzeit setzte sich allmählich die spezielle, heute allein gängige Bedeutung durch.

Aus diesem Wort wurde bereits in ältester englischer Zeit die Zusammensetzung *wīf-man* (›Frau-Mensch‹) gebildet, die das zweideutige *man* genauer bezeichnete. Ausgerechnet dieses »mannhaltige« Wort liegt der heutigen zentralen Benennung für die Frau – *woman* (Plural: *women*) – zugrunde.

Woman bezeichnete erst seit dem 15. Jahrhundert auch die Ehefrau, konnte sich in dieser Bedeutung jedoch nicht gegen das Grundwort *wife* durchsetzen und wird so heute nur noch gelegentlich in englischen Dialekten und im amerikanischen Englisch verwendet.

Wie erbittert manchmal um die Säuberung einer Sprache von männlichen Elementen gerungen wird, geht aus zwei Schreibungen des Plurals *women* hervor. Um dessen unangenehme Verbindung mit *-men* zu kappen, finden sich seit einiger Zeit bei besonders kämpferischen Autorinnen gelegentlich die Schreibungen *wimmin* oder auch *womyn,* die völlig unhistorisch sind, jedoch die heutige Aussprache »wimin« ganz genau bzw. ziemlich genau wiedergeben.

Doch wenn es um die Benennung hochstehender Frauen geht, können die Engländer und Deutschen beiderlei Geschlechts erleichtert aufatmen: Unsere bereits erwähnte *Dame* sowie die englischen Wörter *lady* und *queen* haben mit Männern nichts zu schaffen. Überdies sind *lady* und *queen* – im Unterschied zu unserer aus Frankreich importierten *Dame* – englische Eigengewächse.

Das englische *lady* ist aus dem altenglischen *hlæf-dige* entstanden – wörtlich etwa: »(Brot)laib-Kneterin«: In alter Zeit waren die Frauen schließlich für das Brotbacken zuständig. Erst später wurde solch eine *hlæf-dige* zur vornehmen Dame.

Freddie Mercury: Queen

Und während *Königin* wieder einmal von einer männlichen Bezeichnung – nämlich *König* – abgeleitet wurde, kann das englische Wort *queen* auf eine genuin weibliche Vorläuferin zurückblicken, nämlich altenglisch *cwēn,* welches bereits seit ältester Zeit eben dies bedeutete und – im Unterschied zu *lady* – keiner sprachlichen Aufwertung bedurfte.

Queen hat übrigens eine weit weniger vornehme Schwester: *quean* – auf Deutsch: Schlampe, Hure. Doch auch bei diesen beiden originär weiblichen Bezeichnungen mischen sich – allerdings erst im 20. Jahrhundert – die Männer ein: Im Slang bedeuten diese Wörter ›schwule Männer (mit weiblichem Gehabe)‹. Freddie Mercurys Rockband »Queen« meint eben auch dieses.

Queen und *quean* sind noch heute von zahlreichen indogermanischen Verwandten umgeben – nur nicht von einer deutschen Entsprechung. Diese Wörter haben auf ihrem langen Weg durch die Jahrtausende die ursprüngliche Bedeutung ›Frau‹ meist erstaunlich gut bewahrt – wohl nur im Englischen sind die entsprechenden Bezeichnungen auf- oder abgewertet worden (*queen* bzw. *quean*). Zu dieser wichtigen, urtümlich weiblichen Wortfamilie mit vielen lautlichen Varianten gehören etwa die heute gebräuchlichen Wörter:

Frau = Frau 1

	Griechisch	γυναίκα (gynaika)
	Altgriechisch	γυνή (gyné); vom Genitiv γυναικός (gynaikós) zahlreiche Ableitungen: Gynäkologie, etc.
Skandinavisch	**Schwedisch**	**kvinna**
	Norwegisch	**kvinne**
	Dänisch	**kvinde; kone**
	Isländisch	**kona**
	Irisch	**bean**
Slawisch	**Russisch**	жена (žiná)
	Bulgarisch	жена
	Weißrussisch	жана
	Deutsch	(Die deutsche Entsprechung blieb nur noch bis zum Mittelhochdeutschen und später noch in einigen Dialekten vor allem als »kone« mit der Bedeutung »Ehefrau« erhalten)

In den ältesten indogermanischen Sprachzeugnissen sind ebenfalls
Vertreterinnen dieser Wortfamilie zu finden:

Frau = Frau 2

Altindisch	**gnā; janī**
Avestisch (Altiranisch)	**genā**
Armenisch	**kin**
Altpreußisch	**genna**

Diese keineswegs vollständige Übersicht habe ich zusammengestellt, um die frappierende, bis heute über viele Jahrtausende erkennbare Verwandtschaft der indogermanischen Sprachen in all ihrer lautlichen Vielfalt zu demonstrieren.

Die immer wieder beobachtete männliche Vorherrschaft bei der Benennung von Männlein und Weiblein macht selbst vor jenen zweigeschlechtigen Wesen nicht halt, die im Deutschen *Zwitter* heißen und in der Fachsprache als *Hermaphroditen* bezeichnet werden.

Die deutsche Bezeichnung *Zwitter* (althochdeutsch *zwitarn*) ist geschlechtsneutral – wie es sich für solch einen Begriff gehört. Im ersten Bestandteil dieses Wortes, das ursprünglich ›zweierlei‹ bedeutet, ist übrigens jenes Zahlwort *zwei* (althochdeutsch *zwei*) enthalten, das zum gemeinsamen indogermanischen Grundwortschatz gehört und als solches meist auf Anhieb noch heute erkennbar ist, obwohl zwischen den einzelsprachlichen Überlieferungen Tausende von Jahren und Meilen liegen (vgl. hierzu die Grafik auf S. 23).

Doch im Unterschied zum Zwitter lässt der Hermaphrodit sprachlich wieder jene männliche Dominanz erkennen, die für patriarchalisch geprägte Gesellschaften charakteristisch ist: Der Mann – hier ist es Vater Hermes – hat den Vortritt.

Gemäß dem in OVIDS »Metamorphosen« fantasiereich geschilderten griechischen Mythos ist Hermaphroditos ein Sohn des Hermes und der Aphrodite. Darum heißt er so (IV, 290 f.):

> Dessen Gesicht war so, dass du Vater konntest und Mutter
> Wiedererkennen in ihm, auch trug er die Namen von beiden.

Zwei

Italienisch	due
Spanisch	dos
Französisch	deux
Lateinisch	duo
Alt- und Neugriechisch	δύο (dýo)
Altindisch	dvau
Indogermanisch	*dwō, dwai
Gotisch	twai
Englisch	two
Schwedisch	två
Russisch	два (dwa)
Altirisch	dá
Litauisch	du

In diesen zunächst ganz normalen Jüngling verliebt sich die Nymphe Salmacis. Die unsterblich Verliebte bittet die Götter, sie beide für immer zu vereinen – und die Götter verschmolzen beider Körper zu einem einzigen (IV, 373–379), der in der bildenden Kunst meist mit männlichen Genitalien und weiblichen Brüsten versehen wurde:

Und ihr Gebet   es fand seine Götter: Die Leiber der beiden
Wurden verschmolzen, in *eine* Gestalt die zwei geschlossen.

Der klassische Hermaphrodit:
mit Brüsten und Penis

Wie wenn man Zweige gepfropft unter *eine* Rinde und sieht
Zusammen sie wachsen und weiter gemeinsam sprießen fortan, so
Sind, als in zäher Verstrickung die Leiber der beiden vereinigt.
Zwei sind sie nicht mehr, eine Zwiegestalt doch – nicht Mädchen
nicht Knabe
Weiter zu nennen: erscheinen so, keines von beiden und beides.
(Übs. von Erich Rösch)

Die Bezeichnung *Hermaphrodit,* von diesem keineswegs intersexuellen jungen Mann abgeleitet, ist also ziemlich irreführend, zumal er ja bereits vor seiner Metamorphose so hieß:

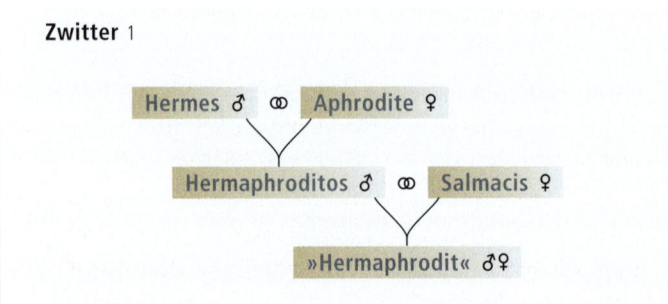

Zwitter 1

Hermes ♂ ∞ Aphrodite ♀

Hermaphroditos ♂ ∞ Salmacis ♀

»Hermaphrodit« ♂♀

In dieser Hinsicht unproblematischer sind dagegen die wissenschaftlichen Kunstwörter *androgyn* –

Zwitter 2

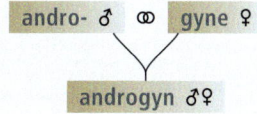

und *Gynander:*

Zwitter 3

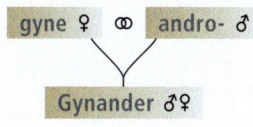

Bei diesen beiden zusammengesetzten Wörtern ist die Reihenfolge der Bestandteile sachlich gerechtfertigt:

> Ein Androgyner ist ein *männlicher* Zwitter mit voll ausgebildeten männlichen Geschlechtsorganen, aber eher weiblicher Körpergestalt, der sich weiblich fühlt.

Der Androgyne ist also eine Art »Mann-Frau«. Dagegen ist sein Gegenstück, *der* (!) Gynander – wieder laut der Brockhaus Enzyklopädie – eine Art »Frau-Mann«:

> … ein *weiblicher* Zwitter mit inneren und äußeren weiblichen Geschlechtsorganen, aber einem vermännlichten äußeren Erscheinungsbild.

Nach diesen schwer verdaulichen feministischen Betrachtungen ist wohl leichte Schonkost angebracht. Werfen wir also einen Blick auf einige mundartliche, saloppe oder derbe Benennungen weiblicher und männlicher Wesen.

Die *Dirne* kann sehr Verschiedenes, ja Gegensätzliches bedeuten. Seit dem 16. Jahrhundert ist das Wort in der Hochsprache allmählich gleichbedeutend mit einem ›leichten Mädchen‹ geworden – einer *feilen Dirne*, wie man in einer leicht verstaubten Wendung noch heute sagt.

So heißt es in den herrlichen Versen, die HEINRICH HEINE dem 2. Buch seines »Romanzero« (1851) voranstellt:

> Das Glück ist eine leichte Dirne,
> Sie weilt nicht gern am selben Ort;
> Sie streicht das Haar dir aus der Stirne
> Und küsst dich rasch und flattert fort.

Doch noch bei GOETHE und anderen Autoren findet sich die alte, keineswegs abwertende Bedeutung ›junges Mädchen‹, ›unschuldig Ding‹ in den Worten Mephistos (»Faust« I, 2619).

Und wer ist wohl im folgenden Text gemeint? Dort lesen wir:

> Es war einmal eine kleine süße Dirne, die hatte jedermann lieb,
> der sie nur ansah …

Ist hier etwa die Rede von einem allseits beliebten und nachgefragten leichten Mädchen? Weit gefehlt! Rotkäppchen im GRIMMschen Märchen (1812–1815) ist gemeint. Dieser erste Satz (sowie der zweite) lautet nämlich vollständig:

> Es war einmal eine kleine süße Dirne, die hatte jedermann lieb, der sie
> nur ansah, am allerliebsten aber ihre Großmutter, die wusste gar
> nicht, was sie alles dem Kinde geben sollte. Einmal schenkte sie ihm
> ein Käppchen von rotem Sammet, und weil ihm das so wohl stand und
> es nichts anders mehr tragen wollte, hieß es nur das Rotkäppchen.

Das unschuldige Wort *Dirne* ist bis heute in einigen deutschen Dialekten sehr verbreitet: Im Norddeutschen – und auch im Niederländischen – redet man von der *Deern*, in Bayern und Österreich vom *Dirndl*.

Die negative Bedeutungsentwicklung der althochdeutschen *thiorna* (›Jungfrau‹) hat sich wohl über die mittelhochdeutsche Zwischenstufe ›Magd‹, ›Dienerin‹ ergeben – ein keineswegs seltenes Beispiel dafür, dass auf die gesellschaftliche Abwertung die moralische folgt und sich diese in der Sprache widerspiegelt.

2 Unfreundlichkeiten

Abwertende Bezeichnungen für Männer und Frauen gibt es in Hülle und Fülle. Nur eine kleine Auswahl kann ich hier anbieten.

Die Grenzen zwischen abschätzigen Benennungen und Schimpfwörtern sind fließend: Vom Spöttischen bis hin zur Beleidigung reicht die Bandbreite der sprachlichen Möglichkeiten. Gemeinsam ist all solchen Äußerungen die Absicht des Urhebers, das Ansehen, oft sogar die menschliche Würde des weiblichen oder männlichen Adressaten zu vermindern.

Für derartige Herabsetzungen eignen sich sprachliche Ausflüge ins Tierreich besonders gut. Solche »Bestialisierungen«, wie ich dies einmal genannt habe, transportieren ja die so Benannten aus der Menschen- in die Tierwelt.

Ladies first

Beginnen wir, anknüpfend an das gerade erörterte Wort *Dirne,* mit einigen gängigen, nicht dem Tierreich entnommenen Bezeichnungen für Frauen in der Reihenfolge der abnehmenden Wertschätzung:

Darauf lassen wir die gängigsten Bestialisierungen folgen, für die sich keine Abstufung erkennen lässt, nämlich die Wörter *Gans, Kuh, Zicke, Brillenschlange* – sowie die zu letzterem Spottnamen passende Bezeichnung *Blaustrumpf.*

Hinter dem scheinbaren, sich auf Bussi reimenden Kosewort *Tussi* (›Mädchen‹, ›Freundin‹) verbirgt sich leicht abwertend der altdeutsche weibliche Vorname *T(h)usnelda.*

So hieß die Gattin des Cheruskerfürsten und Varus-Bezwingers ARMINIUS, die im historischen Drama »Die Hermannsschlacht« (1821) des HEINRICH VON KLEIST als germanisches Superweib auftritt, sogar erfolgreich an der Jagd auf den Auerochsen teilnimmt und über Bärenkräfte verfügt, wie der römische Gesandte rühmend verkündet (I, iv):

> Ihr Pfeil, auf mehr denn hundert Schritte,
> Warf mit der Macht des Donnerkeils ihn nieder …

Wie die abwertende Bedeutung dieses Namens zustande kam, ist nicht sicher zu klären. Vielleicht ist sie die späte Rache der Gymnasiasten an ihren Deutschlehrern, die früher ihre Schutzbefohlenen mit KLEISTS unsäglich grotesker Geschichtsklamotte als Schullektüre quälten.

So belegt etwa der im 19. Jahrhundert zum Nationalhelden verklärte Cheruskerfürst ARMINIUS (alias HERMANN) seine Fürstin mit dem albernen Kosenamen *Thuschen* – was einen fröhlichen Deutschunterricht garantierte.

Vielleicht haben unsere jungen Leute auch nur das ältere Wort *Thusnelda* weiterverwendet und zu jenem saloppen Ausdruck *Tussi* vereinfacht, mit dem sie ihre Mädchen benennen. Denn der ursprüngliche Name kursierte lange vor *Tussi* zunächst in der Soldatensprache, dann auch im allgemeinen Sprachgebrauch.

Mit *Thusnelda* wurden – und werden gelegentlich noch heute – vor allem Ehefrauen und andere Partnerinnen in ziemlich abschätziger Weise bezeichnet. Eine ähnlich abwertende Ironie liegt in den hochgestochenen Bezeichnungen *Frau Gemahlin, Gattin* oder *gnä' Frau,* wenn sie vom einfachen Sprachbenutzer verwendet werden.

Aus einem ganz anderen Kulturkreis kommt *Schickse.* Das Wort hat einen langen, verschlungenen Weg zurückgelegt. Es ist aus dem

Jiddischen in die Gauner- und dann in die deutsche Umgangssprache entlehnt worden. Zugrunde liegt ihm die weibliche Form *schickse* des jiddischen Wortes *schēgez,* mit dem in jüdischen Familien christliche Jungen bezeichnet wurden. Dessen abwertende Bedeutung wird bereits durch die Herleitung aus hebräisch *schäqäs* (›Abscheuliches‹) offenbar.

Als *Schicksen* wurden ursprünglich die in jüdischen Haushalten arbeitenden christlichen Dienstmädchen bezeichnet. Erst in der Gaunersprache wurde die Bedeutung zu ›Mädchen‹ erweitert und dann in der Studentensprache zu ›Flittchen‹ abgewertet, wovon noch die Rede sein wird.

Die alte Bedeutung ›Nichtjüdin‹ hat sich bei jüdischen Sprecherinnen und Sprechern bis heute gehalten. Berühmtestes Beispiel dafür liefert Alexander Portnoy in PHILIP ROTHS satirischem Roman »Portnoy's Complaint« (1969). Der jüdische Titelheld interessiert sich – zum Entsetzen seiner Mutter – besonders für nicht jüdische Frauen: *shikses*.

Das Wort *Luder* liefert ein treffliches Beispiel für frauenfeindliche Männersprache. Es stammt ursprünglich aus dem Fachjargon der Jäger und bedeutet seit dem Mittelalter (mittelhochdeutsch *luoder*) bis heute entweder die Lockspeise für Falken bei der Beizjagd oder allgemein den Köder, den man für Raubtiere auslegt.

Seit dem späten Mittelalter bedeutet das Wort im übertragenen Sinn ›Lockung‹, ›Verlockung‹ – insbesondere durch den Teufel, der den Menschen vor allem in die Falle sexueller Begierde lockt: »Solches Luder ist die Fleischeslust«, lesen wir etwa in GEORG PHILIPP HARSDÖRFFERS »Lust- und lehrreichen Geschichten« (1650–1651).

Bereits einige Zeit vor ihm erfahren wir von einem Kollegen, welche Art von teuflischem Köder gemeint ist – die Frau natürlich. Vor deren Lockungen warnt der gestrenge Pfarrer BARTHOLOMÄUS RINGWALD am Ende des 16. Jahrhunderts:

> Vor böser Weiber Stank und Luder
> Bewahre dich!

Luder wird so – ähnlich wie *Aas* – zum Schimpfwort, das fast nur für Frauen verwendet wird. Im GRIMMschen Wörterbuch heißt es herrlich ungelenk über den Gebrauch des Wortes: »... von Weibern, mit Hinblick auf geschlechtliche Verführung«.

In der Folgezeit gebrauchen zahlreiche deutsche Dichter das Wort *Luder* in dieser alten frauenfeindlichen Bedeutung, die Frauen als Werkzeuge des Teufels betrachtet, von denen – nach Art ihrer Stammmutter EVA – die Männer in die Falle gelockt werden. Auch GOETHE lässt sich diese Tradition nicht nehmen. In einem Brief an ZELTER redet ausgerechnet er über SAMSON und DALILA von der

> ganz bestialischen Leidenschaft eines überkräftigen, gottbegabten Helden zu dem verfluchtesten Luder, das die Erde trägt.

Und noch ein später Kollege GOETHES im Amt des Finanzministers bekannte sich – allerdings nicht wie jener entrüstet – vor Kurzem zu diesem männlichen Blick auf die lockende, mit ihren Reizen nicht geizende Frau, als er die »Luder auf Seite eins« der Zeitung mit den großen Buchstaben wohlwollend erwähnte.

Die modernste Spielart des Luders ist das Boxenluder – so genannt, weil es sich in der Nähe der Boxen des Formel-1-Zirkus aufhält.

Neben dieser erotisch gefärbten Hauptbedeutung haben sich noch einige in dieser Hinsicht gänzlich harmlose Redewendungen gehalten:

armes Luder		Mitleid
dummes Luder		Ärger
faules Luder		Ärger und Verachtung
kleines Luder	erregt	verhaltene Bewunderung
zähes Luder		offene Bewunderung
freches Luder		Ärger und Bewunderung
raffiniertes Luder		zögernde Anerkennung

Im Unterschied zu Ludern sind Schlampen stets weiblich gewesen und geblieben. Das Wort *Schlampe* ist seit dem 17. Jahrhundert geläufig und bezeichnete ursprünglich einen ›schlotternden, unordentlich herabhängenden Weiberrock‹ (GRIMMsches Wörterbuch).

Später wurde damit die Frau benannt, die nachlässig gekleidet und unordentlich, eben »schlampig«, daherkommt – nicht immer so ungepflegt wie jene »Schlampe mit immer speckigem Büstenhalter und durchlöcherten Schlüpfern« in der »Blechtrommel« (1959) von GÜNTER GRASS.

Inzwischen hat die Bezeichnung *Schlampe* – genau wie das Wort *liederlich* – zusätzlich eine moralische Dimension gewonnen. Oft genug bedeutet es ›Frau mit unmoralischem Lebenswandel‹. Mit den Worten von PETER O. CHOTJEWITZ in seinem »Dreißigjährigen Frieden« (1977): »Die Schlampe, die hat es schon mit wer weiß wie viel Kerlen getrieben.«

Vorsicht also: Wer unordentlich ist, lebt auch in Sünde!

Von *Flittchen* wird im sprachlichen Zusammenhang mit *Flitterwochen* später (Seite 63) die Rede sein – die *Dirne* wurde bereits erörtert. Für unsere Diskussion verbleiben noch *Hure* und *Nutte* als die abwertendsten Bezeichnungen weiblicher Personen, bevor wir zu den zoologischen Unfreundlichkeiten kommen.

Die *Hure* hat schon bessere Tage gesehen – sprachgeschichtlich betrachtet. Heute bezeichnet das Wort entweder (nicht immer abwertend) eine berufsmäßige Prostituierte oder (stets abwertend) eine privat zu häufigem Partnerwechsel neigende Frau – im Polizei-Jargon eine HwG (= [Person mit] **h**äufig **w**echselndem **G**eschlechtsverkehr).

Diese Abkürzung wird übrigens seit Kurzem von den nach größerer gesellschaftlicher Anerkennung und sozialer Besserstellung strebenden Prostituierten selbstbewusst für ihre Initiative »**H**uren **w**ehren sich gemeinsam« verwendet.

Wie gesagt, nicht nur sprachhistorisch war die Hure in alter Zeit längst besser gestellt. Da hatte das Wort eher mit Liebe als mit Geldverdienen zu tun. Allen späteren indogermanischen Ausprägungen dieses Wortes liegt nämlich die Wurzel **kā-* mit der Bedeutung ›lieben‹, ›begehren‹ zugrunde. Das altindische Wort *kāma* (›Begehren‹,

›Liebe‹, ›Trieb‹) ist davon abgeleitet – »Kamasutra« (4. Jahrhundert n. Chr.), der Titel des ältesten Lehrbuchs der Liebeskunst, bedeutet eben dies: ›Liebes-Leitfaden‹.

Dass dieses von dem ehrenwerten Brahmanen Vatsyayana verfasste Buch ganz sachlich von der Liebe als hohem hinduistischem Lebensziel handelt und später im christlich verklemmten Abendland zu Unrecht in der Abteilung für Schmuddel abgelegt wurde, sei der kulturhistorischen Ordnung halber hier erwähnt.

Auch noch im Lateinischen ist das zu dieser großen Wortfamilie gehörige *cārus* keineswegs abwertend, sondern bedeutet ›lieb‹, ›teuer‹, ›wert‹ – ähnlich wie im Altirischen, wo wir auf das Wort *cara* (›Freund‹) treffen, oder im Lettischen, wo uns *cārs* (›lüstern‹) begegnet.

Erst in den germanischen Sprachen erhalten die entsprechenden Wörter vorwiegend negative Bedeutungen:

Hure	
Gotisch	**hōrs** (‚Ehebrecher')
Althochdeutsch	**huor** (‚Ehebruch')
Schwedisch	**hora** (‚Hure')
Altfriesisch	**hōr** (‚Ehebruch')
Englisch	**whore** (‚Hure')
Niederländisch	**hoer** (‚Hure')

– und im Deutschen eben *Hure*.

Während dieses Wort, wie wir sahen, inzwischen nicht nur ganz abschätzig, sondern auch mild abwertend – sogar als sachliche Berufsbezeichnung – verwendet wird, ist die Bedeutung von *Nutte* erbarmungslos negativ, was etwa in der gängigen Phrasierung *miese, kleine Nutte* offenbar wird.

Das Wort ist durchaus ehrenwerter Herkunft: Es hat einen handwerklich »goldenen Boden« und stammt aus der Fachsprache der Schreiner und Tischler. Diese bezeichnen als *Nut* (mit langem »u« ausgesprochen«) eine Fuge oder Rille – genauer (laut »Universal-Duden«): eine »längliche Vertiefung in einem Werkstück zur Einpassung eines in der Form korrespondierenden Teils«.

Zu Anfang des 20. Jahrhunderts kam irgendein Witzbold in Berlin auf die umwerfende Idee, der langen Liste von Bezeichnungen für die weibliche Scham eine weitere hinzuzufügen: die *Nut* (oder auch *Nute*). Wie so oft wurde dann die Bedeutung ›Ritze‹ durch das Verfahren des sogenannten Pars pro toto (»Teil für das Ganze«) erweitert, sodass in derber Sprache *Nutte* längst eine ›billige Prostituierte‹ bedeutet.

Doch nun zu den sprachlichen Anleihen aus dem Tierreich. Seit ältester Zeit müssen alle möglichen Tiere für positive oder negative Vergleiche mit uns Menschen herhalten. Solche Vergleiche basieren entweder auf tatsächlich beobachteten Merkmalen von Tieren oder auf zum Teil uralten, immer wieder weitergereichten Ammenmärchen.

Wenn es um das Verächtlichmachen weiblicher Wesen geht, wird deren vermeintliche Unbedarftheit besonders gern mit einer Kombination der Beiwörter *dumm, blöd* oder *albern* mit *Gans, Huhn* oder *Kuh* ausgedrückt.

Dass die so oft heftig schnatternden Gänse mit Frauen in Verbindung gebracht werden, weil diese angeblich außerordentlich redselig sind, ist ein weiterer Grund für solch einen nicht gerade schmeichelhaft gemeinten Vergleich – ein *Gänschen* als Bezeichnung für ein junges, noch unreifes Mädchen ist dagegen fast eine Schmeichelei.

Dagegen zeigten Griechen und Römer ausgeprägte Hochachtung vor den Gänsen. Diese waren im alten Griechenland der Liebesgöttin Aphrodite heilig, und im alten Rom galten sie als Symbol der Fruchtbarkeit und der ehelichen Treue. Die der Juno geweihten Gänse auf dem römischen Kapitol haben bekanntlich durch ihr warnendes Schnattern im Jahre 387 v. Chr. dessen Zerstörung durch die gallischen Eindringlinge verhindert.

Konrad Lorenz
beobachtet seine
Lieblingsgans

Doch auch in neuerer Zeit erfreute sich dieser Entenvogel nicht nur bei Gourmets großer Wertschätzung. Der Verhaltensforscher KONRAD LORENZ war in seine Graugänse regelrecht vernarrt und wurde zu deren Bezugsperson.

Der schwedischen Schriftstellerin SELMA LAGERLÖF verdanken die Gänse schließlich eine Ehrenrettung ganz anderer Art: Ihr Geschöpf Nils Holgersson nutzt den Gänserich Martin als unentbehrliches Lufttaxi für seine Flüge über Schweden.

Merke: Tiere sind nicht so dumm, wie die Menschen behaupten – und die als solche Beschimpften auch nicht.

Aus sprachgeschichtlicher Sicht ist das Wort *Gans* bemerkenswert, da es – heute nicht mehr wahrnehmbar – zu jenen seltenen Wörtern gehört, die durch Nachahmung natürlicher Laute entstanden sind: durch Onomatopöie, wie es im sprachwissenschaftlichen Fachjargon heißt. Bekannte Beispiele hierfür sind etwa *quieken, grunzen, muhen, blöken* und andere.

Solche lautmalenden Wörter sind in der Tat so selten, weil die weit überwiegende Mehrzahl der Wörter einer Sprache eben nicht »natürlich motiviert« ist. Oder anders: Zwischen dem sprachlichen Zeichen und seiner Bedeutung besteht keine naturnotwendige Beziehung, sondern eine beliebige. In der Sprachwissenschaft spricht man meist von der Arbitrarität (= Willkürlichkeit) der Benennung.

Im Falle des Wortes *Gans,* das zum indogermanischen Kernwortschatz gehört, ist die lautmalende Bildungsweise in den ältesten Texten am besten zu erkennen:

Gans

Indogermanisch	*ĝhans-
Altindisch	hamsáh
Griechisch	χήν (chēn)

In diesen frühen Belegen glaubt man tatsächlich noch jenes »heisere Ausfauchen des Tieres bei aufgesperrtem Schnabel zu hören«, wie es im Lateinischen Etymologischen Wörterbuch von ALOIS WALDE so schön heißt.

Auch eine Ehrenrettung
der Gans:
Der Gänserich Martin
befördert Nils Holgersson.

Keine »blöde Kuh«,
sondern die ägyptische Göttin Hathor

Ähnlich wie die Gans genoss auch die Kuh, überhaupt das Rindvieh,
bei uns nie die Ehrerbietung, die ihr (und ihm) in anderen Kulturen
zuteil wurde – und wird.

Im alten Ägypten wurde die vor allem für Liebe und Musik zustän-
dige Göttin HATHOR entweder als Kuh oder zumindest als eine Kuh-
hörner tragende Frau dargestellt.

Die heiligen Kühe Indiens sind sogar sprichwörtlich geworden. In
der Tat werden Kühe schon in den frühesten religiösen Schriften des
Hinduismus als Symbol des Mütterlichen, Lebensspendenden verehrt, und kein gläubiger Hindu wird je eine Kuh töten oder gar ver-
speisen.

Ein staatliches Gesetz – der »Cowslaughter Act« – verbietet aus-
drücklich die Tötung dieser Tiere. Dass im Deutschen das »Schlach-
ten heiliger Kühe« besonders von reformfreudigen Politikern verlangt wird, zeigt den Unterschied der Kulturen besonders deutlich.
Doch auch im alten Europa genoss die Kuh mehr als materielle
Wertschätzung. Die von den Griechen als Schutzgöttin der Ehe und
als Geburtsgöttin verehrte HERA ist ursprünglich wohl in Gestalt

einer Kuh verehrt worden. Reste dieser alten Vorstellung finden sich noch bei HOMER. Er verwendet für HERA den Beinamen βο-ωπις *(bo-opis)* – ›die Kuhäugige‹.

Von der kuhäugigen, also mit großen, runden, offenen Augen ausgestatteten, HERA HOMERS bis zu unseren abwertenden Kuhaugen, etwa bei JOHANNES MARIO SIMMEL, ist es wahrlich ein weiter Weg. In dessen Roman »Der Stoff, aus dem die Träume sind« heißt es mitleidlos abschätzig: »Mutti hatte seelenvolle, blöde Kuhaugen.«

In der Tat ist aus dem sanft blickenden Kuhauge das blöd glotzende geworden. Eine solche Bedeutung passt genau zur allgemeinen Abwertung der Kuh, deren Name dann unweigerlich als Schimpfwort verwendet wird: *blöde, dumme, dämliche, alte Kuh* und so weiter.

Man sieht, dass die Bewertung von Gans und Kuh sich ähnlich entwickelt hat. An die Stelle mythologischer oder gar religiöser Überhöhung ist die bindungslose Ernüchterung getreten. Damit wird der

Eine heilige Kuh wird in Indien nicht geschlachtet –
wohl aber in Deutschland

Weg frei für die Instrumentalisierung der Bezeichnung als Schimpfwort.

Bei diesem Prozess hat die strikte Distanzierung des jüdischen und
christlichen Monotheismus von Tiergöttern und Tierkulten sicher
eine entscheidende Rolle gespielt – die Erzählung vom Goldenen
Kalb (2. Mose, 32) liefert dafür wohl den bekanntesten Beleg. Hier
wird der Kampf Mose gegen den Rückfall seines Volkes in »Götzen-
verehrung« – sprich: in die Anbetung des stiergestaltigen Baal – ge-
schildert.

Die Ziege hat sich als Lieferantin mehrerer einschlägiger, nicht nur
abschätzig gemeinter Wörter bewährt, deren sprachlicher Zusammenhang mit diesem Tier nicht immer offensichtlich ist, zumal die
betreffenden Wörter zwei völlig verschiedene, nicht miteinander
verwandte Ursprünge haben: das althochdeutsche Wort *ziga* und
das lateinische *capra* (weiblich) oder *caper* (männlich):

Der Tanz um das Goldene Kalb –
oder: die Anbetung eines Stiergottes

Ziege

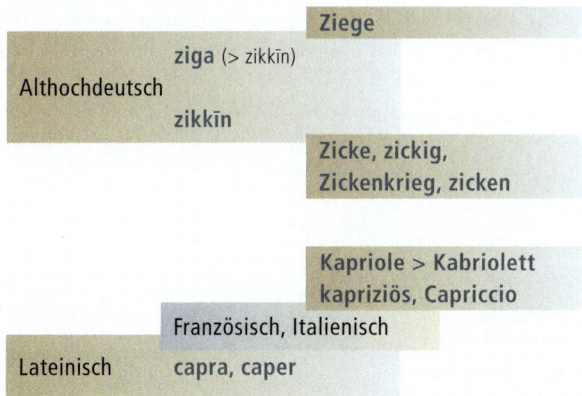

Ziege

Althochdeutsch ziga (> zikkīn)

zikkīn

Zicke, zickig, Zickenkrieg, zicken

Kapriole > Kabriolett
kapriziös, Capriccio

Französisch, Italienisch

Lateinisch capra, caper

Interessant ist die Verteilung der Bewertungen auf die beiden Herkunftslinien: Die germanische Linie liefert die negativen Bedeutungen, die lateinisch-romanische die positiven.

Mit den Italienern freuen oder amüsieren wir uns über Kapriolen, die jemand – oder auch das Wetter – wie die in unberechenbaren Sprüngen hin- und herhüpfenden Ziegen schlägt (von italienisch *capriola* = eigentlich ›Bocksprung‹, dann kunstvoller ›Luftsprung‹ von Tänzern).

Besonders schön – fast einer Definition des Begriffs gleichkommend – hat HERMANN HESSE diesen Begriff in seiner Erzählung »In der alten Sonne« (1904) eingesetzt:

> Zu den Sprüngen und Kapriolen des aus dem Geleise Gekommenen gehörte es, dass er neuerdings mehrmals am Tage unter seine Bettstatt kroch, das alte Sonnenschild hervorholte und einen närrischen Kultus damit trieb.

Dagegen verdanken wir das Kabriolett den Franzosen, die in der Mitte des 18. Jahrhunderts einen leicht gebauten Einspänner auf den holprigen Weg brachten und wegen dessen ziegenartig hüpfender

Bewegungen *cabriolet* nannten (von *cabrioler*, einer Variante zu *caprioler*).

Und wenn wir mit gebremster Bewunderung eine Frau *kapriziös* nennen und damit ein ›eigenwilliges Persönchen‹ meinen, stecken ebenfalls die charmanten Franzosen dahinter (französisch *capricieux* = ›launenhaft‹, ›launisch‹).

Mit dem musikalischen Begriff *Capriccio* dagegen kehren wir wieder in italienische Gefilde zurück und bezeichnen damit – wie die Italiener mit ihrem gleichlautenden Wort – ein scherzhaft launiges Musikstück.

Wenn wir jedoch einen Blick auf das Wort *Ziege* und dessen Verwandtschaft werfen, vergeht uns die gute Laune: Ausschließlich Abschätziges begegnet uns hier – in der ältesten, bereits im späten Mittelalter belegten Form als *alte Ziege*.

Diese generelle Abwertung ist umso seltsamer, als die Ziege, vielleicht das älteste Haustier des Menschen,

> für den primitiven Menschen und sein Leben ein unschätzbares Gut [ist], daher bei allen Völkern in größtem Ansehen, woraus die wichtige Rolle erklärlich ist, die sie im Kult und Glauben des einfachen Mannes spielte und in abgelegenen Gegenden noch spielt. Als dem Menschen wertvolles Tier wurde sie infolge der unmittelbaren Übertragung des menschlichen Wertbegriffes auf die Gottheit ein häufiges Opfer …
> (Bächtold-Stäubli, Bd. 9, Sp. 898)

Des Rätsels Lösung liegt vielleicht darin: Vorwiegend alte Ziegen, die zu nichts mehr nutze sind, werden abgewertet. Diese Erklärung wird durch die ähnliche Verwendung des von *Ziege* abgeleiteten Wortes *Zicke* gestützt.

Letzteres konkurriert – je nach Mundart – zunächst ohne abwertende Bedeutung mit *Ziege* (oder auch mit *Geiß*) als Benennung für die erwachsene weibliche Ziege. Dann werden aber auch magere, dürre Frauen mit diesem Wort bezeichnet – in Anspielung auf die Magerkeit des Muttertiers. Schließlich wird *Zicke* – mitsamt den Ableitungen *zickig, Zickenkrieg, zicken* – zu einem beliebten Schimpfwort. Mit ihm belegt man vornehmlich weibliche Personen, die durch ihr launisches, unberechenbares, überspanntes, aber auch prüdes Verhalten auffallen.

Wenn eine Frau von einem Mann oder auch einer Geschlechtsgenossin *Brillenschlange* genannt wird, braucht diese sich eigentlich gar nicht zu ärgern. Das Wort beschreibt sie zwar als Sehbehinderte und als schlangenhaft tückisch – nach der in Asien vorkommenden hochgiftigen Brillenschlange, der Kobra-Art Naja Naja, welche an einer deutlichen Brillenzeichnung auf dem Rücken erkennbar ist.

Doch mag die so benannten Brillenträgerinnen trösten, dass bei diesem Schimpfwort oft ein gewisser Neid mitschwingt: Ihnen werden insgeheim beträchtliche Intelligenz und berufliches Können unterstellt.

Damit wären wir beim semantisch benachbarten *Blaustrumpf* angelangt, unter dem man – laut »Großem Duden« – eine »gelehrt wirkende Frau« versteht, »die zugunsten der geistigen Arbeit die vermeintlich typisch weiblichen Eigenschaften verdrängt hat«.

Blaustrumpf ist eine exakte Lehnübersetzung des englischen *bluestocking,* das als *bas bleu* auch ins Französische übernommen wurde. Kurioserweise bezieht sich das Wort ursprünglich auf einen

Leibhaftige Brillenschlangen – wesentlich giftiger als die oft geschmähten Frauen mit Brille

Mann: den Botaniker Benjamin Stillingfleet. Dieser nahm – wie andere Gelehrte oder auch Schriftsteller seiner Zeit – als Gast an Salons teil, die um 1750 in London von kultivierten Damen wie etwa Mrs. Elizabeth Montagu geführt wurden, die sich nicht mit Klatsch und Tratsch und Kartenlegen begnügten.

Der männliche Gast dieser Runde erschien salopp gekleidet – und trug blaue Strümpfe aus Wolle statt der üblichen schwarzen aus Seide. Den Damen gefiel dieses demonstrative Abweichen von der Konvention, und sie machten es ihm nach.

All diese unfreundlichen Bezeichnungen kann man auch auf jene Erwartungen zurückführen, die Männer gegenüber weiblichen Wesen hegen. Und deren Verhaltensweisen werden – wie jene der Männer – ganz wesentlich hormonell gesteuert:

> Östrogene … beeinflussen das Wachstum der weiblichen Geschlechtsorgane und sind für die Ausbildung sekundärer Geschlechtsmerkmale der Frau, weiblichen Körperbau (Fetteinlagerung) und *weibliches Verhalten* verantwortlich.
>
> (Brockhaus Enzyklopädie)

Was »weibliches Verhalten« sei, wird allerdings bis heute lebhaft diskutiert. Auf dieses verminte Gelände wage ich nur einen Schritt zu tun und zitiere Unstrittiges (ebenfalls aus der verzweifelt um Objektivität bemühten Brockhaus Enzyklopädie):

> Als Weiblichkeit wird im Allgemeinen all das bezeichnet, was eine Frau »ausmacht«, was sie vom Mann unterscheidet. Konkret können das ganz verschiedene Werte sein, weil Menschen (einzelne und/oder Gruppen) Weiblichkeit ihren Interessen entsprechend definieren …
> Wird eher der biologische Aspekt der Weiblichkeit betont, wird das Muttersein beziehungsweise *Mütterlichkeit* eine wichtige Rolle spielen. Auch *körperliche Anziehungskraft*, Attraktivität verbinden viele Menschen mit Weiblichkeit. Werden eher die geistig-seelischen und sozialen Aspekte betont, gehören traditionellerweise zur Weiblichkeit Eigenschaften wie *Einfühlsamkeit*, *Gefühlsbetontheit*, *Kommunikationsfähigkeit*.

Genau diesem traditionellen Raster folgen viele der unfreundlichen oder gar beschimpfenden Benennungen von Frauen:

Weiblichkeit

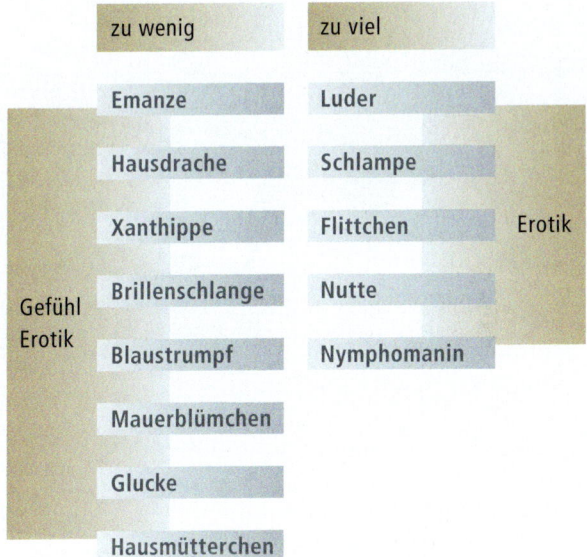

Einige Wörter aus dieser Liste bedürfen noch eines Kommentars.
Die durchweg abwertende Bezeichnung einer emanzipierten – also
unabhängigen, selbstständigen, selbstbewussten – Frau als *Emanze*
ist noch jungen Datums. Das Wort ist die sprachliche Rache der um
ihre Vorherrschaft fürchtenden Männer an den um ihre Emanzipation kämpfenden Frauen.

Diese hatten in der Frauenbewegung der 60er- und 70er-Jahre des
20. Jahrhunderts den Begriff *Emanzipation* zu ihrem Kampfruf gemacht. Vorher hatte das im 18. Jahrhundert aus dem lateinischen
emancipatio gebildete Wort die allgemeinere Bedeutung ›gesellschaftliche Gleichstellung‹ – von wem auch immer: den schwarzen
Sklaven in Nordamerika oder den französischen Bürgern nach der
Revolution von 1789.

Emanzipierte Frauen, doch keine Emanzen

Die alten Römer wiederum, von denen dieses Wort so spät ausgeliehen wurde, bezeichneten mit ihm etwas ganz Spezielles: die Entlassung einer Person (eines Sklaven oder Sohnes) aus der Allgewalt des Hausvaters – des *pater familias.*

Ähnlich wie der Emanze werden der Xanthippe Weiblichkeitsdefizite nachgesagt. Doch während die Emanze aus politischen Gründen streitet, tut die Xanthippe dies rein privat: Sie ist nichts anderes als eine zanksüchtige Frau.

Ihre Benennung verdankt sie der gleichnamigen Ehefrau des Philosophen SOKRATES (469 v. Chr.–399 v. Chr.), die diesen angeblich ständig malträtiert haben soll – wahrscheinlich eine bereits von den alten Griechen in Umlauf gebrachte Verleumdung, die das Genie ihres leicht skurrilen Ehemannes umso heller erstrahlen lassen sollte. Die Arme musste sich ja schließlich um ihn und um drei Söhne kümmern.

Dagegen steht *Mauerblümchen* eher für ein liebenswertes, schüchternes Geschöpf, das nicht in der Lage ist, seine weiblichen Reize – im Wortsinn – »an den Mann zu bringen«: Es wird nicht beachtet – wie eine einzeln an einer Mauer blühende Blume.

Im Unterschied zu ihm wird die Nymphomanin wegen ihres männermordenden Eroberungswillens gefürchtet. Abwertend wird eine

Frau als *nymphoman* bezeichnet, die – wie es noch im alten Brockhaus aus dem Jahr 1906 so entrüstet heißt – »ein unnatürlich gestei-
gertes Verlangen nach Geschlechtsgenuss« zeigt.

Doch auch in Sachen Nymphomanie haben sich die Zeiten sehr verändert. In der neuesten Auflage derselben Enzyklopädie aus dem
Jahr 2006 ist das »unnatürlich gesteigerte Verlangen« als Folge einer
unnatürlich gesteigerten politischen Korrektheit zum Normalfall
geworden:

> Nymphomanie:
> … *historische* Bezeichnung für ein *vermeintlich* gesteigertes sexuel-
> les Verlangen der Frau (Hypersexualität), das auf der Grundlage einer
> *restriktiven* Sexualmoral als anormal oder krankhaft bewertet wird.

Verzichten wir also auf dieses Wort und nennen statt dessen eine
sexuell hyperaktive Frau *mannstoll* – vorausgesetzt, dass wir diese
seit dem 18. Jahrhundert verfügbare Bezeichnung noch verwenden
dürfen, ohne sexistischen Sprachgebrauchs verdächtigt zu werden.
Doch gemach – im nächsten Kapitel geht es den Männern an den
Kragen.

Xanthippe übergießt
ihren Gatten
Sokrates mit Wasser

Die Herren der Schöpfung

Während die unfreundlichen Bezeichnungen weiblicher Wesen vorwiegend die altvertrauten Klischees »Dummheit« und »Launenhaftigkeit« bedienen, beziehen sich abwertende Benennungen von Männern ebenso stereotyp vor allem auf die angebliche Höhe ihres Testosteronspiegels, der entweder – aus männlicher Perspektive – zu niedrig oder – nach weiblicher Ansicht – zu hoch ist, wenngleich auch männliche Dummheit mithilfe entsprechender, oft bestialisierender Schimpfwörter angeprangert wird. Einige wenige Beispiele mögen dies belegen.

Bevor wir uns um die Hauptgruppe kümmern, sei kurz auf einige Benennungen dummer Männer verwiesen – Dummheit kommt ja geschlechtsübergreifend vor und ist vom Hormonspiegel völlig unabhängig.

Dennoch gibt es keine »Blödfrau«, sondern nur den *Blödmann*. Bis weit in die Neuzeit hinein wurde übrigens das Ausgangswort *blöde* nicht abschätzig wie heute verwendet. Es bedeutete – wie bereits das althochdeutsche *blōdi* – vielmehr ›zaghaft‹, ›furchtsam‹, ›zart‹. In dieser alten Bedeutung treffen wir das Wort etwa noch bei GOETHE an, der zum Beispiel in seiner Ballade »Der Rattenfänger« von schüchternen – nicht etwa dummen – Mädchen behauptet:

> Und wären Mädchen noch so blöde
> Und wären Weiber noch so spröde:
> Doch allen wird so liebebang
> Bei Zaubersaiten und Gesang.

Erst durch den Einfluss des im 17. Jahrhundert neu gebildeten Adjektivs *blödsinnig*, das in der Tat ausschließlich ›schwachsinnig‹ bedeutet, setzte sich allmählich die heutige abwertende Bedeutung durch.

Abwertender als *blöde* oder *dumm* sind natürlich Schimpfwörter, die sich die angebliche Dummheit von Tieren zunutze machen und oft mit einem dieser Adjektive kombiniert werden:

Dumme Männer

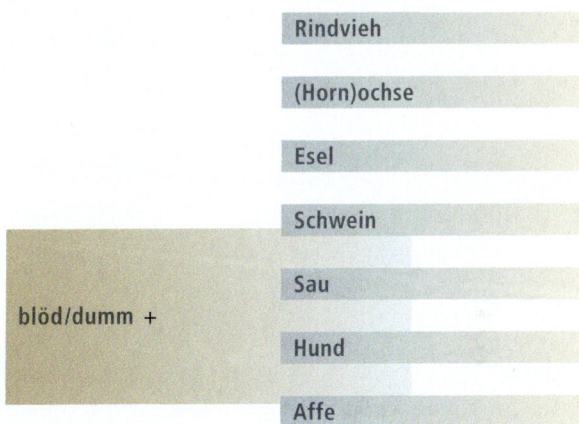

Rindvieh

(Horn)ochse

Esel

Schwein

Sau

blöd/dumm +

Hund

Affe

Doch nun zur Gruppe der speziell für Männer reservierten Unfreundlichkeiten, die sich nach dem jeweils vermuteten Hormonspiegel anordnen lassen. Den Zusammenhang zwischen typischen Verhaltensweisen des Mannes und seinen Sexualhormonen, den Androgenen, kann man so beschreiben, wie es die Brockhaus Enzyklopädie tut:

> Die Androgene werden in der frühen Embryonalperiode gebildet; ihr Vorhandensein bewirkt die Entwicklung männlicher Geschlechtsorgane. Weiterhin sind sie für die Entwicklung sekundärer Geschlechtsmerkmale des Mannes, typisch männlichen Körperbau (Muskelmasse) und *männliches Verhalten*, Reifung der Samenzellen, Geschlechtstrieb und anderes verantwortlich.

Aber was wäre unter »männlichem Verhalten« zu verstehen? Männlichkeit eben:

> Männlichkeit:
> Bezeichnung für Eigenschaften, die dem Mann häufig als typisch zugeschrieben werden, wie z. B. *Mut, Stärke, Tapferkeit, sexuelle Aktivität* – Eigenschaften, die in patriarchalischen Gesellschaften (Patriarchat) die »Vorrangstellung« des Mannes begründen sollen.

Übrigens: Nicht nur Männer äußern sich abfällig über Geschlechtsgenossen, die diesem stereotypen Entwurf von Männlichkeit nicht entsprechen. Und nicht nur Frauen protestieren auch sprachlich gegen Männer, die ein Übermaß solcher klischeehaft geforderten Eigenschaften erkennen lassen – bis hin zu jener männerspezifischen Variante des Größenwahns: dem Männlichkeitswahn.

Männlichkeit

	zu wenig	zu viel	
tierisch	Angsthase	Leithammel	
	Hasenfuß	Platzhirsch	
	Memme	Alphatier	tierisch
	Schlappschwanz	Bock	
	Waschlappen	Pfau	
	(Flach)wichser	Fatzke	
	Warmduscher	Macho	
anti-feminis-tisch	Softie	Chauvi	
	Sitzpinkler	Stenz	
		Don Juan	
		Casanova	
		Schürzenjäger	

Die Geschichte der interessantesten Wörter in dieser Liste sei hier nacherzählt.

Im *Angsthasen* und im *Hasenfuß* lebt die durchaus zutreffende Vorstellung weiter, der Hase sei ein furchtsames Tier – und in der Tat befähigen ihn seine überaus langen Hinterbeine zu Fluchtgeschwindigkeiten bis etwa 80 Stundenkilometern.

Ebenfalls auf Feiglinge und Schwächlinge zielen die abschätzigen Bezeichnungen *Memme* und *Schlappschwanz*. Erstere taucht bereits im 16. Jahrhundert auf und bedeutet – in einigen Dialekten wie dem Rheinischen bis heute – ›Mutterbrust‹ (urverwandt mit lateinisch und griechisch *mamma*). Die *feige Memme* ist also eigentlich ein – als Pars pro toto ausgedrückt – »stillendes Weib«, das eben nicht gerade zur Tapferkeit neigt.

Der *Schlappschwanz* steht uns seit dem 17. Jahrhundert zur Verfügung. Die ursprüngliche Derbheit dieser Bezeichnung ist inzwischen verloren gegangen – wie so oft bei Wörtern, welche die menschliche Sexualität berühren. Daher ist die in einigen Wörterbüchern obwaltende Prüderie nicht mehr angebracht. So ist im Duden-Herkunftswörterbuch der derbe Ursprung des Wortes *Schlappschwanz* noch sanft infrage gestellt:

> … eigentlich *wohl* »Mann mit einem schlaffen Penis, nicht potenter Mann«.

Und in Kluges Etymologischem Wörterbuch treffen wir auf eine ungewollt komische Verhüllung des Gemeinten:

> … eigentlich eine sexuelle Metapher, die aber nicht mehr gefühlt wird.

Dagegen sind die ebenfalls aus dem sexuellen Bereich stammenden derben Schimpfwörter *Weichei* und *Wichser* in den neuesten Wörterbüchern durchweg ohne Prüderie aufgeführt und kommentiert.

Eine andere Gruppe von Bezeichnungen für Männer, denen ein zu niedriger Testosteronspiegel nachgesagt wird, bedient ein weitverbreitetes antifeministisches Ressentiment: *Softies, Warmduscher* und *Sitzpinkler* gelten vielen Männern als Verräter und Überläufer – als Kollaborateure mit dem feministischen Lager.

Sie verhalten sich anders als gestandene deutsche Männer, die (angeblich) kalt duschen und (tatsächlich) im Stehen urinieren. All

Röhrender Platzhirsch (I)

solche unmännlichen Verhaltensweisen traut man dem Softie zu – einem (laut Duden-Universalwörterbuch) »Mann von sanftem, zärtlichem, empfindungsfähigem Wesen«, was ihn für die anderen wohl noch verachtenswerter macht.

Allerdings ist die abschätzige Bedeutung dieses Wortes im gleichlautenden englischen Original ausgeprägter: Seit seinem Auftauchen im späten 19. Jahrhundert bedeutet es ›Schwächling‹, ›Trottel‹. Da kommt der uns neuerdings im Deutschen begegnende *softe Typ* (von englisch *soft* = ›sanft‹) viel besser weg: Er ist weich wie Softeis, doch kein Weichei.

Eine große Anzahl der testosterongesteuerten Männer wird mit Bezeichnungen aus dem Tierreich belegt, die zum Teil gar nicht oder nur schwach abwertend sind.

Aus der Jägersprache stammt der *Platzhirsch:* eigentlich der stärkste Hirsch, der sich auf dem (Brunft)platz gegen seine Nebenbuhler durchsetzt – nichts Verwerfliches also.

Dem deutschen Leithammel dagegen, der seine Herde seit dem 16. Jahrhundert anführt, folgen allzu viele Schafe blind und gedankenlos – »dumme Schafe« eben. JEAN PAUL hat dieses Verhalten in seinem Roman »Titan« (1800–1803) auf unnachahmliche Weise satirisiert (2, 41):

> … du musst erst noch lernen, dass die Menschen, in Rücksicht der Zeremonien, Moden und Gesetze, gleich einem Zug Schafe, insgesamt, wofern man nur den Leithammel über einen Stecken setzen

lassen, an der Stelle des Stabes, den man nicht mehr hinhält, noch
aus Vorsicht aufspringen.

In jüngster Zeit ist der Benennung *Platzhirsch* ein ernst zu nehmen-
der Konkurrent erwachsen: *Alphatier*. Dieses Wort stammt aus der
Verhaltensforschung und bezeichnet das Gleiche wie sein Rivale:
den Rangersten in einer hierarchisch gegliederten Tiergruppe (nach
alpha, dem ersten Buchstaben des griechischen Alphabets).
Warum *Alphatier* zunehmend häufiger eingesetzt wird? Vielleicht
weil das Wort erlaubt, den wegen seines autoritären Verhaltens kri-
tisierten Mann ohne Umschweife bestialisierend als Angehörigen
des Tierreichs zu bezeichnen, ohne den metaphorischen Umweg
über die Waidmannssprache nehmen zu müssen.
Während sich die Wörter *Platzhirsch* und *Alphatier* allgemein auf
den autoritären Umgang mit anderen Menschen beziehen, stehen
mit *Macho* und *Chauvi* Begriffe zur Verfügung, die speziell männliche Verhaltensweisen gegenüber Frauen kritisch bezeichnen: Was
im Kampf der Geschlechter den Männern die Emanze, ist den

Röhrender Platzhirsch (II)

Frauen der Macho oder Chauvi. Beide Wörter haben eine bewegte Geschichte hinter sich.

In die deutsche Umgangssprache wurde das spanische Wort *macho* (eigentlich: ›männliches Tier‹) in den 80er-Jahren des vorigen Jahrhunderts entlehnt, um einen dem Männlichkeitswahn verfallenen Mann zu bezeichnen. Aus gutem Grund entstand diese übertragene, polemische Bedeutung in Südamerika, wo der Machismo traditionell bis heute besonders liebevoll gepflegt wird.

Dagegen ist die ursprüngliche Bedeutung des lateinischen Ausgangswortes *masculus* entweder wertneutral (›männlichen Geschlechts‹) oder positiv (›mannhaft, mutig‹).

Ähnlich wie *Macho* verdankt sein Bruder im Geiste, *Chauvi* (Abkürzung von *Chauvinist*), seine Popularität in der deutschen Umgangssprache der Frauenbewegung der 70er- und 80er-Jahre des 20. Jahrhunderts. Seine äußerst abwertende Bedeutung kommt in der englischen Phrasierung *male chauvinist pig* (*Chauvischwein*) besonders anschaulich zum Ausdruck.

»Abgang Alphatier – Auftritt der Vermittlerin«
(Süddeutsche Zeitung, 6. Februar 2006)

Giacomo Casanova (1725–1798) –
Patron aller Schürzenjäger
(Zeichnung von Francesco Casanova,
seinem Bruder, ca. 1750)

Vor dieser Bedeutungsverengung – und bis heute – benennt man mit diesem Wort eine übersteigert nationalistische Gesinnung – nach der Bühnenfigur des extrem patriotischen Rekruten NICOLAS CHAUVIN in der französischen Komödie »La cocarde tricolore« (1831) der Brüder COGNIARD.

Im Vergleich zu *Macho* und *Chauvi* sind viele Wörter, die ausschließlich auf die erotische Hyperaktivität des Bezeichneten zielen, frei von Polemik – ja, sie signalisieren sogar heimliche Bewunderung: Einen *Don Juan* oder einen *Casanova* beneidet man.

Und auch für einen Schürzenjäger zeigt man/frau Verständnis – für einen Mann also, der allen erreichbaren *Schürzen* (Pars pro toto für ›Frauen‹) nachjagt. Dessen Bemühungen werden nicht als sexistische Annäherungsversuche attackiert, sondern als Kompliment an das weibliche Geschlecht gewertet.

3   Der deutsche Nachwuchs

Bekanntlich ist es um den deutschen Nachwuchs demografisch nicht gut bestellt. Dies trifft auch in sprachlicher Hinsicht zu: Immer häufiger werden die noch nicht erwachsenen deutschen Erdenbürger mit englischen Wörtern bezeichnet. Vor allem in der Alltagssprache setzen sich zunehmend die meist griffigeren englischen Wörter durch:

Nachwuchs

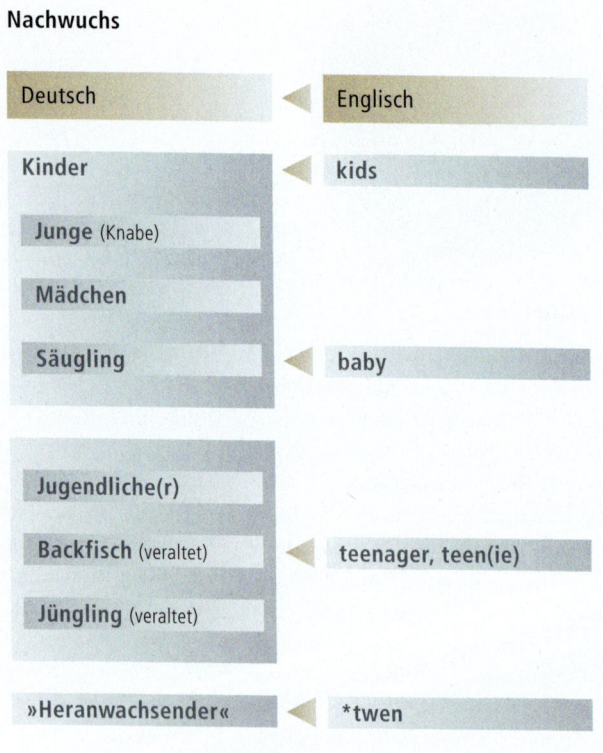

Deutsch	Englisch
Kinder	kids
Junge (Knabe)	
Mädchen	
Säugling	baby
Jugendliche(r)	
Backfisch (veraltet)	teenager, teen(ie)
Jüngling (veraltet)	
»Heranwachsender«	*twen

Insbesondere der Plural *Kinder* hat einen schweren Stand gegen die englische Form *kids,* die wiederum in den USA und in Großbritannien den älteren, umständlichen Plural *children* weitgehend ersetzt hat. Die Entlehnung des deutschen Wortes *Kindergarten* ins Englische macht diese feindliche Übernahme nicht wett.

Trotz ihrer lautlichen Ähnlichkeit sind die Wörter *Kind* und *kid* nicht miteinander verwandt. Letzteres gelangte als skandinavisches Lehnwort mit der Bedeutung ›Zicklein‹ (noch heute so im Schwedischen) im 13. Jahrhundert in den englischen Wortschatz, wo es dreihundert Jahre später zunächst im Slang auch ›Kind‹ bedeuten konnte. Auch unserem *kidnappen* liegt ein englisches Slangwort zugrunde: *to kidnap* – wörtlich:»ein Kind schnappen«.

Dagegen geht *Kind* auf die indogermanische Wurzel **gen-* (›gebären‹, ›erzeugen‹) zurück, aus der sich etwa griechisch γυνή (*gyné* = ›Frau‹) und lateinisch *gignere* (›gebären‹) entwickelt haben.

Die alten deutschen Wörter *Junge* und *Mädchen* behaupten sich als Bezeichnungen für ›Kind männlichen/weiblichen Geschlechts‹ noch gut gegen das übermächtige, jedoch geschlechtsneutrale *kids*, während *Knabe* auszusterben droht.

Auch *Säugling* (mittelhochdeutsch *sügelinc*) wird allmählich von seinem leichter auszusprechenden englischen Konkurrenten verdrängt. In diesem Fall eifern die deutschen Erwachsenen den englischen Kindern nach: *Baby* ist die mithilfe der Nachsilbe *-y* gebildete Koseform zu *babe* – einem kindlichen Lallwort, das ursprünglich (im 13. Jahrhundert) wohl **bāba* lautete und phonetisch anderen Lallwörtern wie *Mama* oder *Papa* vergleichbar ist.

Ebenfalls geringe Überlebenschancen haben die meisten deutschen Bezeichnungen für die jungen Leute etwa zwischen dem dreizehnten und neunzehnten Lebensjahr. Bereits scheintot sind *Jüngling,* das nur noch ironisch vorkommt, und *Backfisch,* bei dessen Nennung die meisten Deutschen heute an einen panierten Fisch denken. Letztere Fehldeutung ist übrigens wortgeschichtlich richtig: Mit *Backfischen* waren in der Tat ursprünglich junge Fische gemeint, die nur zum Backen oder Braten taugten – noch nicht zum Sieden.

Allein das Wort *Jugendlicher* hält sich noch wacker – vor allem in der Sprache der Juristen und der Verwaltung. Doch in der Alltagssprache beherrschen die englischen Importe das Feld: Seit den 50er-Jahren des vorigen Jahrhunderts sind uns *Teenager* und *Teenies* immer vertrauter geworden. Ersterer ist wohl eine US-amerikanische Erfindung der 20er-Jahre des 20. Jahrhunderts und bezeichnet bis heute jemanden, der im »Teen-Alter« ist, also zwischen »thirteen« und »nineteen«.

Einige Jahrzehnte später entstand die auch uns geläufige Abkürzung *teeny,* die inzwischen dem umständlicheren *Teenager* den Rang abläuft. Typisch für den heutigen Sprachgebrauch ist etwa folgende Schilderung im SPIEGEL (Nr. 32/2006, S. 124):

Sie war 14 Jahre alt, er 18, vier Jahre war sie mit ihm zusammen. Sie nahm die Pille, um sich vor einer Teenie-Schwangerschaft zu schützen.

Twen dagegen hat es – ähnlich wie *Handy* oder *Dressman* – im Englischen nie gegeben. Hier haben sich die Deutschen tollkühn des englischen Zahlwortes *twenty* (›zwanzig‹) bemächtigt und es zu *Twen* verkürzt. Allerdings ist diese anglisierende Bezeichnung für einen jungen Menschen in den Zwanzigern – aus welchen Gründen auch immer – auf dem Rückzug.

4 Familie

In Artikel 6 unseres Grundgesetzes wird feierlich versprochen:»Ehe und Familie stehen unter dem besonderen Schutze der staatlichen Ordnung«. Und das ist auch gut so – auch wenn der sarkastische Spötter KARL KRAUS einmal meinte:»Das Wort Familienbande hat einen Beigeschmack von Wahrheit«.

Unlängst stellte der FAZ-Herausgeber und Autor FRANK SCHIRR-MACHER kurz und bündig fest, dass Familien»etwas Urzeitliches« sind. Recht hat er. Nicht erst unsere vorwiegend germanischen Ahnen, sondern bereits deren indogermanische Vorläufer lebten (für agrarische Gesellschaften typisch) in Großfamilien – in Familien also, die aus mindestens drei Generationen bestehen. Kein Wunder, dass die Verwandtschaftsbezeichnungen dieser Völker einen bis heute erkennbaren gemeinsamen Kern aufweisen.

Zu diesem engeren Kreis von indogermanisch gemeinsamen Wörtern, die sich ohne Umwege aus dem Deutschen direkt bis ins Altindische zurückverfolgen lassen, gehören vor allem: *Vater, Mutter, Sohn, Tochter, Bruder, Schwester,* aber auch *Schwager* und *Schwieger-(mutter).*

Doch bevor wir uns um diese Wörter kümmern, seien die bereits angeführten zentralen Begriffe *Ehe* und *Familie* erörtert – zusätzlich

aber auch *Trauung, Hochzeit* und *Heirat:* Diese führen ja unweigerlich zur Ehe und zur Familie – mit oder ohne Kind.

Bis vor Kurzem wurden in Deutschland Familien durch eine Ehe
gegründet, aus der dann in der Regel Kinder hervorgingen. Im Gegensatz zu heute war meist die Heirat der Eltern Voraussetzung für
die gesellschaftliche Anerkennung deren Kinder.

Unehelich geboren zu sein galt als Makel. Im Bürgerlichen Gesetz-
buch hieß es noch bis 1970 streng und unerbittlich (BGB, § 1589):

> Ein uneheliches Kind und dessen Vater gelten nicht als verwandt.

Für diese »Kinder der Liebe«, wie es in heuchelnder Beschönigung
heißt, stehen uns im Deutschen vier Benennungen zur Verfügung.
Neben dem erst im 18. Jahrhundert gebildeten juristischen Begriff
illegitim, aus lateinisch *illegitimus* (= ›gesetzlich nicht anerkannt‹),
sind dies: *Bankert, Bastard* und *Kegel.*

Die drei letzteren sind allesamt Wörter, die aufgrund der geschwun-
denen gesellschaftlichen Ächtung in der Alltagssprache zu nichts
mehr nutze sind – außer um nach englischem Vorbild einen üblen
Burschen als *Bastard* zu beschimpfen oder um die griffige alliterie-
rende Formel *Kind und Kegel* zu ermöglichen. Der Weg dieser Wörter durch die Sprachgeschichte ist bemerkenswert – oder gar merk-
würdig.

Beginnen wir mit dem *Bankert* – einem inzwischen veralteten Wort.
Es taucht im Mittelhochdeutschen als *banchart* auf und lässt in jener Zeit die Zusammensetzung aus *banc* und *-hart* noch deutlich
erkennen. Ursprünglich bedeutete es das nicht im Ehebett, sondern
auf der »(Schlaf)bank« der Magd gezeugte Kind. Das zweite Element des Wortes findet sich häufig als Bestandteil eines Personen-
namens wie *Bernhard* oder *Reinhard. Banchart* (frühneuhoch-
deutsch *bankart*) hat sich gegen Konkurrenten wie *Bankkind* oder
Bänkling wohl durch klangliche Anlehnung an den *Bastard* durchgesetzt.

Letzteres Wort hat einen abenteuerlichen Weg hinter sich. Zunächst
begegnet es uns im Altfranzösischen als *bastard* und bezeichnet
– ähnlich gebildet und abwertend wie der deutsche *Bankert* –
das nicht im Ehebett, sondern in einem als Liege benutzten »Pack-
sattel« gezeugte Kind (aus vulgärlateinisch *bastum* = ›Saumsattel‹).

Vermutlicher Vater: ein Maultiertreiber. Vermutliche Mutter: eine Dienstmagd der Herberge, wo ihr Galan übernachtete.

Das zweite Element *-ard* geht – wie jenes im *Bankert* – auf das deutsche *hard* (›stark‹, ›mächtig‹) zurück, das aber in französischen Entlehnungen jener mittelalterlichen Zeit meist abwertend gebraucht wird: zum Beispiel in *couard* (›Feigling‹) oder *clochard* (›Stadtstreicher‹). Wie so vieles andere haben die Engländer auch diese abwertende Nachsilbe aus dem Französischen übernommen – zum Beispiel in *coward* (= *couard*) oder in der Neubildung *drunkard* (›Trunkenbold‹).

Das Wort *bastard* selbst gelangte im 13. Jahrhundert ins Englische. Es hatte in jener Zeit nicht mehr die ursprünglich abwertende Bedeutung, sondern bezeichnete den ›rechtmäßig anerkannten außerehelichen Sohn eines Adligen‹. Erst sechs Jahrhunderte später verloren die Engländer ihren Respekt vor dem adligen Bastard und benutzten *bastard* nun als Schimpfwort, das als solches inzwischen auch ins Deutsche eingedrungen ist.

Über all diese Ab- und Aufwertungen erhaben zeigt sich wie immer die Naturwissenschaft. In der Biologie stehen »Bastarde« ganz einfach für »Hybride«, also durch Kreuzung entstandene Tiere oder Pflanzen.

Als Dritten im Bunde für die Bezeichnung eines unehelichen Kindes begrüßen wir noch das altertümliche *Kegel*, heute nur noch in der Wendung *mit Kind und Kegel* anzutreffen. Dessen Herkunft ist leider – wie manchmal im richtigen Leben auch – nicht aufzuklären. Wir müssen uns mit dem Hinweis begnügen, dass *Kegel* ursprünglich ›Pfahl‹, ›Knüppel‹, ›Stock‹ bedeutete, später vielleicht auch scherzhaft den Penis bezeichnete.

Genug der Erörterungen außerehelicher Ereignisse – widmen wir uns nun den ehelichen, die erstere auch heute noch statistisch überwiegen.

Alles fängt damit an, dass sich zwei Menschen trauen, sich trauen zu lassen: Sie heiraten und feiern Hochzeit. Nicht immer beachten sie SCHILLERS Mahnung aus dem »Lied von der Glocke«:

> Drum prüfe, wer sich ewig bindet,
> Ob sich das Herz zum Herzen findet!

– oder dessen zynische, jedoch nicht weltfremde Abänderung durch
einen Anonymus:

> Drum prüfe, wer sich ewig bindet,
> Ob sich nicht noch was Bessres findet.

Bevor die beiden »von Amts wegen in einer staatlichen oder kirch-
lichen Zeremonie ehelich verbunden werden«, wie es im Großen
Duden heißt, sind sie Braut und Bräutigam, danach Gemahl oder
Gatte und Gemahlin oder Gattin.

Braut ist sprachhistorisch unauffällig. Das Wort taucht althochdeutsch als *brūt* auf und ist nur in den germanischen Sprachen belegt: englisch *bride*, schwedisch und dänisch *brud*, niederländisch
bruid. Da ist der zugehörige *Bräutigam* wesentlich interessanter.
Wie die *Braut* kommt er nur in den germanischen Sprachen vor –
und zwar als Zusammensetzung aus *Braut + Mann*. Der zweite Bestandteil ist längst als solcher nicht mehr erkennbar – wohl aber in
ältester Zeit. Im Althochdeutschen lautete das Wort *brūtigomo*, im
Altenglischen *brȳdguma*, sodass selbst für Laien die Verwandtschaft
des zweiten Elements (althochdeutsch *gomo*, altenglisch *guma* =
›Mann‹, ›Mensch‹) mit lateinisch *homo* erkennbar wird.
Während sich die Deutschen mit dem im Lauf der Zeit unverständ-
lich gewordenen Bestandteil *-gam* zufriedengaben, änderten die
Engländer den ihrigen zu *groom* (›Jüngling‹, ›Diener‹) und machten
ihn so durch eine volksetymologische Umdeutung verständlich.
Am Tag nach der Eheschließung ist aus dem Bräutigam ein Gatte
oder Gemahl geworden – ein Ehemann halt, der sich nicht nur
sprachlich von einem Bräutigam unterscheidet, wie unser Gewährs-
mann GOETHE treffend bemerkt:

> Der Bräutigam herrscht nicht wie der Ehemann; er bittet nur, und
> seine Geliebte sucht ihm abzumerken, was er wünscht.
> *(Wilhelm Meisters Lehrjahre, WA, 22, 281)*

Fast hätte ich es versäumt, hier *Freier* zu erwähnen. Solch unter-
bewusstes Zögern hängt wohl damit zusammen, dass dieses Wort
heute meist den Kunden einer Dirne bezeichnet. Ganz unzweideutig
gehalten hat sich dieses alte deutsche Wort (mittelhochdeutsch

vrīer = ›Bräutigam‹) nur in der Wendung *auf Freiersfüßen gehen,* die sich wahrlich nicht auf die erwähnte Klientel bezieht.

Das Verb *freien,* von dem der *Freier* abgeleitet wurde, ist dagegen moralisch koscher, wenngleich in der Bedeutung ›heiraten‹ (zu germanisch **frijō-* = ›umwerben‹) ziemlich veraltet. Lediglich im Sprichwort und in einem altehrwürdigen Karnevalslied fristet es noch seine Existenz.

»Jung gefreit hat nie gereut«, sagt man – und die Karnevalsjecken singen immer noch mit Begeisterung den Refrain des Liedes »Rheinlandmädel« von WILLI OSTERMANN (1876–1936), das in den Zwanzigerjahren entstand:

> Und sollt' ich im Leben ein Mädel mal frei'n,
> Dann muss es am Rhein nur geboren sein.

Nun aber zu den über jede Frivolität erhabenen Wörtern *Gatte* und *Gemahl.* Gegen alle politische Korrektheit bezeichnete *Gatte* bis ins 18. Jahrhundert nicht nur den männlichen, sondern auch den weiblichen Ehepartner – erst in jener Zeit taucht die Neubildung *Gattin* auf.

Das Substantiv ist vom althochdeutschen Adjektiv *gegat* abgeleitet und bedeutete eigentlich ›Zusammenpassende‹. Diese ursprüngliche Bedeutung ist – wie im richtigen Leben manchmal auch – verloren gegangen und der speziellen gewichen. Sie ist aber noch gut erkennbar in einer anderen Ableitung dieser Wortfamilie: *Gattung,* in der ja bis heute Zusammengehöriges vereint wird.

Wie bei *Gatte* ging auch bei *Gemahl* geschlechtsspezifisch zunächst einiges durcheinander. Der Sprachbenutzer früherer Zeiten hatte die Qual der Wahl zwischen allen drei grammatischen Geschlechtern: der, die oder das *Gemahl* waren möglich – »der« für den Mann, »die« oder »das« für die Frau oder beide Eheleute.

Um dieser Konfusion ein Ende zu bereiten, wurde im 15. Jahrhundert eine neue Wortvariante erfunden: *Gemahlin,* die nunmehr mithilfe der weiblichen Nachsilbe *-in* das natürliche Geschlecht deutlich bezeichnete.

Vom Aspekt der Benennung her betrachtet, zielen übrigens *Gatte* und *Gemahl* auf sehr Unterschiedliches. Bei Ersterem geht es, wie wir sahen, um die Zusammengehörigkeit der beiden Partner – bei Letzterem um deren Verloben. Denn *Gemahl* geht zurück auf althochdeutsch *mahal* – die ›Volksversammlung, auf der zwei Sippen vertraglich das Eheversprechen des Paares bekräftigten‹.

Damit sind wir endgültig bei der Institution der Ehe angelangt. Wodurch der Mensch offiziell aus der Einsamkeit in die Zweisamkeit überführt wird, kann im Deutschen auf dreierlei Weise ausgedrückt werden: durch *Trauung, Hochzeit, Heirat*. Diese Vielfalt ist jedoch kein überflüssiger Luxus, sondern eine Bereicherung des sprachlichen Ausdrucks. Genauer: Jedes der drei uns hier zur Verfügung stehenden Wörter bezeichnet unterschiedliche Aspekte ein und desselben Phänomens.

In *Trauung* schwingt noch heute die alte Bedeutung des Wortfeldes *treu* mit, zu dem die Wörter *trauen, vertrauen, zutrauen* gehören. In der Tat wurde zu Ausgang des Mittelalters das Substantiv *trūung* mit der Bedeutung ›Vertrauen‹ vom Verb *trūwen* abgeleitet, das zunächst ganz allgemein ›vertrauen‹ bedeutete, seit dem 13. Jahrhundert aber auch speziell ›ehelich verbinden‹. Nicht zufällig ist auch heute noch das Treueversprechen wesentlicher Bestandteil einer Trauung.

Die Trauung Philipps II.
mit Margarete von Flandern

Die heutige Bedeutung des Substantivs kam im 16. Jahrhundert auf. Mit dem Wort *Trauung* wird vor allem die offizielle Verbindlichkeit der Eheschließung bezeichnet, die bei der kirchlichen Trauung noch durch zeremonielle Handlungen verstärkt wird.

Andere Assoziationen – in der Sprachwissenschaft spricht man von Konnotationen – weckt das Wort *Hochzeit*. Es bezeichnet das mehr oder weniger üppige Fest, das nach der Trauung gefeiert wird und schon manchen Brautvater, der üblicherweise dies alles berappen muss, zum Schuldner werden ließ.

Das Feiern eines fröhlichen Festes steht ja auch im Mittelpunkt einer Silbernen, Goldenen, Diamantenen, Eisernen Hochzeit – auch wenn die Bezeichnungen dieser im 19. Jahrhundert aufkommenden Ehejubiläen fatal an Kriegsauszeichnungen erinnern, die mal in Silber, mal in Gold oder auch mit Brillanten verliehen wurden.

Die Wonnen einer Grünen Hochzeit – des Originals also – erwähnt SCHILLER in den »Piccolomini« (III, 8); *Freudenhaus* hat hier natürlich noch seine alte Bedeutung ›Haus voller Freude‹:

> Nicht in ein Freudenhaus bist du getreten,
> Zu keiner Hochzeit findest du die Wände
> Geschmückt, der Gäste Haupt bekränzt.

Pieter Breughel d. Ä.: »Bauernhochzeit« (1568) – sehr üppig und deftig

Anhand solcher Wörter lässt sich vortrefflich das Kommen und Gehen wie auch das Erweitern und Verengen sprachlicher Bedeutungen zeigen, insbesondere wenn konkurrierende Wörter um die Gunst des Sprachbenutzers buhlen.

Im Mittelhochdeutschen hatte sich das Wort *hōch(ge)zīt* aus der älteren Wendung *diu hōha gezīt* gebildet und bedeutete jegliches hohe Fest – vor allem die hohen kirchlichen Feste: Ostern, Pfingsten, Weihnachten. Als das lateinische Lehnwort *Fest* das alte deutsche Wort *hōchzīt* seit dem 13. Jahrhundert verdrängt, wird dessen Bedeutung zu der heutigen verengt. Mit dem ursprünglichen langen »o« ausgesprochen, hält sich die alte Bedeutung nur noch im neuhochdeutschen Ausdruck *Hōchzeit* (›Höhepunkt‹, ›Blütezeit‹).

Im Gegenzug verdrängt *Hochzeit* in der neueren Bedeutung das gleichbedeutende ältere Wort *Brautlauf* (althochdeutsch *brūtlouf*), mit dem wohl einer der uralten Hochzeitsbräuche – das ›Heimführen der Braut‹ – gemeint war. Im Schwedischen (als *bröllop*) und im Dänischen (als *bryllup*) hat sich jedoch das alte Wort für Hochzeit gehalten.

Von den kommunikativen Anforderungen einer Hochzeitsgesellschaft erschöpft, in der oft auch entfernteste, vorher nie gesehene Verwandte auftauchen, begeben sich die Frischvermählten erleichtert auf eine Hochzeitsreise, die sie in die wohlverdienten Flitterwochen führt. Diese sind so nach dem alten lautmalenden Verb *vlittern* benannt, das mit *flüstern* verwandt ist und ursprünglich ›flüstern‹, ›kichern‹, ›liebkosen‹ bedeutete. Flitterwochen sind also eigentlich ›Kosewochen‹. Als das Verb *vlittern* ungebräuchlich wurde, stellte man *Flitterwochen* fälschlich und irreführend zu *Flitter,* mit dem wir in früherer Zeit eine kleine Blechmünze, heute vor allem wertlosen, unechten Schmuck bezeichnen.

Mit solch billigem Tand hat diese erste Zeit der Ehe wahrlich nichts zu tun – wohl aber ausgerechnet das Flittchen, das ja nur selten geheiratet wird. Auf diese – wie im Großen Duden gnadenlos formuliert wird – »leichtlebige junge Frau, die häufig und mit verschiedenen Männern sexuelle Beziehungen hat«, trifft die sprachliche Verbindung mit »billigem Schmuck« durchaus zu.

Mit derartigen falschen Nachbarn haben übrigens die französischen und englischen Flitterwochen nichts zu tun. In diesem Falle haben die Franzosen von den Engländern profitiert. Sie haben das englische *honeymoon* in ihre Sprache als *lune de miel* übersetzt. Letzteres wiederum haben wir im 18. Jahrhundert als *Honigmonat, Honigmond* ins Deutsche gebracht, wo das Wort sich gegen das ältere, seit dem 16. Jahrhundert gebräuchliche *Flitterwochen* nie richtig durchsetzen konnte.

Warum die Engländer vor fünfhundert Jahren auf ihr *honeymoon* verfielen, ist kultur- und sprachhistorisch höchst aufschlussreich. Bereits die ersten Verfasser englischer Wörterbücher, aber auch die des modernen Oxford English Dictionary haben die Entstehung dieses Wortes missverstanden, zumindest einseitig erklärt und ausschließlich auf die uralte symbolische Bedeutung des Mondes als eines »wankelmütigen Gesellen« hingewiesen. Zu dem häufig wahrnehmbaren Auf und Ab ehelicher Beziehungen passt eine solche Deutung natürlich hervorragend.

Der Lexikograf THOMAS BLOUNT hat diese Erklärung in seiner »Glossographia« (1656) besonders griffig vorgetragen:

> *Honeymoon:* applied to those married persons that love well at first, and decline in affection afterwards; it is honey now, but it will change as the moon.
>
> (*Honeymoon:* auf jene Verheirateten angewendet, die sich zunächst sehr lieben, doch später in ihrer Zuneigung nachlassen; anfangs Honig – doch wird sich dies wie der Mond wandeln.)

Doch während die Deutung des ersten Elements – *honey* als etwas Süßes, Angenehmes – unstrittig ist, unterschlagen fast alle englischen Kommentatoren die alte, bis heute noch vorkommende Bedeutung von *moon,* nämlich ›Monat‹, wie sie in der ältesten deutschen Variante *Honigmonat* sichtbar wird. Mit anderen Worten: *Honeymoon* war ursprünglich wohl als eine Art zeitlich befristeter »Wonnemonat« der Ehe gedacht. Der einzige, der die Vielschichtigkeit diese Wortes berücksichtigt hat, war der geniale SAMUEL JOHNSON, der in seinem Wörterbuch von 1755 *honeymoon* so definierte:

> … the first month after marriage, when there is nothing but tenderness and pleasure.
>
> (… der erste Monat nach der Heirat, wenn nur eitel Sonnenschein herrscht.)

Jan van Eyck:
Die »Hochzeit« des
Giovanni Arnolfini (1434)
(Die Braut ist *nicht*
schwanger: Die Wölbung
ihres Bauches ist mode-
bedingt.)

Neben *Trauung* und *Hochzeit* steht uns im Deutschen noch die *Heirat* zur Verfügung, um eine Eheschließung zu bezeichnen.

Während die ersten beiden Wörter jeweils einen punktuellen Aspekt ausdrücken – das verbindliche Zeremoniell bzw. die anschließende Feier –, ist im Wort *Heirat* eher ein durativer vorherrschend: Die Dauer und die Folgen der eingegangenen ehelichen Verpflichtung, die Gründung des Hausstandes werden betont.

Das hier abgebildete berühmte Gemälde JAN VAN EYCKS sollte man daher nicht, wie es üblich ist, die »Hochzeit« Arnolfinis nennen, sondern die »Heirat«: Hier wird ein Ehepaar inmitten seines Hausrates abgebildet, zu dem Bett, Tisch, Sessel und Leuchter gehören.

Mit *Hausrat* ist das sprachgeschichtlich entscheidende Stichwort gefallen: *Heirat* gehört zur gleichen Wortfamilie wie *Hausrat* – einer großen Familie übrigens, in der sich auch *Vorrat, Unrat* und *Gerät* finden. Gemeinsames Ausgangswort für all diese Ableitungen und

Zusammensetzungen ist althochdeutsch *rāt* mit der Bedeutung ›Besorgung‹, ›Hilfe‹, ›Mittel‹.

Eben dieser Bestandteil ist auch im Wort *Heirat* verborgen, das althochdeutsch *hīrāt* lautete und zunächst ›Hausbesorgung‹, später erst ›Ehestand‹ und ›Eheschließung‹ bedeutete.

Das erste Element *hī*- geht auf germanisch *hīwa(n)* (›Haus‹, ›Hauswesen‹) zurück. Offenbar ist der durative Begriffsinhalt von *Heirat*, auf den ich hingewiesen habe, immer in dem Wort enthalten gewesen.

Der uralten Bedeutung ›Besorgung des Hauses‹ liegt übrigens eine frappierend ähnliche Vorstellung zugrunde wie dem Wort *Ökonomie*, das im Griechischen und Lateinischen ursprünglich die Verwaltung eines privaten – später erst die eines öffentlichen – Haushaltes bezeichnete: aus griechisch οἶκος *(oīkos)* = ›Haus‹ + νομία *(nomía)* = ›Verwaltung‹.

Die Engländer wiederum trennten sich im Mittelalter – wie so oft – von ihrem germanischen, dem Deutschen nahe verwandten Wort *hīrēd* und ersetzten es durch die französische Entsprechung *mariage* (vom vulgärlateinischen *maritaticum;* Neubildung zu *marītus* = ›Gatte‹).

Gleich ob Trauung, Hochzeit oder Heirat – alle drei führen unweigerlich zur Ehe. Deutlicher noch als im Begriff *Heirat* wird in *Ehe* das durative Element betont:

> *Ehe:* die auf Dauer angelegte Lebensgemeinschaft zweier Menschen
> verschiedenen Geschlechts ... Die Ehe bedeutet im deutschen Recht
> die von der staatlichen Rechtsordnung anerkannte Verbindung eines
> Mannes und einer Frau ... Damit stellt die Ehe ein Dauerrechts-
> verhältnis dar ...

Überdeutlich, doch zutreffend wird Ehe so in der Brockhaus Enzyklopädie definiert. Auf diesen rechtlichen Aspekt der andauernden Gültigkeit und der absoluten Verbindlichkeit gehe ich so ausführlich ein, weil er sich bereits seit frühester Zeit sprachlich belegen lässt.

Bei dem Begriff *Ehe* hat im Deutschen – und auch im Englischen – ein ähnlicher Verdrängungswettbewerb stattgefunden wie bei der *Hochzeit.* Im Althochdeutschen bedeutete *ēwa* zunächst allgemein ›Sitte‹, ›Recht‹, dann aber auch speziell ›Ehe(vertrag)‹ – für Letzteres findet sich der Erstbeleg bei NOTKER LABEO (950–1022), dem damaligen Leiter der Sankt Gallener Klosterschule.

In mittelhochdeutscher Zeit nahm dieses inzwischen zu *ē* gewordene Wort ausschließlich die heutige Bedeutung ›Ehe‹ an. Später wurde das schmalbrüstige, nur aus einem Vokal bestehende und nur in einem einzigen Buchstaben geschriebene Wörtchen zur heutigen Lautung und Schreibung aufgeplustert – »zerdehnt« sagt man in der Sprachwissenschaft. Komplementär dazu wurde der Weg frei für die mittelhochdeutsch konkurrierenden Wörter *reht* und *gesetze* mit der Bedeutung ›Recht‹, ›Gesetz‹. Diese Aufgabenverteilung unter den drei Wörtern ist bis heute so geblieben.

Im Englischen war die Ausgangslage ähnlich – doch nahm hier die lexikalische Entwicklung einen ganz anderen Verlauf als im Deutschen. Das gleichbedeutende altenglische Wort *ǣ(w)*, mittelenglisch *ē* war lautlich und orthografisch genauso unscheinbar wie sein deutscher Verwandter.

Es wurde in der Bedeutung ›Recht‹, ›Gesetz‹ bereits früh um das Jahr 1000 durch ein skandinavisches Lehnwort ersetzt: durch *lagu* (schwedisch heute *lag*), aus dem dann das heutige *law* wurde. Die skandinavische Siedlung in weiten Teilen Englands während des 9. und 10. Jahrhunderts hatte ja zur Folge, dass zahlreiche wichtige Wörter der Neuankömmlinge in den Wortschatz der alteingesessenen Angelsachsen übernommen wurden – etwa *window, knife, to take, husband* und so weiter.

In der Bedeutung ›Ehe‹ wurde das englische Wort *ē* (wie das bereits erwähnte *hīred*) im 13. Jahrhundert dem französischen *mariage* (heute *marriage*) geopfert. Auch diese Entlehnung war nahe liegend: Seit der Normannischen Eroberung (1066) war der Sprachkontakt mit dem Französischen so intensiv, dass Zigtausende französischer Wörter ins Englische entlehnt wurden.

In engem rechtlichen Zusammenhang mit der Ehe stehen zwei Begriffe, deren Bedeutungen heute gar nicht mehr oder kaum verstanden werden: *Mitgift* und *Morgengabe*.

Dass man bei dem Wort *Mitgift* unwillkürlich an *Gift* denkt, ist zwar nicht sachlich, wohl aber sprachhistorisch gerechtfertigt. Beide Wörter sind substantivische Ableitungen vom Verb *gehen* (althochdeutsch *geban*) und bedeuten ursprünglich ›Mitgabe‹ bzw. ›Gabe‹.

Unter Mitgabe ist hier das Vermögen zu verstehen, das der Frau (meist) von ihren Eltern in die Ehe mitgegeben wurde und so – zumindest im Mittelalter – dem Zugriff des Mannes entzogen war. Der neuere Begriff *Aussteuer* mit ähnlicher Bedeutung kam erst im 18. Jahrhundert auf.

Während das mit dem althochdeutschen Wort *gift* gleichlautende altenglische *gift* bis heute die Bedeutung ›Gabe‹, ›Geschenk‹ beibehielt, wurde im Deutschen die bereits früh auch belegte Bedeutung ›Gift‹ im Lauf der Jahrhunderte die allein übliche. Seit mittelhochdeutscher Zeit drückte man die ungefährlichere Gabe durch das jüngere Wort *gābe* aus.

Die Spezialisierung von *gift* ist wesentlich beeinflusst durch das mittellateinisch/griechische Wort *dosis* (›Gabe‹), das nicht nur bis heute ›Arzneimenge‹, sondern verhüllend auch ›Gift‹ bedeutete.

Bereits die alten Griechen waren sich des fließenden Übergangs vom Arzneimittel zum Gift bewusst. Das griechische Wort φάϱμαϰον *(phármakon),* das uns mitsamt seinen Ableitungen Fachausdrücke wie *Pharmazie, Pharmakologie, Pharmazeut* und viele andere geliefert hat, bedeutete ›Heilmittel‹ *und* ›Gift‹ – *und* ›Zaubermittel‹!

Längst werden ja aus vielen natürlichen Giften wirksame Heilmittel hergestellt. Bekannte Beispiele: Aus dem hochgiftigen Roten Fingerhut (botanisch *Digitalis Pupurea*) wird ein hochwirksames Herzmittel gewonnen, und Bienengift hilft gegen Rheuma – stets wohl dosiert natürlich. Todesfälle nach allzu reichlicher Aufnahme von Fingerhut waren häufig.

Der Fingerhut:
Gift- und Heilpflanze

Die Engländer wiederum, die ja an der alten Bedeutung ›Gabe‹ von *gift* festhielten, gaben ihr altes Wort *āter* (verwandt mit deutsch *Eiter*) für ›Gift‹ im 14. Jahrhundert auf und schlossen – wie so oft – die nun entstandene Lücke im Wortschatz gleich durch zwei französische Wörter: durch *poison*, das vom lateinischen *pōtiō* (zunächst ›Getränk‹, dann auch ›Gift-, Zauber-, Liebestrank‹) gebildet wurde, und durch *venim* (spanisch: *veneno*, italienisch: *veleno*), das heute als *venom* erhalten ist.

Letzteren Wörtern liegt lateinisch *venēnum* zugrunde, dessen Bedeutung in ganz anderer Richtung verlaufen ist als jene des konkurrierenden *pōtiō*. *Venēnum* ist aus **venesnom* gebildet, gehört also zu *venus* (›Liebe‹) und bedeutet ursprünglich ›Liebes- oder Schönheitstrank‹, später erst ›Zaubertrank‹ und ›Gift‹.

Gleich welche Richtung jeweils die semantische Entwicklung nahm: Kulturhistorisch bemerkenswert ist der urtümliche Zusammenhang zwischen Arznei, Gift, Zauber- und Liebestrank, der in all diesen Benennungen zutage tritt. Diese komplexen semantischen Bezüge lassen sich in einer vereinfachenden Tabelle, wie sie auf Seite 70 zusammengestellt ist, übersichtlich darstellen (das Pluszeichen steht für ursprünglich vorhandene Bedeutungen, das Minuszeichen für fehlende, ein fett gedrucktes + für erhaltene).

Die Tabelle macht deutlich, dass die anfängliche semantische Vielfalt im Laufe der Zeit drastisch verringert wird.

Meist bleibt nur die Bedeutung ›Gift‹ erhalten – seltener jene aus der Medizin.

Während die missverständliche *Mitgift* heute ein selten gebrauchtes Wort ist, wird die gänzlich unverständliche *Morgengabe* nur noch in historischen Zusammenhängen verwendet – mit dem Brauch stirbt das Wort. Denn längst ist es nicht mehr üblich, dass der Ehemann am Morgen nach der Hochzeitsnacht der Frau ein Geschenk von beträchtlichem Wert überreicht, das rechtliches Sondervermögen darstellt, auf das der Ehemann keinen Zugriff hat und somit der Zukunftssicherung der Frau dient – Blumen oder Schmuck reichen daher als Morgengabe nicht aus.

Nachdem wir die rechtlichen und folkloristischen Aspekte der Ehe sprachhistorisch abgearbeitet haben, kommen wir zu deren (in früheren Zeiten) unstrittigem Hauptzweck: der Gründung einer Familie,

Zauber- und Liebestrank

	Gabe/ Trank	Gift	Arznei	Zauber-/ Liebes- Trank
Griechisch				
a) **dosis**	•	•	•	○
Deutsch u.a.				
Dosis	○	○	●	○
b) **pharmakon**	○	•	•	•
Deutsch u.a.				
Pharma-	○	○	●	○
Lateinisch				
a) **potio**	•	•	•	•
Französisch				
poison	○	●	○	○
Englisch				
poison	○	●	○	○
b) **venenum**	○	•	○	•
Französisch				
venin	○	●	○	○
Englisch				
venom	○	●	○	○
Deutsch				
Althochdeutsch				
gift	•	•	○	○
Neuhochdeutsch				
Gift	○	●	○	○

die heute in Deutschland aus den Eltern und durchschnittlich genau 1,2 Kindern besteht. Die Großfamilien früherer Zeiten, in denen drei Generationen zusammenlebten, sind längst ungewöhnlich und werden als gesellschaftliche Kuriositäten betrachtet.

Das Wort *Familie* hat eine bemerkenswerte Entwicklung durchgemacht, in der sich gravierende gesellschaftliche Veränderungen spiegeln. Es taucht erst im 16. Jahrhundert in der deutschen Sprache auf und setzt sich nur langsam gegen das konkurrierende, althergebrachte *Haus* durch. Diesen Konkurrenzkampf hat JACOB GRIMM in seinem und seines Bruders WILHELM Wörterbuch auf unnachahmliche Art beschrieben:

> Wie lange dauerte [es] aber, bis das fremde Wort unter Bürger und Bauern gebracht und von ihnen verstanden wurde! So schön und gefüge es an sich selbst sei, hat es doch gleich andern zahllosen ausländischen Wörtern unsere hergebrachten heimischen gestört und manche natürlichen Redensarten durch seinen ausgedehnten Einfluss beeinträchtigt.

Was von den alten Römern, denen wir dieses Wort verdanken, unter *familia* verstanden wurde, lässt nicht nur heutigen Familienpolitikerinnen die Haare zu Berge stehen. *Familia* ist eine Kollektivbildung zu *famulus* (›Diener‹, ›Knecht‹, ›Sklave‹) und bedeutete ursprünglich ›Gesamtheit der Dienerschaft‹, ›Gesinde‹, dann ›der

Die Großfamilie alter Art:
Der Hausherr Tolstoj – der *pater familias* – thront inmitten seiner Familie

gesamte Hausstand‹, über den mit absoluter Autorität der *pater familias* herrschte: also über Ehefrau, Kinder, Enkel und Sklaven.

Dieser unumschränkte Gebieter über die Seinen – er konnte sogar die Todesstrafe über einen Sohn verhängen – fand bei den alten Griechen im δεσπότης *(despótes)* seine Entsprechung, der wohl aus **dem-s-potis* (›Herr des Hauses‹) hervorgegangen ist und Vorläufer unseres *Despot* wurde.

Noch deutlicher wird die autoritäre Stellung des Hausherrn im griechischen Kompositum οῖκο-δεσπότης *(oiko-despótes),* das wörtlich »Haus-Herr« bedeutet, doch – der alltäglichen Wirklichkeit entsprechend – auch mit »Haus-Tyrann« übersetzt werden könnte.

Als die autokratischen Merkmale dieser Herren eines radikalen Patriarchats längst vergessen waren, wurde im 18. Jahrhundert der *pater familias – familias* ist ein alter Genitiv – beschönigend als *Familienvater* ins Deutsche übersetzt, unter dem man sich eher einen gütigen, treusorgenden Ernährer der Familie vorstellt.

Und nun zu den einzelnen Mitgliedern einer solchen Familie – genauer: zu den Verwandtschaftsbezeichnungen. Bereits zu Anfang dieses Kapitels wurde erwähnt, dass die indogermanischen Sprachen (nicht nur) in diesem Bereich einen gemeinsamen Kern erkennen lassen.

Einige Bemerkungen über diese weitverzweigte, weltweit größte Sprachfamilie, zu der eben auch das Deutsche gehört, sind daher an dieser Stelle angebracht.

Die frappierenden Übereinstimmungen im Wortschatz des Altindischen mit jenem der europäischen Sprachen wurden im Jahre 1786 zuerst von dem britischen Juristen WILLIAM JONES (1746–1794), seinerzeit Oberster Richter in Kalkutta, erkannt und beschrieben.

Auf seinen Beobachtungen fußend, wurde drei Jahrzehnte später die Indogermanistik begründet – jener Zweig der Sprachwissenschaft, der sich mit der Erforschung dieser indogermanischen (oder auch »indoeuropäischen«) Sprachfamilie beschäftigt. Zu dieser gehören einige hundert Sprachen, die in weiten Teilen Asiens und Europas gesprochen werden.

Die Urheimat der indogermanischen Stämme ist wohl im heutigen Südostrussland zu suchen: zwischen Schwarzem Meer, Kaspischem Meer und der mittleren Wolga. Von dort wanderten sie seit dem

5. Jahrtausend v. Chr. in die europäischen Kernregionen, aber auch nach Zentralasien und schließlich bis zum indischen Subkontinent. Infolge der räumlichen und zeitlichen Trennung entwickelten sich die bereits in der Urheimat vorhandenen unterschiedlichen Dialekte seit dem 3. Jahrtausend zu selbstständigen Sprachen. Deren ursprünglich enge Verwandtschaft ist daher für den Laien nur noch schemenhaft erkennbar.

Von den zahlreichen Gemeinsamkeiten dieser Sprachen sollen hier nicht die lautlichen, grammatischen und syntaktischen erörtert werden, sondern nur jene, die den Wortschatz betreffen: Diese sind für unsere Wortgeschichten von Interesse – insbesondere für das Wortfeld der Verwandtschaftsbezeichnungen. Die uralte indogermanische Sprachgemeinschaft wird gerade bei diesen Begriffen – wie auch bei den Grundzahlwörtern – offenkundig. Wir begnügen

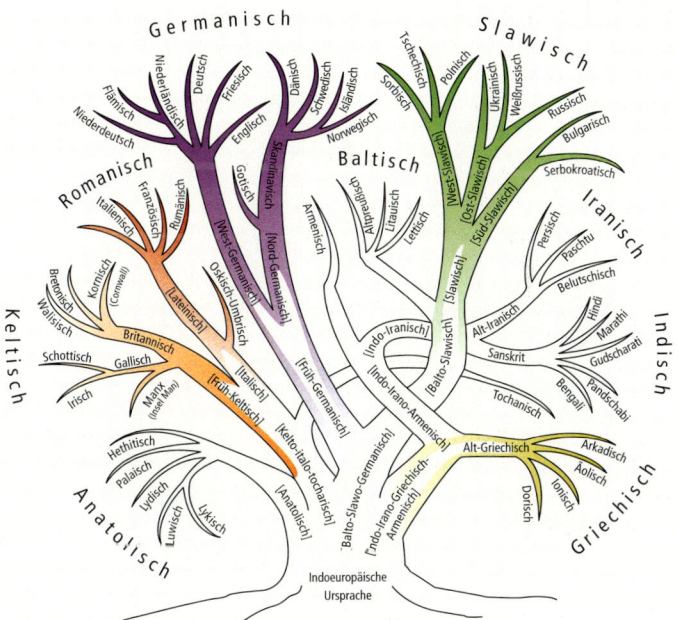

Die Verzweigungen der indogermanischen Sprachfamilie –
in sehr starker, schematisierender (und daher umstrittener) Vereinfachung

uns hier mit den Benennungen für *Vater* und *Mutter, Sohn* und *Tochter, Bruder* und *Schwester* und stellen sie in Auswahl tabellarisch zusammen.

Diese tabellarische Übersicht macht deutlich, dass sich im Deutschen – wie auch in den verwandten Sprachen – die wichtigsten Verwandtschaftsbezeichnungen sozusagen »in direkter Linie« bis zur rekonstruierten Ursprache der Indogermanen zurückverfolgen lassen. Die Zusammengehörigkeit dieser sechs zentralen Begriffe ist daher in der folgenden Übersicht durch einen großen Kreis angedeutet.

In jeweils kleineren Kreisen habe ich *Schwager* und *Schwieger-(mutter)*, *Neffe* und *Nichte* sowie *Enkel* untergebracht. Diese fünf sind etwas weniger wichtig, doch gehören auch sie – wie wir sehen werden – zu jenen uralten indogermanischen Wörtern, die auf der »Direttissima« ihren Weg ins Deutsche gefunden haben.

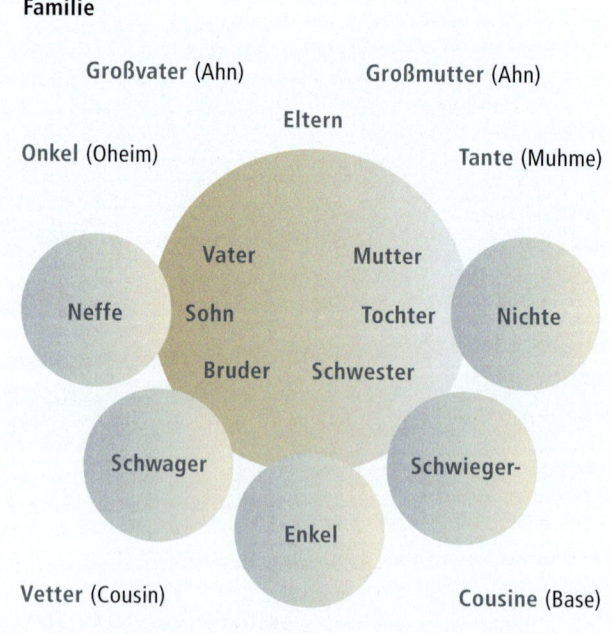

Familie

Großvater (Ahn)   Großmutter (Ahn)

Eltern

Onkel (Oheim)   Tante (Muhme)

Vater   Mutter

Neffe   Sohn   Tochter   Nichte

Bruder   Schwester

Schwager   Schwieger-

Enkel

Vetter (Cousin)   Cousine (Base)

	Vater	Mutter
Indogermanisch	*pətēr	*matēr
Altindisch	pitár	mātár
Griechisch	patēr	mātēr
Lateinisch	pater	māter
Gotisch	fadar	(aiþei)
Schwedisch	fader	moder
Niederländisch	vader	moeder
Englisch	father	mother
Russisch	(отец = atjétz)	мать (maṭ)

	Sohn	Tochter
Indogermanisch	*sunu-s	*dhugəter
Altindisch	sunu-h	duhitār
Griechisch	(hyos)	thygatēr
Lateinisch	(fīlius)	(fīlia)
Gotisch	sunus	dauhtar
Schwedisch	son	dotter
Niederländisch	zoon	dochter
Englisch	son	daughter
Russisch	сын (syn)	дочь (dotsch)

	Bruder	Schwester
Indogermanisch	*bhrāter	*swesor
Altindisch	bhrātar	svasar
Griechisch	phrātēr	(heor)
Lateinisch	frāter	soror
Gotisch	brōþar	swistar
Schwedisch	broder	syster
Niederländisch	broeder	zuster
Englisch	brother	sister
Russisch	брат (brat)	сестра (sıstrà)

Außerhalb der Kreise sind jene Wörter angeordnet, die auf Umwegen zu uns gefunden haben – meist aufgrund von Entlehnungen oder Übersetzungen aus anderen indogermanischen Sprachen oder aufgrund von Umdeutungen im Deutschen selbst.

Beginnen wir mit der ältesten Generation einer von uns angenommenen Großfamilie: den Großeltern. Diese – sowohl Männlein wie Weiblein – wurden in althochdeutscher Zeit mit *ano* bezeichnet, das sich allein in der ebenfalls alten Bedeutung ›Vorfahr‹ als *Ahn* bis heute gehalten hat und verdeutlichend zu *Ahnherr* oder *Ahnfrau* gemacht wurde.

Auch dass man Großmutter und Großvater sprachlich nicht auseinanderhalten konnte, wurde bald zu Recht als Mangel empfunden. Dieses Problem wurde mithilfe des Französischen gelöst. Seit dem 14. Jahrhundert wurde das altdeutsche *Ahn* von Lehnübersetzungen verdrängt: Aus dem französischen *grand-mère* wurde unser *Großmutter,* und aus *grand-père* das dazu gehörige *Großvater.* Beide zusammen hießen nun *Großeltern* – nach dem französischen *grandsparents.*

Auch die Koseformen *Großpapa* und *Großmama* verdanken wir letztendlich wohl den Franzosen, die uns bereits im 17. Jahrhundert *Papa* (französisch *papa*) und *Mama* (französisch *maman*) lieferten. Die beiden letzteren Wörter sind zwar als kindliche Lallwörter in vielen Sprachen vertreten, doch ist ihre ursprüngliche, inzwischen altmodische Betonung auf der zweiten Silbe ein Indiz für die französische Herkunft. So hören wir es noch bei unserem Weimarer Dichterfürsten GOETHE:

> Wenn ich mal ungeduldig werde,
> Denk ich an die Geduld der Erde,
> Die, wie man sagt, sich täglich dreht,
> Und jährlich so wie jährlich geht.
> Bin ich denn für was anders da?
> Ich folge der lieben Frau Mama.
>
> (2, 306)

Auch im »Struwwelpeter« des Dr. HEINRICH HOFFMANN erscheint die »Frau Mamma« noch ganz wie im Französischen auf der zweiten Silbe betont:

»Konrad!«, sprach die Frau Mamma,
»Ich geh' aus und du bleibst da.«

Und im beliebten Weihnachtslied »Morgen kommt der Weihnachtsmann«, das – was wohl gar nicht so bekannt ist – vom Dichter unserer Nationalhymne, AUGUST HEINRICH HOFFMANN VON FALLERSLEBEN, verfasst wurde, wird der Weihnachtsmann von einer deutschen, französisch betonten Großfamilie erwartet:

Doch du weißt ja unsren Wunsch,
kennst ja unsre Herzen.
Kinder, Vater und Mama,
auch sogar der Großpapa,
alle, alle sind wir da,
warten dein mit Schmerzen.

Doch zweifellos unseren deutschen Kindern verdanken wir die drastischen Vereinfachungen von *Großpapa* zu *Opa* und von *Großmama* zu *Oma*. Beide Wörter werden mittlerweile in der Jugendsprache verwendet, um – jenseits irgendwelcher verwandtschaftlichen Verbindungen – mild herabsetzend ältere und alte Menschen zu bezeichnen.

Ähnlich wie wir haben übrigens auch die Engländer vom Französischen profitiert – sogar noch etwas mehr. Während sie *grandfather* und *grandmother* noch zur Hälfte mit heimischen Wortelementen gebildet haben, ist ihr *parents* rein französischer Provenienz – im Gegensatz zu deutsch *Eltern*. Dieses Wort meint nichts anderes als »die ›Älteren‹« (althochdeutsch *altiron*) – ist also der Komparativ zum Adjektiv *alt*.

Bevor ich weitere französische Verwandtschaftsbezeichnungen im Deutschen erörtere, sei zur Entspannung etwas Jiddisches eingeschoben.

Entgegen der Verpflichtung, die aus der ursprünglichen Bedeutung von *Verwandtschaft* – ›einander Zugewandte‹ – ableitbar ist, wird diese oft als lästig empfunden und salopp als *bucklig* bezeichnet. Für die *buckige Verwandtschaft* steht auch ein wohltönendes jiddisches Wort zur Verfügung: *Mischpoche* (oder: *Mischpoke*), das noch ziemlich genau hebräisch *mischpachá* (›Familie‹) wiedergibt.

Das Wort gehört zu den vielen jiddischen Bereicherungen des deutschen Wortschatzes – wie etwa *vermasseln* und *Schlamassel* (hebräisch *masal* = ›Glück‹), *meschugge* (hebräisch *m'schugá* = ›verrückt‹), *mies* (hebräisch *me'is* = ›schlecht‹) und *Maloche* (hebräisch *m'lākä* = ›Arbeit‹).

Und nun zu den französischen Importen.

Nach dem Dreißigjährigen Krieg (1618–1648), der für Deutschland verheerend, jedoch für Frankreich glücklich geendet hatte, wurden die französische Kunst, Mode, Literatur und Sprache – nach entsprechenden früheren Ansätzen – vollends zum Vorbild für alle europäischen Länder.

Der französische Einfluss in jener daher sogenannten »Alamodezeit« (von französisch *à la mode*) erwies sich in Deutschland als besonders stark – gerade hinsichtlich der Sprache. Französisch galt in den besseren Kreisen als vornehm, Deutsch als derb und nicht empfehlenswert. Das berühmteste Beispiel für solche Vermeidung der deutschen Sprache wurde später im 18. Jahrhundert FRIEDRICH II., DER GROSSE.

Auch bei den Verwandtschaftsbezeichnungen hielt das Französische Einzug. Im 17. Jahrhundert überschritten *papa* und *maman*,

Friedrich II., der große Deutschvermeider
von Sanssouci
(Gemälde von Antoine Pesne)

cousin und *cousine* die deutsch-französische Grenze, im 18. Jahrhundert folgten *oncle* und *tante*.

Im Einzelnen sahen diese Verdrängungen so aus:

Deutsch-französische Verwandte

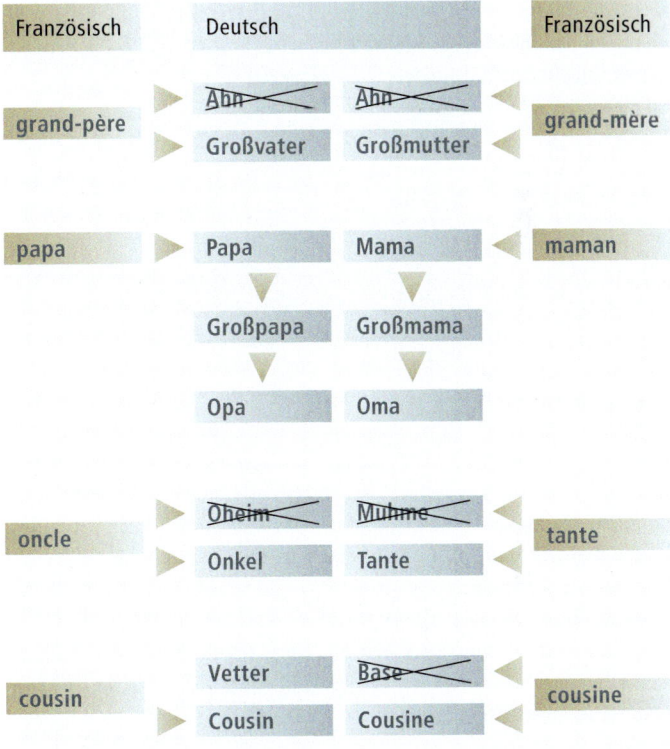

Onkel (französisch *oncle* aus lateinisch *avunculus*) ersetzt also *Oheim* (oder *Ohm*), das es schon althochdeutsch als *ōheim* gab.

Das zugehörige Wort *Tante* (französisch *tante* aus lateinisch *amita*) verdrängt die altdeutsche Bezeichnung *Muhme* (althochdeutsch *muoma*).

Auch *Cousine* (französisch *cousine* aus lateinisch *con-sobrīna*) hat die deutsche Rivalin *Base* (althochdeutsch *basa*) in Vergessenheit geraten lassen – nur noch MOZARTS »Bäsle-Briefe«, die er an seine Cousine Maria Anna Thekla schrieb, erinnern an das alte deutsche Wort. (In *Klatschbase* fristet es mit der alten Bedeutung ›Tante‹ noch ein kümmerliches Dasein.)

Doch deutsch *Vetter* (althochdeutsch *fetiro*) wehrt sich – sogar mit wachsendem Erfolg – gegen das aus dem Französischen übernommene *Cousin* (aus lateinisch *con-sobrīnus*).

So viel zu den Entlehnungen aus dem Französischen.

Kümmern wir uns zum Schluss dieses Kapitels noch um die fünf Wörter, die zwar nicht im Zentrum des Wortfeldes *Familie* stehen, sich jedoch direkt – ohne den Umweg einer Entlehnung – in die indogermanische Ursprache zurückverfolgen lassen.

Unser *Neffe* (althochdeutsch *nevo*) hat seine Entsprechungen im lateinischen *nepōs,* im altindischen *nápāt* und schließlich im indogermanischen **nepōt-*. In den früheren Sprachstufen – zuweilen sogar noch in LUTHERS Bibelübersetzung – bedeutete das Wort nicht ›Neffe‹, sondern ›Enkel‹ – offenbar fehlte dem Indogermanischen eine Bezeichnung für den Sohn des Bruders oder der Schwester.

Das Wort *Nichte* (althochdeutsch *nift*) hat den gleichen Weg zurückgelegt wie der *Neffe*. Es ist – wie lateinisch *neptis* oder altindisch *naptī* – letztendlich vom indogermanischen *neptī-* abgeleitet und bedeutete wie sein männliches Gegenstück ebenfalls zunächst das Enkelkind. Die irritierende, vom Althochdeutschen und vom *Neffen* abweichende Lautung mit »-cht« ist einfach zu erklären: Sie geht auf die Übernahme einer Variante aus dem Niederdeutschen zurück, wo »-ft« öfter zu »-cht« wurde – wie etwa in der niederländischen *Gracht,* die ein älteres hochdeutsches *Graft* (von *graben* abgeleitet) ersetzt.

Übrigens ist der Nepotismus, den wir ja gerne *Vetternwirtschaft* nennen, italienischer Herkunft. Das Wort ist vom italienischen *nipote* (›Neffe‹) abgeleitet und bezeichnet ursprünglich den korrupten, allzu verwandtenfreundlichen *nipotismo* der italienischen Renaissancepäpste.

Wie *Neffe* und *Nichte* sind *Schwager* und *Schwieger-* eng miteinander verwandt. Ursprünglich stehen sich im Deutschen lange Zeit

Schwäher (althochdeutsch *swehur*) mit der Bedeutung ›Schwiegervater‹ und *Schwieger* (althochdeutsch *swigar*) mit der Bedeutung ›Schwiegermutter‹ gegenüber. Diese beiden Wörter lassen sich mit eben diesen Bedeutungen bis ins Indogermanische zurückverfolgen.

Erst als beide Wörter seit dem 14. Jahrhundert lautlich zusammenfallen, erfindet man im 16. Jahrhundert *Schwiegermutter* und *Schwiegervater,* um sie voneinander unterscheiden zu können. *Schwiegertochter, Schwiegersohn* und *Schwiegereltern* kommen später noch hinzu – und das ist auch gut so.

Denn die Zusammenfassung der Heiratsverwandtschaft unter Ableitungen von einem einzigen Oberbegriff *Schwieger-* kommt der notorischen Faulheit des Sprachbenutzers sehr entgegen. Vorher nämlich musste er oder sie sich mit vier verschiedenen Wortstämmen herumplagen, die überdies zum Teil auch noch mehrdeutig waren:

Heiratsverwandte 1

Mittelhochdeutsch	Frühneuhochdeutsch
swiger	mutter
sweher	vater
snu(o)r	tochter
eidem	sohn

(in der Mitte: Schwieger-)

Die alten Bezeichnungen *Schwieger, Schwäher, Schnur* und *Eidam* sind heute nur noch in dialektalen Resten vorhanden.

Früher noch als die Deutschen – bereits im 14. Jahrhundert – und ganz anders als diese haben die Engländer ihre Benennungen für die Heiratsverwandten systematisch zusammengefasst und auf solche Weise vereinfacht:

Heiratsverwandte 2

Das nachgestellte *-in-law* hat – im Unterschied zum vorangestellten deutschen *Schwieger-* – juristische Aussagekraft. Es signalisiert, dass die betreffenden Personen keine Blutsverwandten sind, sondern Verwandte »nach dem (kanonischen) Recht«, das ihnen die Heirat untereinander verwehrt.

Und unsere französischen Nachbarn haben dasselbe sprachliche Problem eines chaotischen, unübersichtlichen Wortfelds wiederum ganz anders gelöst:

Heiratsverwandte 3

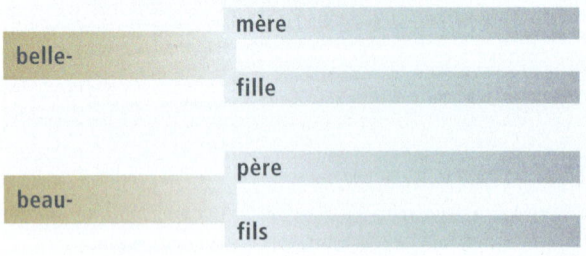

Das vorangestellte *belle* (weiblich) oder *beau* (männlich) bezeichnet hier nicht die Schönheit der betreffenden Personen, sondern ist

– wie im mittelalterlichen Französisch durchaus üblich – Ausdruck des Respekts und der Zuneigung.

Dass die Schwiegermutter (aus der Sicht der Sohnfrau) meist einen schlechten Ruf hat, ist übrigens nicht einfach zu erklären. Diesem zugrunde liegt wohl einmal die urtümliche Eifersucht der Älteren auf die Jüngere, die der Mutter den Sohn »weggenommen« hat, zum anderen die Macht, die in bäuerlichen Gesellschaften von der Mutter über die neu an den Bauernhof des Sohnes Gekommene ausgeübt werden konnte.

In manchen Überlieferungen vermischt sich der üble Leumund der Schwiegermutter mit jenem der Stiefmutter (althochdeutsch *stiefmuoter*), die ihr Stiefkind (althochdeutsch *stiufchint*) drangsaliert. Wie das Stiefmütterchen zu seinem Namen gekommen ist, bleibt jedoch leider ungeklärt.

Die böse Schwiegermutter und Stiefmutter finden sich in zahlreichen Märchen (auch der Brüder GRIMM) – erstere hat sogar in witzig schnoddriger Weise den heutigen Fachjargon der Mediziner bereichert: Die Herrgötter in Weiß nennen die mit vier Spitzen versehene Klammer für einen elastischen Verband eine *Schwiegermutter*.

Das Wort *Schwager* (althochdeutsch *swāgur*) wiederum ist von *Schwäher* (= ›Schwiegervater‹) abgeleitet. Es bezeichnet eigentlich den ›Sohn des Schwiegervaters‹ und nimmt erst später die heute übliche Bedeutung an.

Zum Schluss kommen wir nochmals auf das Wort *Neffe* und seine ursprüngliche Bedeutung ›Enkel‹ zurück. Bereits in althochdeutscher Zeit hat *Neffe* in dieser Bedeutung einen Konkurrenten – *eniklīn*, das schließlich das ältere gleichbedeutende *Neffe* verdrängte und uns inzwischen – nach gehöriger lautlicher Vereinfachung – als *Enkel* wohlvertraut ist.

Hinter dem rätselhaft klingenden altdeutschen *eniklīn* verbirgt sich nichts anderes als eine Verkleinerungsform zum bereits erwähnten althochdeutschen *ano,* mit dem unsere Vorfahren den Großvater bezeichneten, bevor dieser *à la française* eben so umbenannt wurde.

Der deutsche Enkel ist also eigentlich ein »Ahnchen« – ein »kleiner Großvater«.

Der stolze Großvater
und sein Enkel:
Theodore Roosevelt,
26. Präsident der USA

Dies ist keine banale Redensart, sondern Ausdruck uralter religiöser und magischer Vorstellungen. Bei vielen Völkern ist der Glaube anzutreffen, dass geheimnisvolle Bande Eltern und Kindeskinder verknüpfen und dass insbesondere der Großvater im Enkel wiedergeboren wird.

Daher wurde bei den germanischen Stämmen dem Enkel oft der großväterliche Name gegeben: Er sollte ihm Kraft bringen.

Dieser Zusammenhang wird im renommierten »Handwörterbuch des deutschen Aberglaubens«, herausgegeben von HANNS BÄCHTOLD-STÄUBLI, treffend, wenngleich hölzern formuliert, so beschrieben:

> Der Wiedergeburtsgedanke in seiner Begrenzung auf die Wiederverkörperung der Geist- oder Seelensubstanz eines Dahingeschiedenen in einem Mitglied seiner eigenen Familie schafft mit Vorliebe eine besonders enge Verbindung zwischen Großvater und Enkel.

Im Übrigen hat die starke emotionale Bindung zwischen Großvater und Enkel ganz einfach zu verstehende psychologische Ursachen: Den Zurückbleibenden fasziniert der Vorwärtsdrängende.

Dass diese enge Verbindung zwischen beiden auch handfeste Ursachen hat, soll nicht verschwiegen werden. In alter Zeit missbrauchte oft genug der Großvater seine Schwiegertochter und wurde so der Erzeuger seines eigenen Enkels, in dem er auch biologisch weiterlebte.

Welche – in diesem Fall – unterirdischen Kräfte manche Urvölker
dem Großvater zutrauten, geht aus ihrem Brauch hervor, dass sich
die kinderlose Frau unter dessen Leiche legte, um so der Mutter-
schaft teilhaftig zu werden.

Im Russischen gibt es sogar eine spezielle Bezeichnung für eine solche Verbindung des Schwiegervaters mit seiner Schwiegertochter,
aus der ein Enkel hervorgeht: *снохачество (snochátschestvo)* – abgeleitet von *снохá (snochá*; = ›Schwiegertochter‹).

Abschließend muss man feststellen, dass es wohl nirgends so viele
Mehrdeutigkeiten, Unklarheiten und ständige Veränderungen gibt
wie bei den Verwandtschaftsbezeichnungen. Diese Komplizierthei-
ten und deren Erklärungen konnten hier nur angedeutet werden.

Als Schlussbemerkung zu diesem Problem möge wieder eine Beobachtung unseres Altmeisters JACOB GRIMM dienen, die sich in
seinem und seines Bruders Wörterbuch unter dem Stichwort »Base«
findet:

> So bestimmt alle solche Verwandtschaftswörter ursprünglich waren,
> so leicht pflegt im Laufe der Zeit ihre Bedeutung sich zu verwirren
> und verallgemeinern.

II Essen und Trinken

1 Hunger und Appetit

Drei Triebe bestimmen übermächtig das Leben des Menschen: Selbsterhaltung, Essen und Trinken, Fortpflanzung. Diese drei treiben uns an – auch wenn wir das gar nicht immer wollen: *Trieb* ist von *treiben* abgeleitet und macht den animalischen Bezug und unsere Abhängigkeit von diesen Grundbedürfnissen deutlich. Ohne sie sind menschliches Leben und das Fortbestehen der Menschheit nicht möglich.

In diesem Kapitel soll vom Essen und Trinken die Rede sein – was man ja selbsterhaltend oder genießerisch praktizieren kann. Und obgleich das Trinken bekanntlich überlebenswichtiger ist, beginnen wir mit dem Essen: Wenn es um das Essen geht, ist unser Wortschatz vielfältiger und bunter, als wenn vom Trinken die Rede ist, wo sich eigentlich alles um irgendeine Kombination mit Wasser dreht.

In allen germanischen Sprachen verspüren wir Hunger: *Hunger* ist das ursprüngliche, uralte Wort für solches Verlangen (althochdeutsch *hungar*). Bezeichnenderweise gehört dieses Wort zu der indogermanischen Wurzel **kenk* (›brennen‹) und bedeutet zunächst einmal ›brennendes Verlangen‹.

Erst spät, im 15. Jahrhundert, taucht im Deutschen ein Konkurrent zu *Hunger* auf: *Appetit* – ein Wort ganz anderer Herkunft, das auch in andere Sprachen eingedrungen ist (französisch *appétit,* englisch *appetite*). Es stammt aus dem Lateinischen: Dort begegnen wir dem *appetītus cibi* – dem ›Verlangen nach Speise‹. Gibt es einen Bedeutungsunterschied zwischen diesen beiden Rivalen? Sicher, doch ist er nicht eindeutig zu beschreiben und lässt Übergänge zwischen beiden Wörtern zu.

Das Wort *Hunger* gibt eher das urtümliche Essbedürfnis wieder, ohne dessen Befriedigung Mensch und Tier stirbt – verhungert. Auf höhere Ansprüche kann der Hungernde gern verzichten: »Hunger

ist der beste Koch«, wie bereits unser mittelhochdeutscher Dichter
FREIDANK im 13. Jahrhundert schrieb:

> Der hunger ist der beste koch,
> der ie wart oder wirdet noch.

Dagegen bezeichnet *Appetit* eher die Esslust – oft das Verlangen,
etwas Bestimmtes zu essen: Man hat etwa Appetit auf Fisch. Die
Schriftstellerin ANITA DANIEL formulierte einmal kurz und bündig:
»Appetit ist die Luxusausgabe des Hungers.«

Dass der Appetit meist auf gehobene Essensansprüche zielt, zeigt
das englische, auch im Deutschen inzwischen anzutreffende Wort
Appetizer, das von *appetize* (= ›Appetit machen‹) abgeleitet ist. Mit
einem Appetizer soll schließlich der Appetit angeregt werden – und
nicht der Hunger.

Diesen Unterschied zwischen *Hunger* und *Appetit* hat der Schriftsteller PETER RÜHMKORF eigenwillig, doch sehr treffend beschrieben: »Essen ist für mich ein Naturtrieb, und ich finde es schön, wenn
er zuschlägt, dieser Trieb. Hunger in seiner kleinen Form, in der des
Appetits, ist mir fremd.«

Zu diesem »Hunger in seiner kleinen Form« gehört auch die Wendung: *Der Appetit kommt beim Essen,* die wir den essbegeisterten
Franzosen verdanken. Sie ist die wörtliche Übersetzung des Satzes
L'appétit vient en mangeant, der sich in RABELAIS' Roman »Gar-
gantua et Pantagruel« aus der ersten Hälfte des 16. Jahrhunderts
findet.

Weit entfernt von dieser Welt des Genießens und der Völlerei hungern die Armen.

Hungernde in Deutschland
während des Ersten Weltkrieges

Diese *Hungerleider* – Soldaten, Penner, Bettler – schieben *Kohldampf*. Nicht zufällig stammt dieses merkwürdige Wort aus der Gaunersprache. Es hat weder etwas mit dem hochsprachlichen *Kohl* noch mit *Dampf* zu tun, sondern ist eine Kombination der rotwelschen Bezeichnungen *Kohler* und *Dampf* für den ›gemeinen Hunger‹ – eine »Tautologie« nennen die Sprachwissenschaftler solch eine bedeutungsgleiche Dopplung.

Ähnlich rätselhaft ist das »Nagen am Hungertuch«. Ursprünglich – seit dem 16. Jahrhundert – lautete die Wendung: *am Hungertuch nähen* und bezog sich auf das Nähen des Tuches, mit dem in der Fastenzeit der Altar verhüllt wurde. Später wurde *nähen* fälschlich zu *nagen* umgedeutet – eine Volksetymologie nennen die Sprachwissenschaftler solch eine eigentlich einleuchtende, doch falsche Umdeutung eines Wortes, das die Sprachbenutzer nicht (mehr) verstehen.

Apropos *fasten* – warum bezeichnen wir das freiwillige Hungern mit diesem Wort? Es ist vom Adjektiv *fest* abgeleitet und bezieht sich auf das Festhalten an den kirchlichen Geboten der Enthaltsamkeit.

Freiwilliges Fasten, eigentlich sinnvoll und gesund, kann auch krankhafte Züge annehmen und sich bis zur Magersucht – zur *Anorexie* steigern, wie die Mediziner jene fast völlige Nahrungsverweigerung mit einem geheimnisvoll klingenden Fachwort benennen. Es ist – wie so oft – aus dem Griechischen entlehnt und bedeutet dort ganz einfach ›Appetitlosigkeit‹ ($\dot{\alpha}\nu o\varrho\varepsilon\zeta\acute{\iota}\alpha$ = *anorexía;* zu $\ddot{o}\varrho\varepsilon\zeta\iota\varsigma$ = *órexis:* ›Appetit‹).

In Anlehnung an diesen Gräzismus hat der amerikanische Arzt STEVEN BRATMAN ein neues medizinisches Kunstwort geschaffen: *Orthorexie* – womit er eine krankhaft übersteigerte, als Vorstufe zur Magersucht betrachtete Fixierung auf »richtige«, gesunde Ernährung bezeichnet.

Jetzt endlich sollten wir uns um das zentrale Wort dieses Kapitels kümmern: um *essen*. Mit diesem urdeutschen Wort (althochdeutsch *ezzan*) bezeichnen wir ganz allgemein und neutral die Nahrungsaufnahme des Menschen, aber auch in positiver Bewertung jenes gesittete Essen, das unter Beachtung gewisser Tischmanieren stattfindet.

Das Wort *Mitesser* gehört nur bedingt hierher – nicht nur weil es sich beim Mitesser um Unappetitliches handelt. Das Wort ist die präzise Lehnübersetzung des mittellateinischen *comedo* (»Mit-Esser« eben). Es spiegelt die alte medizinische Annahme wider, die so benannten Talgausscheidungen seien kleine Würmer, die dem davon betroffenen Menschen die Nahrung wegessen.

Wir kontrastieren heute das Wort *essen* streng mit *fressen,* das wir – unter heftigem Protest von Tierfreunden – für Tiere reservieren, aber auch für Zeitgenossen, die für Tischsitten keine Zeit oder keinen Sinn haben. Stilistisch passend heißt es in BERT BRECHTS »Dreigroschenoper«: »Erst kommt das Fressen, dann kommt die Moral«, von gesitteter Nahrungsaufnahme – vom Essen – ist da eben nicht die Rede. Auch die Ableitungen *Schweinefraß, Saufraß* und *Vielfraß* passen stilistisch hierher.

Vielfraß hat's in sich – nicht nur, weil wir damit einen gefräßigen Menschen benennen, sondern weil diese Bezeichnung zeigt, welche verschlungenen Wege die Geschichte eines Wortes gehen kann. Zunächst ist *Vielfraß* unspektakulär. Das Wort taucht bereits in althochdeutscher Zeit als *vilifrāz* auf und bedeutet eben einen ›Viel-Fresser‹. Im 15. Jahrhundert traten dann hansische Pelzhändler auf den Plan. Sie bekamen es unter anderem mit einer Marderart zu tun, die altnordisch *fjällfräs* (wörtlich: »Berg-Kater«) genannt wurde.

Diesem ihnen völlig unverständlichen Wort verschafften sie eine transparente Bedeutung, indem sie es an das ähnlich klingende niederdeutsche *vilvrāz* anlehnten – die Verkehrssprache der Hanse war bekanntlich Niederdeutsch: Der Bergkater wurde so gegen seinen

Vielfraß (zoologisch: Gulo gulo)

Willen zum Vielfresser; diese Fehlinterpretation wurde sogar in die zoologische Benennung *gulo* (›Schlemmer‹) übernommen.

Ähnliches Unrecht geschah übrigens dem Murmeltier, das überhaupt nicht murmelt, sondern pfeift. Als man die ursprüngliche althochdeutsche Bezeichnung *murmuntīn* (aus dem lateinischen Akkusativ *mūrem montis* zum Nominativ *mūs montis* = ›Bergmaus‹) nicht mehr verstand, hat man das Wort schon im Mittelhochdeutschen kurzerhand zu *murmeltier* umgebildet.

Derartige Volksetymologien – wir begegneten bereits dem »Nagen am Hungertuch« – sind übrigens nicht nur im Deutschen häufig. Der *Maulwurf* (althochdeutsch *mū-werf*) hat nichts mit *Maul* zu tun, sondern mit dem ›Erdhaufen‹ (althochdeutsch *mū*), den er aufwirft, und das englische *sparrow-grass* nichts mit dem Sperling *(sparrow)*, sondern mit *asparagus* und so weiter und so fort.

Über solche »Etymologien auf eigene Faust«, wie sie einmal genannt wurden, mag der Wissenschaftler die Nase rümpfen – und doch sind solche Umbildungen legitim: Es sind Versuche der Sprachgemeinde, sich das jeweilige Wort untertan zu machen.

Zurück zu den Bezeichnungen für die Nahrungsaufnahme. Die säuberliche Unterscheidung von *essen* und *fressen* hat sich erst in der Neuzeit durchgesetzt, im Mittelalter galt sie noch nicht. Da bedeutete *fressen* noch ›aufessen‹, ›verzehren‹. Diese Bedeutung spiegelte die Bildungsweise des Wortes wider, das aus *essen* plus der Vorsilbe *ver-* entstanden ist und im Mittelhochdeutschen noch ganz durchsichtig *v(e)rezzen* lautete.

Eine andere Ableitung von *essen* wird heute ohne Abwertung und ohne Protest für die Nahrungsaufnahme von Tieren verwendet: *atzen.* Dieses Wort ist eine kausative Verbbildung – also ein Verb des Veranlassens – zu *essen* und bedeutet in der Weidmannssprache ›die Jungen füttern‹. Auch *Aas,* das ursprünglich ›Speise‹, ›Futter‹ bezeichnet, und das von diesem abgeleitete Verb *äsen* (›weiden‹) gehören zu der großen Wortfamilie von *essen* und letztendlich zur indogermanischen Wurzel **ed-*, die im lateinischen *edere* (›essen‹) und im griechischen ἔδω (*édo* = ›essen‹) noch deutlich sichtbar ist. Auch im spanischen und portugiesischen *comer* ist die Herkunft aus dem lateinischen *comedere*, einer Ableitung von *edere* mit der Bedeutung ›aufessen‹, ›verzehren‹, erkennbar. In den anderen romani-

schen Sprachen haben sich jedoch meist Bildungen aus dem vulgärlateinischen *manducare* (›kauen‹, ›beißen‹) durchgesetzt. Dabei
wurde das Verb *manger* der gastronomischen Großmacht Frankreich nach Italien *(mangiare)* und nach Katalonien *(menjar)* exportiert.

Während unser deutsches Wort *essen* die Nahrungsaufnahme meist
neutral bezeichnet, *fressen* diese jedoch immer abwertet, verwenden wir für gehobene kulinarische Ansprüche das Verb *speisen,* das
eine kuriose Geschichte hinter sich hat. Es gehört zu den zahlreichen
Wörtern, die – wie etwa *Laune* oder *Tisch* – urdeutsch daherkommen, in Wirklichkeit aber importiert sind. Hinter *Speise* verbirgt
sich nämlich *spe(n)sa,* das im mittelalterlichen Klosterlatein an die
Stelle des klassisch-lateinischen *expēnsa pecūnia* getreten ist und
zunächst ›Ausgaben‹, dann auch ›Nahrung‹ bedeutete.

Dass unser Wort *Spesen* auf denselben lateinischen Ausdruck zurückgeht, klingt fast unglaubwürdig, ist aber zutreffend. Nicht nur
Spesenritter übertreiben bei der Nahrungsaufnahme. Allzu oft essen
sie allzu gut und allzu reichlich. Mit anderen Worten: Sie *schlemmen*
und *prassen.* Beide Wörter sind lautmalerischen Ursprungs. *Schlemmen* wie auch das mundartliche *schlampampen* gibt das schmat-
zende, schlürfende Geräusch wieder, das der Genießer hören lässt.
Das ursprünglich niederdeutsche *prassen* bedeutet zunächst ›lär-
men‹, ›Krach machen‹ – was sich ja zuweilen bei enthemmten
Schlemmern bemerkbar macht, deren Völlerei sie ihre Tischmanieren vergessen lässt.

Unsere französischen Nachbarn können dank eines handlichen, aus
ähnlichen Wörtern gebildeten Begriffspaars präzise zwischen einem
Gourmand (›Schlemmer, der gern gut *und* viel isst‹) und einem
Gourmet (›Feinschmecker‹) unterscheiden. Beide Fremdwörter sind
im Deutschen geläufig, doch geht bei uns die genaue Differenzierung leider allmählich verloren: Mit *Gourmand* wird immer öfter
auch ein Gourmet bezeichnet – für Franzosen ein haarsträubender
Vorgang.

Dem französischen Gourmand kommt der bereits erwähnte deutsche Vielfraß übrigens keineswegs nahe: Ihm fehlt die Beachtung
des kulinarischen Niveaus, das man neben vielen Zeitgenossen wohl
auch dem Eisernen Kanzler BISMARCK absprechen muss. Sein Arzt,

der es wissen musste, sprach von »gefräßigen Ausschweifungen« seines Patienten, der bereits zum Frühstück Eier, Kaviar, Würste, Salate, Bouillon, Griebenschmalz vertilgte – und anderes mehr. BISMARCK selbst bekannte sich zu seinem oft orientierungslosen Schlampampen: »Wenn ich was leisten soll, dann will ich auch gut gefüttert werden.«

Den Engländern stehen übrigens seit Langem nicht nur die Fremdwörter *gourmand, gourmet* und *glutton* (›Vielfraß‹) zur Verfügung. Seit einigen Jahrzehnten können sie auch von einer eigenen Neuschöpfung Gebrauch machen: *foodie* oder *foody,* mit der sie – wie so oft – witzig, griffig, leicht ironisch einen Feinschmecker bezeichnen.

Mit diesen subtilen Unterscheidungen sind wir längst bei der feinen *Küche* und bei der *Feinkost* angelangt – auch dieses keine urdeutschen Wörter, obwohl sie so klingen. Das scheinbar deutsche Erbwort *fein* wurde in mittelalterlicher Zeit aus dem Französischen entlehnt. Das altfranzösische *fin* wurde zunächst unverändert auch in die anderen germanischen Sprachen – das englische *fine* ist ein Beispiel – übernommen und entwickelte sich später zum heutigen *fein.*

Das französische Wort hatte übrigens zur Zeit der Übernahme bereits eine bewegte Geschichte hinter sich. Es geht auf ein gallo-

Fürst Bismarck –
ein großer Kanzler und Esser

romanisches *finus* zurück, dessen Bedeutung ›das Beste‹ wiederum an das klassisch-lateinische Substantiv *finis* (auch: ›Vollendung‹, ›Gipfel‹) anknüpft.

Das französische *fin* lieferte dann im 18. Jahrhundert dem Deutschen ein weiteres Lehnwort: *raffiniert,* das formal dem französischen Verb *raffiner* (abgeleitet aus *fin*) nachgebildet wurde, semantisch jedoch zweideutig ist. Es kann ›durchtrieben‹ bedeuten, durchaus positiv – gerade hinsichtlich der Kulinaria – aber auch ›sehr fein‹, mit anderen Worten: voller *Raffinement,* wie wir bewundernd sagen, indem wir uns eines spät übernommenen Fremdwortes aus der Wortfamilie von *fin* bedienen.

Unsere Begeisterung für die Schöpfungen eines Sternekochs können wir außerdem mit Wörtern wie *delikat* oder *pikant* ausdrücken – diese wurden im 16. und 17. Jahrhundert ebenfalls aus dem Französischen entlehnt, das sie wiederum dem Lateinischen zu verdanken hat: dem klassisch-lateinischen *dēlicātus* (›fein‹, ›luxuriös‹) und dem vulgärlateinischen *piccare* (›stechen‹, ›anstacheln‹).

Die beiden haben auf ihrer Wanderung ihre Bedeutung kaum verändert und im Deutschen sogar die französische Betonung auf der letzten Silbe beibehalten – was sie bis heute als Fremdwörter kennzeichnet: In den germanischen Sprachen werden die Wörter durchweg auf der Stammsilbe betont. So machen es bei diesen beiden Fremdwörtern zum Beispiel die Engländer: *delicate* und *piquant* sprechen sie wie »déliket« und »píknt« aus.

Nicht nur ein kulinarischer, sondern ein sprachlicher Leckerbissen ist *Delikatesse* – im 17. Jahrhundert aus dem Französischen übernommen, das wiederum von der italienischen *delicatezza* beeinflusst wurde. Einmal im Deutschen angelangt, wurde *Delikatesse* wieder exportiert. Mit den deutschen Auswanderern gelangte das Wort im 19. Jahrhundert in die USA und bezeichnet dort nicht nur die Leckerbissen selbst, sondern auch als Kurzform von *delicatessen shop/store* den Laden, wo diese verkauft werden. Doch die verhängnisvolle Neigung der Amerikaner zu gnadenlosen Wortverkürzungen machte auch nicht vor *delicatessen* halt. Seit einem halben Jahrhundert bevorzugen sie – inzwischen auch die Engländer – *deli*.

In dieselbe lateinische Wortfamilie wie *delikat* und *Delikatesse* gehört auch unser leicht affektiert wirkendes Adjektiv *deliziös*. So klingt bei uns das französische *délicieux* (aus lateinisch *dēliciōsus*), während die Engländer daraus ihr *delicious* gemacht haben. Und wenn wir dann dieses *delicious* deutsch aussprechen und »Delizius« – wie ein lateinisches Wort also – schreiben, halten wir endlich einen Golden Delicious, jene köstlich schmeckende Apfelsorte, in der Hand.

Und auch ein frugales Mahl hat's in sich. Fälschlich wird dieses heute oft für ein besonders üppiges Essen gehalten. Eigentlich bedeutet *frugal* jedoch das Gegenteil: ›kärglich‹, ›bescheiden‹ – wie im Französischen, das uns dieses Wort geliefert hat. Das lateinische Ausgangswort *frūgālis,* von *frūx* (›Frucht‹) abgeleitet, bedeutet ›zu den Früchten gehörig‹ und führt direkt zu der späteren Bedeutung. Ein frugales Mahl ist eben nicht aufwendig, sondern bäuerlich schlicht: Es besteht ursprünglich vorwiegend aus Feldfrüchten.

Unser Begriff *Feinkost,* ja selbst *Hausmannskost* – das Wort klingt so bieder, wie es die damit beschriebenen Speisen sind – hat französische, letztlich lateinische Vorfahren. In diesen Komposita wird *fein* bzw. *Hausmann* kombiniert mit *Kost,* das im mittelalterlichen Latein als *costa* erscheint und allgemein ›Ausgaben‹ bedeutet, speziell aber auch ›Aufwand für Nahrung‹.

Angesichts dieser Flut französischer Importe zu allem, was das Kulinarische betrifft, sehnt man sich fast – ohne borniierte Deutschtümelei – nach einem deutschen Wort. Tatsächlich entdecken wir nach einiger Suche solch einen sprachlichen Solitär: das deutsche Adjektiv *lecker,* das sich gut neben seinen französisch-lateinischen Nachbarn behauptet, wenn es um die positive Bewertung einer Speise oder eines Getränks geht.

Es taucht bereits im Mittelhochdeutschen auf, bedeutet von Anfang an ›wohlschmeckend‹ und ist vom Verb *lecken* abgeleitet. Dieser Bedeutung liegt die Vorstellung zugrunde, dass man etwas Wohlschmeckendes genüsslich mit der Zunge abschleckt. Die Beliebtheit und Verbreitung dieses Wortes (übrigens weniger in Süddeutschland und Österreich) lassen sich an der beträchtlichen Zahl der von ihm schon früh abgeleiteten Wörter ablesen: *Leckerbissen* (16. Jahrhundert), *Leckermaul* (17. Jahrhundert), *Leckermäulchen, Leckerei* und viele andere – ganz zu schweigen von rheinischen Spezialbeiträgen zur Wortbildung oder Semantik wie *Schmecklecker* (›Frauen-

verehrer‹) und *lecker Mädche* oder *lecker Paketche* (›hübsch anzu-
sehendes Mädchen‹).

Allerdings geraten auch Nichtrheinländer beim Anblick weiblicher
Prachtexemplare ins Schwärmen und lassen als Schmecklecker die
Grenze zwischen dem Essen und dem Vernaschen undeutlich wer-
den:

> Ein Weib, so schön, so jung, so säuberlich,
> Dass selbst der leckerste der Prasser
> Es schmausen möcht' aus Salz und Wasser.
>
> (Bürger, 90a)

Die wahren Deutschtümler muss ich jedoch enttäuschen: Nicht nur
die meisten Bezeichnungen zur feinen Küche sind französisch-latei-
nischer Herkunft, sondern auch die Grundbegriffe selbst, mit denen
die einfachste Zubereitung von Nahrung benannt wird. Keinem
dieser vor langer Zeit eingebürgerten Wörter sieht man ihre nicht
germanische, nicht deutsche Herkunft noch an. Anders ausgedrückt:
Diese Wörter sind nicht mehr als Fremd- oder Lehnwörter erkennbar. Von *kochen, Küche* und *Koch* soll nun im Folgenden die Rede
sein.

Alle drei Wörter sind bereits in althochdeutscher Zeit aus dem Lateinischen übernommen worden. Zentrales Wort dieser Wortfamilie
ist lateinisch *coquere,* vulgärlateinisch vereinfacht zu *cocere,* das

Römische Küche mit Herd, Ofen und Anrichte

ursprünglich nicht nur ›kochen‹, sondern auch ›garen‹, ›backen‹, ›reifen‹ bedeuten konnte. Von diesem Verb ist *coquus* (vulgärlateinisch *cocus*) abgeleitet, das – ähnlich wie englisch *cook* – im Deutschen dann zu *Koch* wurde.

Auch *Küche* hat lateinische Vorläufer: nämlich *coquīna* (spätlateinisch *cocina*), ein Wort, das sich übrigens im Englischen zu *kitchen* entwickelte und eben den Raum bezeichnete, wo gekocht wurde.

Doch damit nicht genug. Eine Variante dieser lateinischen *coquīna* – *culīna* mit dem Adjektiv *culīnārius* – hat uns im 18. Jahrhundert das Kulinarische beschert – also das, was die feine Küche bietet.

Überdies haben die Altmeister feinen Kochens, die Franzosen, uns mit der Haute Cuisine und der Nouvelle Cuisine bekannt gemacht. Auch die französische *cuisine* ist – zumindest sprachlich – hervorgegangen aus der lateinischen *cocina*.

Schon bei der Betrachtung dieser Grundbegriffe aus dem Umfeld des Essens lässt sich jener Fortschritt der Zivilisation erkennen, den der Soziologe NORBERT ELIAS allgemein für die Entwicklung der europäischen Gesellschaft reklamiert hat.

Dieser Prozess wird noch deutlicher sichtbar, wenn detailliert vom Essverhalten des Menschen die Rede sein wird – von seinen Mahlzeiten, Essgeräten und vor allem von dem, was er zu sich nimmt.

Diese Entwicklung spiegelt sich auch im deutschen Kulturkreis in der Sprache. Immer stärker wird im Lauf der Jahrhunderte der Drang nach Verfeinerung und Abwechslung. Abgesehen von Notzeiten und Notsituationen haben sich auch die Deutschen immer weniger mit dem schlichten Stillen ihres Hungers zufriedengegeben. Ihnen genügt es heute nicht mehr, auf einfache Weise satt zu werden.

Apropos *satt:* Dieses eher unscheinbare Wort ruht in einem sprachlich interessanten Umfeld. Zunächst einmal bezieht es sich ausschließlich aufs Essen – keinesfalls aufs Trinken. Man ist satt, wenn man seinen Hunger – nicht aber, wenn man seinen Durst gestillt hat. Hier treffen wir auf die wohl bekannteste Bezeichnungslücke der deutschen Sprache. Sie ist nicht erklärbar und kann nur durch den Notbehelf sperriger Umschreibungen geschlossen werden: Man hat seinen Durst *gelöscht* oder, wie gesagt, *gestillt*. Das Kunstwort *sitt,* das sich 1999 in einem Schülerwettbewerb als sprachlicher Partner von *satt* durchgesetzt hatte, ist von der Allgemeinheit nie angenommen worden.

Doch die Deutschen können sich damit trösten, dass in anderen indogermanischen Sprachen ähnliche Bezeichnungslücken zu finden sind. So beziehen sich das lateinische *satur* (›gesättigt‹) oder das litauische *sotus* wie das deutsche *satt* nur aufs Essen. Aus ersterem Adjektiv ist übrigens das Verb *saturāre* abgeleitet, das unser Fremdwort *saturieren* ergeben hat, und auch *satura* (später *satira*) – jene römische Bezeichnung für eine mit verschiedenen Früchten gefüllte Opferschale.

Erst später bezeichneten die Römer mit diesem eigentlich liturgischen Wort das bunte Allerlei damaliger Satirensammlungen und lieferten so den europäischen Sprachen die *Satire*. (Der Satyr der alten Griechen hat übrigens nichts mit der Satire zu tun, sondern ist unbekannter Herkunft.)

Viel komplizierter als im Deutschen ist die entsprechende Problematik der Benennung im Englischen. Das dem deutschen Wort *satt* etymologisch urverwandte englische Adjektiv *sad* bedeutet heute längst ›traurig‹. Um das erfolgreiche Stillen des Hungers oder Durstes auszudrücken, müssen die Engländer gestelzte Lehnwörter lateinischer Herkunft – *replete* oder *sated* etwa – heranziehen oder unhandliche Umschreibungen verwenden – *I have had sufficient* zum Beispiel. Immerhin bietet sich in salopper Rede das Allerweltswort *full* an – plumpe Lösung eines sprachlichen Problems.

2 Mahlzeiten

Anthropologen und Ethnologen weisen zu Recht darauf hin, dass sich der steinzeitliche Mensch von seinem äffischen Vetter auch durch sein Essverhalten allmählich zu unterscheiden beginnt. Er verzehrt nicht mehr wie jener für sich allein an der Fundstelle sogleich seine Nahrung, sondern sammelt und bringt sie zu einem Ort, wo er sie mit den anderen gemeinsam verzehrt. Dass die Entdeckung des Feuers solch eine Entwicklung fördert, liegt auf der Hand: Der Mensch gruppiert sich um die Feuerstelle.

Wie die Nahrung jedes Lebewesen am Leben erhält – dies ist die ursprüngliche Bedeutung des Wortes, das zur indogermanischen Wurzel *nes-* (›gesund bleiben‹) gehört – ist die Mahlzeit also für den Menschen konstitutiv. Das Kompositum *Mahlzeit* taucht erst im 15. Jahrhundert auf. Das Grundwort *Mahl* dagegen ist viel älter und spiegelt die kulturgeschichtliche Entwicklung menschlichen Essverhaltens deutlich wider.

Unser *Mahl* hat sich – mit differenzierender Schreibung – aus dem uralten Wort *Mal* entwickelt, das eine festgesetzte Zeit bezeichnet. Die Bedeutungsentwicklung zu ›Essenszeit‹ und später zu ›Essen‹ allgemein lässt sich auch in anderen germanischen Sprachen beobachten und darf als Anzeichen zunehmender Gesittung gedeutet werden: Man trifft sich zu bestimmten Zeiten an einem bestimmten Ort, um gemeinsam das Essen einzunehmen. (Dass diese zivilisatorische Errungenschaft im Zeitalter des Fast Food immer mehr verloren geht, ist leider nicht zu leugnen.)

Eben diese Entwicklung vom ›Mal‹ zum ›Mahl‹ haben auch das englische *meal* (altenglisch *mæl*) und das schwedische *mål* genommen.

Betrachten wir die einzelnen Mahlzeiten genauer. Irgendwann im Verlauf des Vormittags nehmen die meisten Deutschen ein Frühstück zu sich.

Das seit dem 15. Jahrhundert verwendete Wort verrät mehr über die Entwicklung und Art dieser ersten Tagesmahlzeit, als man zunächst vermutet. Es bedeutet nämlich ursprünglich das in der Frühe des

Das Frühstück: typisch französisches »petit déjeuner«

Tages gegessene Stück Brot; im norddeutschen *Rundstück* (›kleines rundes Brötchen‹) hat sich die alte Bedeutung bis heute erhalten.

Das deutsche Wort *Frühstück* enthält also den versteckten Hinweis auf die zentrale Wichtigkeit des Brotes für diese Mahlzeit, während der bairische Ausdruck *Brotzeit* – womit eine Art zweites Frühstück benannt wird – ganz offen aufs Brot verweist, das schon bei den alten Griechen und Römern wichtigster Bestandteil ihres Frühstücks war.

Ein Blick auf andere europäische Sprachen zeigt jedoch, dass man die erste Mahlzeit des Tages auch ganz anders als im Deutschen benennen kann. Ziemlich vage heißt sie im Schwedischen *frukost* – wörtlich also »Früh-Kost«.

Dagegen sind die entsprechenden Bezeichnungen im Französischen und Englischen kultur- und sprachhistorisch ergiebiger. Sowohl Franzosen als auch Engländer nehmen bei ihrem Frühstück Abschied vom Fasten. Erstere tun dies gleich zweimal: beim »petit déjeuner« (›Frühstück‹) und beim »déjeuner« (›Mittagessen‹) – kein Wunder, wenn man das äußerst bescheidene französische Frühstück kennt, das eigentlich nicht der Rede wert ist.

Hinter diesem *déjeuner* verbirgt sich das spätlateinische Verb *dis(je)junare* – wörtlich: »nicht mehr fasten«. In einer älteren Variante wurde dieses *disjunare* zu *disner,* später *diner,* das den Engländern ihre Hauptmahlzeit, das »dinner«, lieferte – und uns das Diner: das festliche Essen.

Auch die Engländer nehmen mit ihrem Frühstück Abschied vom Fasten. Ihr »breakfast« fällt allerdings wesentlich üppiger aus als das »petit déjeuner« der Franzosen. Wörtlich bedeutet *breakfast* »Fastenbrechen« und ist vielleicht als eine Art Lehnübertragung dem französischen Begriff nachempfunden.

Die weiteren deutschen Mahlzeiten – Mittag- und Abendessen – sind sprachlich unauffällig. Allein die bereits erwähnte bayerische Brotzeit erregt unsere Aufmerksamkeit. Wie deren sprachliche Konkurrenten zeigen, sind offenbar solche vor allem nachmittäglichen Zwischenmahlzeiten besonders in Süddeutschland und Österreich bis heute verbreitet geblieben.

Das süddeutsche *Vesper* ist gleichlautend mit der lateinischen Bezeichnung für den Abend: *vesper* oder auch *vespera.* Das Wort wurde bereits in althochdeutscher Zeit entlehnt und bedeutete bei den Mönchen und anderen Klerikern zunächst wie im Lateinischen die Abendzeit (speziell die Zeit um sechs Uhr abends), dann die Andacht oder den Gottesdienst, die um diese Zeit gehalten wurden. Diese liturgische Bedeutung blieb bis heute erhalten. Daneben bezeichnete man bald mit *Vesper* auch die um jene Zeit eingenommene Zwischenmahlzeit, schließlich – so ist dies heute im süddeutschen Sprachgebiet der Brauch – alle kleineren Mahlzeiten auch zu anderen Tageszeiten.

Dagegen hat die österreichische Jause nichts mit lateinischen Traditionen zu tun. Und deutscher Herkunft ist dieses Wort auch nicht, obwohl es (als lautlicher Nachbar von *Brause* oder *Sause*) so klingt. Nein – die Österreicher haben es von ihren slowenischen Nachbarn übernommen. Bereits im Mittelalter wurde das slowenische *južina* als *jūs* entlehnt, das später zu *jause* diphthongiert wurde. Das Wort bezeichnete ursprünglich die Mittagsmahlzeit und hat wohl der Jause diese zeitliche Flexibilität vererbt: In Österreich kann man auch um neun Uhr morgens jausnen, jausen – oder eben frühstücken.

Die Grundbedürfnisse des essenden Deutschen, die er zu den Hauptmahlzeiten befriedigt, werden also durch deutsche Erbwörter ausgedrückt. Doch wenn wir aus irgendeinem besonderen Anlass in größerer, geselliger Runde üppig essen und trinken, dann tun wir dies mit sprachlicher Unterstützung der alten Römer und deren französischen Hilfstruppen.

Wir feiern ein Fest – die jungen Leute eine Fete, und wir reden salopp von einer Festivität. Vor allem unsere Wörter *Fest* und *Feier* kommen ganz treudeutsch daher. Und die Kombination beider Wörter in der Redensart »Man muss die Feste feiern, wie sie fallen« alliteriert fast wie eine altgermanische Stabreimzeile: Man *m*uss die *F*este *f*eiern, wie sie *f*allen. Ganz zu schweigen von der perfekt reimenden Redewendung »keine Feier ohne Meier«.

Doch der Eindruck täuscht. *Feier* und *Fest* sind keine deutschen Erbwörter, sondern lateinischer Herkunft – Einwanderer, die vor vielen Jahrhunderten eingebürgert wurden und sich heute durch nichts mehr von den Alteingesessenen unterscheiden. Sie haben einen langen beschwerlichen Weg von der Römerzeit bis in unsere Tage hinter sich gebracht. Beide stammen ursprünglich aus dem religiösen Wortschatz.

Unserem Wort *Feier,* das ja eine religiöse oder weltliche Veranstaltung meinen kann, liegt lateinisch *fēria* zugrunde, der erst später gebildete Singular zu *fēriae* – jenem Wort, das im alten Rom für gottesdienstliche Handlungen an bestimmten Tagen, die dadurch auch Ruhetage waren, stand und sich in unseren Schul- oder Betriebsferien wiederfindet. Dieser Singular *fēria* wurde bereits in althochdeutscher Zeit als *fīra* entlehnt, aus dem dann nach mehreren lautlichen Veränderungen unser heutiges *Feier* geworden ist.

Auch unser – weltliche oder religiöse Feiern benennendes – *Fest* entstammt der lateinischen Sakralsprache: *diēs fēsti* bezeichneten – genau wie *fēriae* – ursprünglich bestimmte religiöse Feiertage, und *fēstum* wurde im 13. Jahrhundert als *fest* ins Deutsche übernommen. (Das Substantiv *Fest* hat übrigens nichts mit dem Adjektiv *fest* zu tun.)

Aus der an witzigen Ausdrücken reichen Studentensprache stammen *Fete* und *Festivität* – späte weltliche Ableger der lateinischen Wortfamilie *fēstum.* Im 17. Jahrhundert taucht *Festivität* auf – eine scherzhafte Eindeutschung des lateinischen *fēstivitas* (›Festlichkeit‹). Dieses heute ziemlich veraltete Wort ist weitgehend durch *Fete* ersetzt. *Fete* wurde im 18. Jahrhundert aus – der vom lateinischen *fēsta* abgeleiteten – französischen *fête* entlehnt und wird ohne Erbarmen deutsch ausgesprochen.

Dem immer noch vorwiegend studentensprachlichen Ausdruck *Fete* ist semantisch *Party* benachbart, die auch von Nichtstudenten gefeiert wird. Auch *Party* bezeichnet ein geselliges, gänzlich unfeierliches Zusammensein, bei dem viel getrunken und gegessen wird. Das Wort taucht erst im 20. Jahrhundert im deutschen Wortschatz auf und ist erkennbar englischer Herkunft, wenngleich es – genau wie *Partie* und *Partei* – aus dem französischen *partie* entlehnt wurde.

Bereits hier wird deutlich, dass mit der Verfeinerung der Essgewohnheiten und der enormen Vermehrung der Esszeiten und -gelegenheiten französische und englische Begriffe in den deutschen Wortschatz eindringen – und zwar meist in dieser Reihenfolge. Im 17. und 18. Jahrhundert ist zunächst der französische Einfluss übermächtig, der dann im 19. und vor allem im 20. Jahrhundert durch den englischen und amerikanischen immer mehr zurückgedrängt wird. Dies übrigens ungeachtet der Tatsache, dass die französische Küche immer noch das weltweit höchste Ansehen genießt, was man von der englischen und amerikanischen wahrlich nicht behaupten kann.

Doch beginnen wir – Ehre, wem Ehre gebührt – mit einem Lehnwort aus dem Italienischen, das zwar, wie wir sehen werden, für unsere Speisekarte eine große Rolle spielt, nicht aber für unsere Essgelegenheiten – für das Essen als gesellige Veranstaltung: Von *Bankett* soll die Rede sein – von der Bezeichnung für ein Festmahl also.

Das Wort *Bankett* gelangte wohl nicht zufällig am Ende des 15. oder zu Beginn des 16. Jahrhunderts aus Italien in den deutschen Wortschatz: zur Zeit der italienischen Renaissance, als man dort besonders gern rauschende Feste feierte. Unser Fremdwort wurde aus *banchetto* entlehnt – einer Verkleinerungsform von *banco* (›Tisch‹).

Mit *banchetto* wurden ursprünglich kleine Tische bezeichnet, die man neben die Tafel stellte, um dadurch zusätzlichen Platz für Schüsseln und Speisen zu gewinnen. Erst später erhielt das Wort seine heutige Bedeutung – ähnlich wie ja auch in unserem Wort *Mittagstisch* das Element *Tisch* nicht mehr das Möbelstück meint,

Festliches Bankett – Gastgeber: Wladimir Putin

sondern das Essen. Dass dem italienischen *banco* die altgermanische Sitzbank – althochdeutsch *bank* – zugrunde liegt, sei hier am Rande vermerkt; auf dessen Wortwanderung kommen wir im Kapitel über Möbelstücke zurück.

Nicht an eine bestimmte Tageszeit gebunden ist das Angebot eines Büfetts. Auch bei diesem Wort hat sich die Bedeutung über die Jahrhunderte hinweg verändert. Ursprünglich – und auch bis heute – bezeichnet es einen Geschirrschrank. Darüber hinaus benennen wir mit *Büfett* eine Vielzahl auf einem langen Tisch angerichteter Speisen, die der Selbstbedienung harren: Wir delektieren uns an einem kalten oder warmen Büfett.

Auch das Wort *Büfett* hat bereits einiges hinter sich gebracht. In einem ersten Anlauf wurde uns das italienische *buffetto* – letztlich übrigens unbekannter Herkunft – im 16. Jahrhundert über das schweizerische *puffet* vermittelt. Doch diese Form hielt sich nicht, sondern wurde zwei Jahrhunderte später durch das französische *buffet* ersetzt.

Diese Entlehnung ist akzeptiert worden und bis heute als französisches Fremdwort erkennbar geblieben: Es wird nach wie vor französisch ausgesprochen und auf der Endsilbe betont. In der Schreibung mit *ü, f* und *tt* macht sich eine zaghafte Eindeutschung bemerkbar, wenngleich man das Wort auch wie die Franzosen Buffet schreiben darf.

Die Selbstbedienung an solch einem Büfett haben wir übrigens sprachlich den Engländern zu verdanken: In einer exakten Lehnübersetzung gibt *Selbstbedienung* den englischen Ausdruck *self-service* wieder, der aber auch unverändert als *Selfservice* bei uns auftaucht.

Wo es um's Essen und Trinken geht – wie im gesamten Wortschatz des Deutschen auch – lässt sich deutlich beobachten, wie nach und nach französische Lehnwörter durch englische ersetzt werden – nicht von einem Jahr zum anderen und oft nicht ohne Gegenwehr der älteren Entlehnung. Und diese »relative Chronologie« macht sich fast immer in allen Lebensbereichen bemerkbar. Bevor wir zu englisch-französischen Mahlzeiten kommen, seien daher zwei Beispiele für ein derartiges Nacheinander der Entlehnung außerhalb des gastronomischen Wortschatzes erwähnt.

Welcher deutsche Besucher von Modeschauen, überhaupt welcher an Mode Interessierte spricht heute noch von Mannequins? Das im 18. Jahrhundert aus dem Französischen entlehnte Wort, dem wiederum das niederländische *mannekijn* (›Männchen‹) vorhergeht und das ursprünglich ›Modellpuppe‹, dann ›Schaufensterpuppe‹ bedeutete, ist uns Deutschen längst fremd geworden.

Es wird immer häufiger durch das englische *Model* ersetzt – wie im Englischen mit kurzem *o* gesprochen und auf der ersten Silbe betont. Zu dessen Sieg über *Mannequin* hat – abgesehen vom allgemeinen anglophilen »Trend« (auch so ein beliebter Anglizismus) – sicher die leichtere Aussprache und die Wortkürze beigetragen. Gegen solch ein griffiges Wort hatte die umständliche *Vorführdame* mit seinen vier Silben erst recht keine Chance.

Und bei den Herren ging es von Anfang an englisch zu: Männermode wird seit einigen Jahrzehnten von Dressmen vorgeführt, die es im Englischen übrigens gar nicht gibt – dort nennt man diese männlichen Mannequins naheliegenderweise *male models*. Ähnlich wie unser *Handy* ist *Dressman* eine deutsche Erfindung.

Und wer in Deutschland verabredet sich heute noch zu einem Rendezvous? Wohl keiner. Dieses bereits vor vier Jahrhunderten übernommene Fremdwort erregt inzwischen höchstens Heiterkeit, weil es den meisten Deutschsprechenden als veraltet gilt – ebenso wie *Stelldichein,* Beispiel für einen bereits im 18. Jahrhundert unternommenen, verzweifelten Versuch einer Eindeutschung: einer Lehnübersetzung. Nein, längst verabreden wir uns wie die Amerikaner und Engländer kurz und bündig zu einem Date.

Zurück zu den deutschen Mahlzeiten. Für gehobene Ansprüche wurden seit mehreren Jahrhunderten französische Ausdrücke bemüht. Bis heute essen die feinen Herrschaften nicht zu Mittag, sondern sie dinieren. Das festliche Diner findet in Deutschland entweder mittags oder auch abends statt; im Französischen bezog sich *dîner* ursprünglich allgemein auf eine Hauptmahlzeit, heute ist das Abendessen gemeint. (Die Herkunft dieses Wortes ist bereits oben, Seite 99, erklärt worden.)

Das aus dem Französischen übernommene *Diner* wird bei uns immer häufiger durch seinen englischen Ableger *Dinner* ersetzt und bezieht sich – ähnlich wie in diesen beiden Sprachen – durchweg auf eine Abendmahlzeit. In der Zusammensetzung mit dem spanischen *Gala* (›Fest‹, ›Festliches‹) kämpft *Diner* als *Galadiner* noch um sein Überleben – heftig bedrängt durch das angloamerikanische *Galadinner*. Ohne französische Konkurrenz jedoch genießen wir das Candle-Light-Dinner – ein nicht gerade griffiges Wort, doch allemal handlicher als unsere deutsche Umschreibung »festliches Abendessen mit Kerzenbeleuchtung«.

Im Unterschied zum Diner ist die englische Variante des französischen *souper,* das *supper,* für uns Deutsche einflusslos geblieben. Seit dem 18. Jahrhundert laden wir nach wie vor zu einem Souper – und nicht zu einem Supper. Solch ein festliches Abendessen hat mit der ursprünglichen Bedeutung des Wortes übrigens kaum noch etwas zu tun. Dieses ist ja von *soupe* (›Suppe‹) abgeleitet und bedeutet eigentlich ›Suppe zu sich nehmen‹.

Das Picknick ist zwar – ähnlich wie das Büfett – an keine bestimmte Tageszeit gebunden. Doch da es stets im Freien stattfindet, organisiert man ein solches in aller Regel während der warmen Jahreszeit und lässt es spätestens am Nachmittag beginnen. Auch bei diesem Wort werben die französische und die englische Sprache um die Gunst des deutschen Sprachbenutzers.

Basis für die Entlehnung ist das französische *pique-nique,* das wohl aus dem Verb *piquer* (›aufpicken‹) in spielerischer Verdopplung entstanden ist – ähnlich wie unser deutsches *Mischmasch.* (Vielleicht ist es jedoch eine scherzhafte Zusammensetzung aus *piquer* und *nique* und meinte also so viel wie das ›Aufpicken einer Kleinigkeit‹.) Zunächst bezeichnete man mit *pique-nique* ein gemeinsames Essen in einem Wirtshaus, zu dem jeder Teilnehmer Speisen und Getränke mitbrachte – der heutige Freiluftcharakter fehlte noch völlig. Mit dieser alten Bedeutung wurde das französische Wort im 18. Jahrhundert ins Deutsche – auch ins Englische – entlehnt und hielt sich so bis ins folgende Jahrhundert.

In England erhielt das Wort die noch heute gültige Bedeutung: Ein Picknick war nun kein Wirtshausessen mehr, sondern eine Outdoorveranstaltung, bei der die von allen Teilnehmern mitgebrachten Speisen und Getränke konsumiert werden. Mit dieser Bedeutung wurde das Wort dann im 20. Jahrhundert aus dem Englischen ins Deutsche neu entlehnt. Und auch die Franzosen übernahmen für ihr

Edouard Manet: »Déjeuner sur l'herbe«
(Frühstück – in Wirklichkeit : Picknick – im Grünen)

gutes altes *pique-nique* die neue Bedeutung von ihren Nachbarn jenseits des Ärmelkanals.

Der sprachliche Einfluss des Französischen auf das Deutsche auch im Bereich des Essens und Trinkens geht seit dem 20. Jahrhundert drastisch zurück. Stattdessen werden immer mehr angloamerikanische Begriffe importiert. Diese Neuzugänge sind keine zufälligen Entlehnungen, sondern Ausdruck veränderter Essgewohnheiten – gerade auch was unsere althergebrachten Mahlzeiten betrifft.

Wörter wie *Lunch, Snack, Fast Food* stehen für eine immer noch zunehmende Beschleunigung des Essens, das man eher nur noch »Nahrungsaufnahme« nennen möchte. Aus einer Mahlzeit ist ein Mahl ohne Zeit geworden. Nach den neuesten statistischen Angaben erübrigen die Deutschen für ihre drei täglichen Hauptmahlzeiten insgesamt nur noch achtzig Minuten. Und den Schnellgerichten der heutigen deutschen Küche ist auch nicht mit vernichtenden Urteilen beizukommen, die von hochkarätig besetzten kulinarischen Schnellgerichten gefällt werden. Sehen wir uns die genannten drei Importe genauer an.

Mit *Lunch* bezeichnen wir einen kleinen, leichten Imbiss in der Mittagszeit, der anstelle einer zeitaufwendigeren Mahlzeit eingenommen wird. Dementsprechend erhalten Hotelgäste ein Lunchpaket als Verpflegung für einen Ausflug, wenn sie eben keine Gelegenheit zu einer regulären Mittagsmahlzeit haben.

Die Herkunft des englischen Wortes *lunch* ist unklar: Entweder liegt ihm *lump* (›Bissen‹, ›Brocken‹) zugrunde, oder es gibt spanisch *lonja* (›eine Scheibe Schinken‹) wieder. Unser Lunchpaket wiederum ist vielleicht englischer als es klingt, nämlich die Eindeutschung des englischen *packed lunch* – eine Art Volksetymologie. Wahrscheinlicher ist jedoch eine Zusammensetzung aus *Lunch* und *Paket,* das im 16. Jahrhundert aus dem französischen *paquet* entlehnt wurde.

Aus *breakfast* und *lunch* wurde im Slang englischer Studenten bereits am Ende des 19. Jahrhunderts der *brunch* – ein sogenanntes Schachtelwort, in dem Teile zweier Wörter zu einem handlichen neuen Wort zusammengeschweißt werden. Weitere Beispiele für solche Schachtelwörter sind *smog* aus *smoke* plus *fog* und *motel,* das aus *motor* und *hotel* zusammengebastelt ist.

Bei uns taucht *Brunch* erst vor etwa einem halben Jahrhundert auf und bezeichnet – wie im englischen Original – im wohltuenden Gegensatz zu *Lunch* eine reichhaltige, ja üppige Mahlzeit am späten Vormittag, die in der Tat – wie es das Schachtelwort verheißt – Frühstück und Mittagessen ersetzt und für die man sich Zeit nimmt. Beim Brunch wird das Essen schließlich nicht – wie etwa unter der Woche in der Mittagspause – hastig verzehrt: Der Brunch ist eine Freizeitveranstaltung am Wochenende, die oft genug mit Musik garniert wird und so zum Jazz-Brunch mutiert.

Während man zum Lunch oder Brunch Platz – und sich damit eine gewisse oder gar viel Zeit – nimmt, kann man Snacks, kleine Happen, auch im Stehen verzehren – etwa bei einem Empfang oder in einer Snackbar, die der guten alten Imbissbude längst den Rang abgelaufen hat. Auch *Snack* ist aus England importiert, bedeutet ursprünglich das ›Schnappen‹ vor allem eines Hundes (etwa nach einem Bissen) und ist vielleicht ursprünglich aus dem niederländischen *snack* entlehnt.

Die alltägliche Hast unseres heutigen Essens, die sich auch in der zunehmenden Beliebtheit von Snacks widerspiegelt, wird in der Definition dieses Wortes im »Advanced Learner's Dictionary« deutlich: »a small meal or amount of food, usually eaten in a hurry«.

Damit sind wir längst in der Welt des Fast Food angelangt – einer Welt, in der die alte englische Redewendung »Time is money« als überholt erscheint und durch die Maxime »Zeit ist alles« ersetzt wird.

Hatten die italienischen Futuristen zu Anfang des 20. Jahrhunderts noch die Geschwindigkeit als »Vernichtung des Raums durch die Zeit« gefeiert, huldigen inzwischen viele unserer Zeitgenossen einer »Vernichtung des Essens durch die Zeit«.

Wohl nicht zufällig taucht der Begriff *fast food* zum ersten Mal (im Jahr 1951 als Titel einer Fachzeitschrift) in den USA auf und bezeichnet griffig, was wir im Deutschen sperrig Schnellverpflegung nennen; etwa drei Jahrzehnte später wird er unverändert als Fremdwort ins Deutsche übernommen. Dass Fast Food in Restaurants erhältlich ist, kommt übrigens einer Verhöhnung dieser Stätten gepflegter Gastlichkeit gleich – ich komme im nächsten Kapitel darauf zurück.

Gegen dieses Fast Food wehren sich seit einiger Zeit mit Trotz und Eifer die Anhänger des Slow Food, die nicht etwa – dem wiederkäuenden Rindvieh vergleichbar – langsamer als andere Zeitgenossen essen, sondern Wert auf gesündere, kalorienärmere Nahrung legen, die sie allerdings nicht hastig hinunterschlingen, sondern mit einer gewissen Entschleunigung zu sich nehmen. Das Symbol dieser von dem Italiener CARLO PETRINI im Jahr 1989 gegründeten Bewegung, die inzwischen weltweit 83.000 Mitglieder zählt, ist sinnigerweise die Schnecke. Ihr Motto lautet: »Nur langsam kann man genießen.«

Für sie ist Fast Food minderwertiges Junkfood (englisch *junk* = ›Abfall‹, ›Müll‹) – ein Wort, das etwa gleichzeitig wie *Fast Food* ins Deutsche übernommen wurde. Die feinschmeckerischen Franzosen nennen derartiges Junkfood in salopper Rede treffend und transparent *malbouffe* – ›schlechter Fraß‹, was unserem deutschen *Schweinefraß* ziemlich nahekommt.

Und seit Kurzem begehrt ein weiteres mit *food* gebildetes Kompositum Einlass in den deutschen Wortschatz: *Fingerfood*. Es bezeichnet jene kleinen Appetithäppchen, die man in gar nicht appetitlicher Manier ohne Besteck mit den Fingern zum Mund führt und meist mit einem einzigen Biss hinunterschlingen kann.

Auch in dieser gastronomischen Unterabteilung führt das Französische einen verzweifelten Abwehrkampf gegen das Englische. In diesem Fall wehrt sich das klassische *Kanapee* (französisch *canapé*), was zu Großmutters Zeiten seltsamerweise ja auch ›Sofa‹ bedeuten konnte, gegen den allgemeineren englischen Begriff *Fingerfood*.

3   Restaurants, Beizen und Cafés

Wo isst der Mensch? Theoretisch kommen dafür alle möglichen und unmöglichen Orte infrage. In der gelebten Wirklichkeit fällt die Antwort übersichtlicher aus, als man zunächst vermutet.

Wenn der Mensch von Hunger und Durst geplagt wird, muss er sich zwischen zwei durchaus unterschiedlichen Möglichkeiten entscheiden: Er bleibt zu Hause und nährt sich dort redlich oder er geht aus – was nichts Unredliches bedeutet. Entweder bleibt also die Küche kalt oder er geht – eben nicht unbedingt in den legendären Wienerwald. Ihm bietet sich eine Vielzahl gastronomischer Möglichkeiten an – angefangen bei Orten, wo man sich ganz schlicht und ergreifend sättigt, bis hin zu Feinschmeckertempeln, in denen die Geschmacksnerven der Gäste von den Köchen blank gelegt werden.

Natürlich finden die Unterschiede zwischen den aufgesuchten Orten der Verköstigung auch in der Sprache ihren Niederschlag. Doch stellen wir zunächst den aushäusigen Verzehr von Speisen zurück – von Picknicks im Freien war allerdings schon die Rede – und widmen uns dem Menschen, der in seinen eigenen vier Wänden Nahrung zu sich nimmt. Diese Wände vermitteln ihm ein anheimelndes oder heimeliges Gefühl – ganz anders als die Mauern, die sein Haus eigentlich tragen. Aus gutem Grund sagen wir ja auch nicht: »in den eigenen vier Mauern«, wohl aber: »Die Stadt (oder die Burg) beherbergt in ihren Mauern ein sehenswertes Museum« – ganz zu schweigen vom keineswegs einladenden alten Gemäuer.

Vielleicht wirkt hier noch der uralte Unterschied zwischen altgermanischer Flecht- und römischer Steinbauweise nach. *Wand* ist von *winden* abgeleitet und bedeutet eigentlich ›das Gewundene, Geflochtene‹ – die treffende Bezeichnung für das altgermanische Baumaterial: geflochtene, mit Lehm beschmierte Äste. Aus diesen wurden – ähnlich wie bei Fachwerkhäusern – die Wände errichtet. Häuser aus festgefügten Steinmauern lernten unsere Vorfahren erst durch die Römer kennen. Mit deren Technik übernahmen sie das Wort: Aus dem lateinischen *mūrus* wurde althochdeutsch *mūra* – Vorläufer von neuhochdeutsch *Mauer*. Die Engländer übrigens benennen ihre Wände mit *wall* – nach dem lateinischen *vallum*, das im Deutschen wiederum zum gleichbedeutenden *Wall* wurde.

Diese feinen Unterscheidungen geben uns Gelegenheit zu einem Exkurs über den römischen Einfluss auf unsere eigenen vier Wände – insbesondere was das Kochen und Essen betrifft. Mit einer pauschalen Feststellung sollen zunächst einmal alle Deutschtümelnden, falls es sie überhaupt noch gibt, geärgert werden: Mehr als die Hälfte aller Bezeichnungen für die wesentlichen Elemente und Räume eines Hauses ist lateinischer Herkunft.

Zwar gehen zentrale Begriffe wie *Tür* und *Tor* (englisch *door*), *Ofen* (englisch *oven*) und *Herd* (englisch *hearth*), *Raum* (englisch *room*) sowie *Treppe* und *Zimmer* auf uralte germanische Wörter zurück, doch stehen ihnen in größerer Zahl Entlehnungen aus dem Lateinischen gegenüber, die als solche längst nicht mehr erkennbar sind und wie deutsche Erbwörter daherkommen.

Zu den Baumaterialien gehören: Ziegel, Kalk, Mörtel, Tünche (aus *tēgula, calx, mortarium, tunica*). Konstruktionsmerkmale werden benannt durch: *Pfeiler, Pforte, Pfosten* (aus *pīlarium, porta, postis*). Doch uns interessiert hier besonders alles, was mit dem Essen und Trinken zu tun hat. Gerade auf diesem Gebiet können wir uns auf die frühen Eroberer Germaniens verlassen. Wenn wir unseren Gästen auftischen, was »Küche und Keller« zu bieten haben, und die Speisekammer plündern, verdanken wir dies sprachlich den Römern: *Küche, Keller* und *Kammer* haben lateinische Vorläufer (*coquīna, cellārium, camera*). Auch wenn wir es uns vielleicht am offenen Kamin gemütlich machen, sollten wir fairerweise an dessen lateinischen Ursprung – *camīnus* – denken.

Bereits beim Transport und bei der Lagerung von Lebensmitteln ist der lateinische Einfluss beträchtlich, wenngleich man den längst

schlackenlos eingedeutschten Lehnwörtern die fremde Herkunft
nicht mehr anmerkt. In diese Gruppe gehören etwa *Kiste, Kübel,
Eimer, Sack* und *Korb*. Die meisten dieser Wörter haben die Römer
von den Griechen übernommen, die wiederum nicht nur die Alpha-
betschrift den Phöniziern verdanken – welch glücklicher sprachlicher und kultureller Austausch zwischen den Handel treibenden
Mittelmeervölkern, die sich ja nicht nur bekriegten:

	Althoch-deutsch	Lateinisch	Griechisch	Phönizisch
Kiste	kista	cista	χιστε (kiste)	–
Kübel	*cubil	cupellus	–	–
Eimer	ambar > eimbar	amphora	ʼαμφορεύς (amphoreus)	–
Sack	sac	saccus	σάχχος (sakkos)	(vgl. hebr. śaq)
Korb	chorp	corbis	–	–

Und nun zum weiten Feld aushäusiger Beköstigung.
Die Fülle der hier zur Verfügung stehenden Möglichkeiten und
deren Bezeichnungen kann man ungefähr so in einer Übersicht
gruppieren: Am Anfang der gastronomischen Überlieferung stehen – wie zu erwarten – deutsche Angebote für hungrige und dürs-
tende Einkehrer. Diese gastlichen Orte haben sich durch die Jahrhunderte gehalten und bieten durchweg Schlichtes, doch keineswegs
Schlechtes an – »gutbürgerliche Küche«, wie man gerne sagt; später kommen allerdings auch eher gering geschätzte Örtlichkeiten
hinzu.
Vor allem im 18. und 19. Jahrhundert gesellen sich zu ihnen französische Etablissements von meist gehobenem oder gar hohem Niveau. Schließlich wird das gastronomische Angebot im 20. Jahrhundert durch englische Neuzugänge ergänzt. Dieser Befund bestätigt

unsere bereits angestellten Beobachtungen zur kulturhistorischen Entwicklung unserer Mahlzeiten. Sehen wir uns die deutschen Orte der Bewirtung einmal genauer an.

Die ältesten deutschen Bezeichnungen verwenden – mitunter kombiniert – die Begriffe *Gast, Wirt* und *schenken* oder deren Ableitungen. Unser *Gasthaus* ist bereits althochdeutsch als *gasthūs* belegt, dem später weitere Komposita mit *Gast-* folgten: Im 15. Jahrhundert taucht *Gasthof* auf – im 19. und 20. Jahrhundert *Gastwirtschaft* und *Gaststätte*. In allen vier Wörtern steht ohne nennenswerte Differenzierung der Bedeutung der Gast im Mittelpunkt – wie sich's gehört.

Andere einschlägige Begriffe rücken den Wirt in den Mittelpunkt: das von *Wirt* abgeleitete Wort *Wirtschaft* seit dem 16. Jahrhundert und das bescheidene *Wirtshaus* auf dem Lande, das schon in mittelhochdeutscher Zeit als *wirtshūs* belegt ist.

Schließlich können die offenbar ausgehfreudigen Deutschen dort einkehren, wo ihnen eingeschenkt wird: in die ziemlich anspruchslose Schenke (seit dem 15. Jahrhundert) oder (später noch) in die Schankwirtschaft. In diesen beiden Wörtern sowie in *Ausschank* und *Mundschenk* ist die alte Bedeutung des Verbs *schenken* (althochdeutsch *scenken*) bewahrt geblieben: ›jemandem zu trinken geben‹.

Erst nach einigen Jahrhunderten hat das Wort die heutige Bedeutung ›ein Geschenk machen‹ angenommen. Diese Veränderung wurde wohl angeregt durch die mittelhochdeutsche Bedeutung ›einen Willkommens- oder Freundschaftstrunk anbieten‹, der natürlich ohne Entgelt offeriert wird. So heißt es im »Nibelungenlied« (125,4):

Dô hiez man den gesten scenken den Guntheres wîn

Doch damit nicht genug. Kurioserweise bedeutet *schenken* eigentlich ›schief halten‹ und ist daher mit den Wörtern *Schenkel* und *Schinken* verwandt. Damit war das Schiefhalten des Gefäßes gemeint, aus dem eingeschenkt wurde.

Einen wahrhaft abenteuerlichen Weg hat also unser eher unauffälliges Wort *schenken* zurückgelegt: von ›schief halten‹ über ›einschenken‹ und ›einen Trunk anbieten‹ zur heutigen Bedeutung.

»In einer Schenke« (Gemälde von Kaspar Weber Pitz)

Abseits dieser um die Wörter *Gast, Wirt, Schenke* gruppierten Begriffe findet sich ganz isoliert und von ungeklärter Herkunft das Wort *Krug* (oder *Dorfkrug*) – die vor allem in Norddeutschland gängige Bezeichnung für ein Wirtshaus. Das Wort ist bereits im 13. Jahrhundert belegt.

Der geneigte Leser wird sich über die Behauptung wundern, die Herkunft dieses Wortes sei dunkel, da doch der Zusammenhang zwischen einem Krug und dem Wirtshaus, wo dieser vorzugsweise mit Bier gefüllt wird, offensichtlich ist.

Doch der Schein trügt: Die beiden »Krüge« sind sprachlich nicht miteinander verwandt. In den niederdeutschen Gebieten, wo das Wirtshaus auch *Krug* heißen kann, nennt man das Gefäß nicht *Krug,* sondern *Kruke.* Hier hat der Gleichklang der beiden Wörter den Leser wieder einmal zu einer Volksetymologie verführt. Übrigens bedeutet der verbreitete deutsche Personenname *Krüger* ursprünglich nichts anderes als ›Wirt eines Kruges‹.

Wir verlassen die gutbürgerliche Gastronomie der Gasthäuser und suchen weniger geschätzte Orte auf. Interessanterweise werden diese – mit einer Ausnahme: der Spelunke – durch Wörter aus Gruppensprachen bezeichnet, die von zum Teil bis heute diskriminierten oder zumindest argwöhnisch beobachteten Minderheiten verwendet werden.

Kümmern wir uns zunächst um die Spelunke – diese ist nämlich älter als alle anderen Gaststätten minderen Ansehens. Bereits im 15. Jahrhundert taucht das Wort in unserem Wortschatz auf und bezeichnet bis heute eine ungepflegte, ja verrufene Lokalität, die GOETHE in seinen »Venezianischen Epigrammen« (68 und 69) so meisterhaft charakterisiert hat:

> Wenn du aber die Winkel nicht scheust, nicht Gässchen und Treppchen,
> Folg ihr, wie sie dich lockt, in die Spelunke hinein!
>
> Was Spelunke nun sei, verlangt ihr zu wissen? Da wird ja
> Fast zum Lexikon dies epigrammatische Buch.
> Dunkele Häuser sind's in engen Gässchen …

Spelunke – welch treffende Bezeichnung für solche »dunklen Häuser in engen Gässchen«!

Und noch heute erfreut sich das Wort unverminderter Beliebtheit – vielleicht auch, weil es lautlich und semantisch so gut zu *Halunke* passt?

Jedenfalls lesen wir in einem ganz aktuellen Interview des »Kultur-SPIEGEL« (September 2006, S. 54):

> Ich glaube, ich war 17, als er mich mal auf eine besondere Konzertreise durch die sogenannten Working Men's Clubs mitnahm. Alles triste Spelunken, es roch nach Bier, Erbrochenem und abgestandenem Rauch.

Das Wort ist fast unverändert aus dem lateinischen *spēlunca* entlehnt und bedeutet wie dieses zunächst ›Höhle‹, dann aber im übertragenen Sinn auch ›Räuberhöhle‹.

Weniger finster und anrüchig, jedoch bescheiden und anspruchslos gesellt sich im 18. Jahrhundert zu *Spelunke* die Bezeichnung *Kneipe* – im Unterschied zu jenem eine deutsche Angelegenheit: eine Ableitung von dem Verb *kneipen,* der Fortsetzung des niederdeutschen *knīpen* (›kneifen‹, ›zwicken‹). Das Wort wurde zunächst in der Sprache der trinkfreudigen Studenten verwendet, bezog sich wohl auf die »kneifende« Enge des Wirtsraums und ging dann später in die Gemeinsprache über, wo es eine weniger abwertende Bedeutung erhielt: vom Schlechten zum Schlichten. Noch HEINRICH HEINE erwähnt in seinen »Reisebildern« eine »schmutzige Kneipe für Fuhrleute«.

Von Anfang an bis heute ganz abwertend geblieben ist die Bedeutung von *Kaschemme,* Bezeichnung für ein – wie es im »Großen Fremdwörter-Duden« so schön heißt – »zweifelhaftes Lokal mit fragwürdigen Gästen«. Auch dieses Wort ist einer Gruppensprache, einem sogenannten Soziolekt, entlehnt – in diesem Fall dem Rotwelschen, das lange Zeit in Deutschland von Landstreichern, fahrenden Händlern, Handwerkern und Bettlern gesprochen wurde und Wörter nicht nur aus dem Deutschen, sondern aus dem Jiddischen, Hebräischen und Romani aufgenommen hat.

Beispiele sind unter anderem zahlreiche Begriffe aus dem Handel, die zum Teil auch in der deutschen Umgangssprache verwendet werden – für hochsprachliches *Geld* etwa: *Moos* (aus dem jiddischen *moes,* hebräisch *mā'ōth*) oder dessen Verballhornung zu *Mäuse, Kies* (wie der deutsche *Kieselstein*), aber auch *Pleite* (aus dem jiddischen *plejte,* hebräisch *plētāh,* ursprünglich ›Flucht‹ bedeutend) und so weiter und so fort.

Bei dieser Gelegenheit sei auch das seltsame Wort *Rotwelsch* erklärt, das schon im 13. Jahrhundert auftaucht. Es ist zusammengefügt aus *rot,* einem gaunersprachlichen Wort für ›Bettler‹, und *welsch,* das hier ›unverständliche (eigentlich: romanische) Sprache‹ bedeutet – ähnlich wie in *Kauderwelsch,* einer Zusammensetzung aus *welsch* und *Chur,* dem rätoromanischen Dialekt jener Schweizer Region.

Kehren wir zu *Kaschemme* zurück. Dieses gaunersprachliche Wort ist seit dem 19. Jahrhundert bezeugt und hat – wie dies bei der Sprache der Fahrenden naheliegt – eine lange Wanderschaft hinter sich. Ins Deutsche gelangte es aus der Sprache der Sinti und Roma, wo es als *katšīma* ein Wirtshaus bezeichnet. Dieses Wort wiederum hatten sich die Fahrenden in einem slawischen Land angeeignet – vielleicht in Tschechien, wo man ein Wirtshaus mit *krčma* bezeichnet. (Auf dasselbe Wort geht auch der deutsche Personenname *Kretschmer* oder *Kretschmar* zurück – mit einem ›Wirt‹ haben wir es hier also zu tun.)

Weniger pejorativ als *Kaschemme*, aber dennoch leicht abwertend ist das (in Österreich und Bayern gängige) *Beisel*. GERTRUD FUSSEN-EGGER hat in ihrem Roman »Das Haus der dunklen Krüge« den Stellenwert solch einer Lokalität fein zum Ausdruck gebracht:

Die bürgerliche Sphäre mied er. Er zog von Beisel zu Beisel.

Dieses *Beisel*, das ganz deutsch daherkommt und sich so schön aufs süddeutsche *Heisel* reimt, ist in Wirklichkeit ein jiddisches Wort. Es wurde als *bajis* (hebräisch *bayit* = ›Haus‹) mit der Bedeutung ›einfaches Wirtshaus‹ ins Rotwelsche entlehnt und gelangte von dort in den deutschen Wortschatz – entweder fast unverändert als *Beiz(e)* oder eben, mit einer gefälligen Diminutivendung versehen, als *Beisel*.

Auch der norddeutsche *Pesel* vermittelt uns nicht im Geringsten den Eindruck, dass es sich bei ihm um einen sprachlichen Import handelt – und doch liegt ihm ein bereits im Mittelalter entlehnter lateinischer Ausdruck zugrunde: *balneum pēnsile* (wörtlich: ›hängendes Bad‹).

So bezeichnete man eine auf Schwibbögen ruhende Badestube, deren Fußboden mit Luft geheizt werden konnte. Im Laufe der Zeit mauserte sich das Bad zur heizbaren Stube, dann zur prächtigen, »guten Stube« nordfriesischer Bauernhäuser – und eben auch zu einer gemütlichen norddeutschen Gaststube. Vom länglichen lateinischen Ausdruck *balneum pēnsile* blieb nur die niederdeutsche Kurzfassung *Pesel* übrig.

Weit unter Beiseln, Beizen und Peseln rangieren unsere Buden in verschiedenen Varianten und vielen Spezialisierungen als Fisch-, Würstchen-, Fritten-, Döner- oder Imbissbude – auch wenn deren Betreiber sich mit dem Theaterdirektor in GOETHES »Faust« über immer noch steigende Beliebtheit freuen dürfen:

Denn freilich mag ich gern die Menge sehen,
Wenn sich der Strom nach unsrer Bude drängt.

Diese Buden sind ja eigentlich nicht konkurrenzfähig, da man in ihnen meist nicht Platz nehmen kann, sondern sich irgendetwas Ess- und Trinkbares an der Theke kauft, um es draußen im Stehen zu sich zu nehmen.

Maurischer Kiosk
Schloss Lindenhof,
Oberbayern

Ähnlich verhält es sich mit dem Kiosk – jener »Verkaufsstelle (oft in einem leicht gebauten Häuschen) für Zeitschriften, Getränke, Süßigkeiten, Zigaretten o. Ä.«, wie es wohlwollend im Großen Duden heißt. In Wirklichkeit sind die Kioske manchmal Bruchbuden, vor denen man im Stehen ein Bier trinkt und eine Bockwurst essen kann.

Apropos »Bruchbude«: Mit dem Wort *Bude* wird von jeher eine gewisse Schäbigkeit assoziiert. Satirisch verschärft klingt etwa die Abneigung gegen billige Studentenbuden aus dem Mund des Schuldirektors Knauer in HEINRICH SPOERLS »Die Feuerzangenbowle« so:

> Eine Bude ist etwas Ungehöriges, ich möchte fast sagen Unmoralisches. Ein Schüler einer höheren Lehranstalt hat keine Bude, sondern, sofern er nicht zu Hause wohnt, eine ordentliche Kammer bei anständigen und rechtschaffenen Leuten.

Dabei hat der Kiosk eine bau- und sprachgeschichtlich respektable Karriere aufzuweisen. Im Persischen bezeichnete man schon im 13. Jahrhundert mit *kūšk* einen eleganten Gartenpavillon. Diesen übernahmen später die osmanischen Herrscher und aus dem persischen *kūšk* wurde türkisch *köṣk*. Zur Zeit der Türkenmode erreichte dieses anmutige Gartenhaus durch Vermittlung der Franzosen Europa, die es bereits im 17. Jahrhundert *kiosque* nannten. Im Deutschen taucht *Kiosk* hundert Jahre später auf und erduldet dann auch die häufige Verschlechterung der Bedeutung, von der bereits die Rede war.

Da ist die Budike, eine kleine, bescheidene, doch gemütliche Kneipe, weit komfortabler – und sprachlich genauso interessant wie der Kiosk. Sie ist nämlich derselben Herkunft wie *Boutique, Bottega, Bodega* und *Theke:* Alle diese Wörter stammen – kaum glaublich, aber wahr – von der *Theke* beziehungsweise der *Apotheke* ab. Es lohnt sich, dem langen, verschlungenen Weg, den diese Wörter zurückgelegt haben, nachzuspüren.

Ausgangswort ist das griechische θήκη *(thēkē)*, das fast unverändert als *thēca* ins Lateinische übernommen wurde und ›Abstellplatz‹, ›Behälter‹ bedeutete.

Im 19. Jahrhundert wurde das lateinische Wort wohl direkt als *Theke* ins Deutsche entlehnt, erhielt die uns allen wohlbekannte Bedeutung ›Schank- oder Ladentisch‹ und inspirierte dann später den Kölner Liedermacher TONI STEINGASS zu seinem sattsam bekannten Schunkellied »Der schönste Platz ist immer an der Theke« – der Erkennungsmelodie der gar nicht anonymen Alkoholiker.

So weit, so gut – fruchtbarer denn als Einzelwort erwies sich *thēkē* als Grundwort für Ableitungen und Komposita. Nehmen wir uns zunächst *Apotheke* vor – in der Tat eine Ableitung von der altgriechischen *thēkē: der apothēkē.* Dieses wurde – ähnlich wie *thēkē* – ins Lateinische übernommen und bezeichnete einen Vorratsraum, in dem man alles Mögliche lagern konnte, dann aber auch einen Weinkeller. Von den vielfältigen Verwendungsmöglichkeiten solch einer Apotheke machten die europäischen Sprachen durchaus unterschiedlichen Gebrauch.

Seit dem Mittelalter lagerten die Deutschen dort – bereits ähnlich wie heute – Arzneien, Heilkräuter und wohlriechende Spezereien. So heißt es in einem mittelhochdeutschen Text:

Von dem süezen geruoche wart diu kirche als ein apôteke.

Anders die Italiener und Spanier. Erstere bezeichnen mit *bottega* einen kleinen Laden, während die Spanier mit ihrer ebenfalls aus *apothēca* entwickelten *bodega* bis heute an der bereits im alten Rom auch möglichen Bedeutung ›Weinkeller‹ (später auch ›Weinlokal‹) festhalten.

Im Französischen dagegen ist zwar in *boutique* die allgemeine Bedeutung ›kleiner Laden‹ bewahrt, jedoch die spezielle einer Boutique – wie auch wir Deutsche sie seit einiger Zeit verstehen – hinzugekommen. *Boutique* hat's in sich: Es wurde nämlich zweimal ins Deutsche entlehnt. Das Wort wurde bereits im 17. Jahrhundert mit der Bedeutung ›kleiner Laden‹, ›Kramladen‹ ins Deutsche übernommen, wo es zunehmend abwertend gebraucht wurde und ein ›schlechtes Haus‹, dann auch eine ›billige Gastwirtschaft‹ bezeichnete. In der Tradition dieser frühen Entlehnung steht unser, in Süddeutschland allerdings weniger gängiges, *Budike*. In dieses Wort hat sich die pejorativ gemeinte *Bude* eingemischt – so ist ein aus *Bud-* und *-ique* geschachteltes Wort entstanden: Aus Alt mach Neu!

Die Deutschen mit ihrer viersilbigen – und daher unhandlichen – Apotheke sind also die Einzigen, die das alte griechisch-lateinische Wort unverändert bewahrt haben. Im Englischen ist es längst durch griffige Importe – *chemist, pharmacy* oder *drugstore* – ersetzt worden: die beiden Ersteren aus dem Französischen, Letzteres aus dem Amerikanischen. Und auch das spanische *bodega* zeigt deutliche Spuren lautlicher Vereinfachung.

Dass man in der altgriechischen *thēkē,* dem Lagerraum, noch ganz andere Dinge aufbewahren kann als Arzneien oder Wein, sei hier der Vollständigkeit halber erwähnt: Bücher in der Bibliothek (griechisch *biblion* = ›Buch‹), Karten in der Kartothek (französisch *carte* = ›Karte‹), Kunstwerke in der Artothek (lateinisch *ars* = ›Kunst‹), Gemälde in der Pinakothek (griechisch *pinax* = ›Weihgeschenktafel‹) und Schallplatten – als es die noch gab – in der Diskothek (lateinisch *discus* = ›Scheibe‹), die wir der französischen *discothèque* nachgebildet haben.

Doch zurück zur Gastronomie: Ebenfalls unseren französischen Nachbarn verdanken wir *Lokal, Bistro* und *Restaurant* – Ja sogar *Gastronomie* selbst, das ›Lehre vom feinen Essen‹ meint. Alle vier

Bezeichnungen fanden schon vor mehreren Jahrhunderten Eingang in unseren Wortschatz, als alles Französische – insbesondere im Bereich der Mode und der Gastronomie – nicht nur von uns Deutschen über alle Maßen geschätzt wurde.

Gastronomie kam im 19. Jahrhundert zu uns. Das Wort ist die genaue Entsprechung zum französischen *gastronomie,* das wiederum auf das griechische γαστρωνομία *(gastronomía)* zurückgeht – den kuriosen Titel eines Werkes des altgriechischen Schriftstellers ARCHESTRATOS (4. Jahrhundert v. Chr.), die ›Lehre von der Pflege des Bauches‹ bedeutend.

Den Anfang unter den »Speisebetrieben« – wie es so schrecklich im Verwaltungsdeutsch heißt – machte *Lokal,* das die Deutschen bereits im 18. Jahrhundert unverändert aus dem französischen *local* entlehnten, dem wiederum das lateinische Adjektiv *locālis* (›örtlich‹) zugrunde liegt. In beiden Sprachen bedeutete es zunächst ganz allgemein eine ›Örtlichkeit‹. Diese Bedeutung blieb im Französischen bis heute erhalten, während sie sich im Deutschen allmählich zu der heutigen allgemeinen Bezeichnung für eine Gastwirtschaft veränderte, die von mittlerem Niveau – *Speiselokal* – oder gar hohem Rang – *Feinschmeckerlokal* – sein kann.

Die ursprüngliche Bedeutung haben übrigens unser Wort *Lokalität* (aus französisch *localité*) und dessen Lehnübersetzung *Örtlichkeit* gut bewahrt – nur selten und dann scherzhaft spricht man von einer *Lokalität,* wenn man eine Gaststätte meint.

Später als *Lokal* – im 19. Jahrhundert – gelangte *Bistro* zu uns, das sprachlich ungeklärter Herkunft ist. Häufig wird die Legende kolportiert, das Wort sei zur Zeit der napoleonischen Kriege aus dem Russischen übernommen worden, als Kosaken in Paris ungestüm mit dem Befehl быстро *(bistro* = ›schnell‹) nach rascher Bedienung verlangt hätten – zu schön, um wahr zu sein.

In semantischer Hinsicht ist *Bistro* im Laufe der Zeit stark aufgewertet worden. Die Definition, die man heute in den meisten Wörterbüchern findet, es handle sich um ein ›kleineres, meist einfacheres Lokal‹, ist zum Teil überholt. In manchem Bistro ist längst ein Meisterkoch tätig, der die Nase voll hat vom Sterne- und Kochmützen- und Punkterummel in den vornehmen und heute kaum noch Gewinn abwerfenden Restaurants.

Damit sind wir bei jenem Wort angelangt, das wohl in fast alle Sprachen übernommen wurde und inzwischen zu einer Art Oberbegriff für gepflegte Gastlichkeit geworden ist. Gleich ob als italienisches *ristorante* oder schwedisches *restaurang*, als russisches *ресторан (restoran)* – in die ganze Welt haben die Franzosen ihr *restaurant* exportiert.

Dabei bezeichnete dieses Wort ursprünglich gar nicht eine gastronomische Örtlichkeit, sondern Kraftbrühen oder Suppen – *restaurants* genannt –, durch die der Gast seine körperliche Kondition wiederherstellen (lateinisch *restaurāre*) sollte. Erst später wurde das Wort nicht mehr für solche kräftigende Nahrung verwendet, sondern für den Ort, wo sie angeboten wurde.

Das erste Restaurant dieser Art wurde 1765 von einem gewissen A. BOULANGER, dem Betreiber einer Suppenküche, in Paris – wo sonst? – eröffnet. Dieser erste aller Restaurateure war nicht nur ein findiger Kopf, sondern auch des Lateinischen mächtig – was ja nicht sein muss, aber sein darf. Auf seinem Firmenschild versprach er der sehr verehrten Kundschaft in persiflierender Anlehnung an die bekannten Worte Christi in MATTHÄUS 11,28:

> Venite ad me omnes qui laboratis et onerati estis, et ego reficiam vos.
> (Kommet her zu mir, alle, die ihr mühselig und beladen seid;
> ich will euch erquicken.)

augenzwinkernd:

> Venite ad me omnes qui stomacho laboratis, et ego vos restaurabo.
> (Kommet zu mir, alle die ihr Magenbeschwerden habt; ich will euch
> wiederherstellen.)

Das Besondere, Neuartige, Zukunftweisende an diesen frühen, bereits im 18. Jahrhundert begründeten und rasch sehr beliebt werdenden Restaurants wurde dann die Möglichkeit, aus einem Angebot verschiedener Speisen eine Auswahl zu treffen – *à la carte* zu essen, wie wir auch in Deutschland sagen.

Wichtig darüber hinaus, dass der Gast nicht mehr zu festen Uhrzeiten verzehren musste, was auf den langen, gemeinschaftlichen Tisch kam, sondern dass er individuell an kleineren Einzeltischen Platz nehmen und essen durfte, wann er wollte.

Ein zeitgenössischer Almanach aus dem Jahre 1777 beschreibt den neuen Beruf des Restaurateurs ganz präzise:

> Restaurateure sind diejenigen, welche die echten Brühen, Restaurants genannt, herstellen und außerdem alle möglichen Crèmes, Suppen, …, Hähnchen, Konfitüren, Kompott und andere gesunde und appetitliche Gerichte anbieten … Der Preis aller Gerichte ist fest, und sie werden zu jeder Tageszeit serviert. Auch Damen dürfen dort verkehren und sich Speisen zubereiten lassen.

Also: Die Geburt der modernen Gastronomie aus dem Geist des französischen Restaurants!

Mit dieser Institution kam auch das dafür verwendete Wort im 19. Jahrhundert zu uns und ist bis heute die wichtigste Benennung für ein Speiselokal der gehobenen bis oberen Kategorie geblieben. Niemand käme auf die Idee, ein mit zwei oder drei Sternen ausgezeichnetes Restaurant *Wirtschaft* oder *Gasthaus* zu nennen. Dass andererseits Orte gastronomischer Untiefe als *Schnellrestaurants* bezeichnet werden, grenzt an ein Sakrileg und ist auf jeden Fall eine Contradictio in Adjecto – ein Widerspruch in sich selbst.

Der zum Restaurant gehörige Restaurateur wie auch die Restauration sind allerdings inzwischen als gastronomische Begriffe im Deutschen, jedoch nicht im Französischen, veraltet. Dagegen sind die politisch-historisch gemeinte Restauration und der Kunstwerke ausbessernde Restaurator, die beide nicht aus dem Französischen, sondern direkt aus dem Lateinischen entlehnt wurden, gängige Begriffe geblieben.

Steigen wir nun hinunter von den gastronomischen Höhen der Restaurants, in denen nicht einfache Köche, sondern angesehene Küchenchefs, oder kurz: Chefs (beide Wörter aus *chef de cuisine* abgeleitet), ihres Amtes walten und wo nicht Weinkellner, sondern Sommeliers ihre Empfehlungen geben.

Wir begeben uns in die kulinarischen Niederungen alltäglicher Beköstigung, die dem arbeitenden Menschen tagsüber meist in einer Kantine, in einer Mensa verabreicht – oder in einer Kombüse zubereitet wird, falls es sich bei den Hungrigen um Seeleute handelt. Es geht also nicht um öffentlich zugängliche Lokalitäten, sondern um solche, die »Betriebsangehörigen« im weitesten Sinne vorbehalten sind.

Der deutsche Ausdruck *Kantine* hat – wie so viele andere Wörter aus
dem Wortschatz der Gastronomie – eine lange Reise hinter sich. Das
Wort taucht zunächst im Italienischen als *cantina* aus etymologischem Dunkel auf und bedeutet ›Keller‹, ›Weinkeller‹. Von dort wan-
dert es nach Frankreich und bezeichnet nunmehr als *cantine* eine
Weinschenke für eine spezielle Klientel: für Soldaten.

Mit eben dieser Bedeutung wird das französische Wort im 19. Jahrhundert fast unverändert ins Deutsche übernommen – die Engländer tun das Gleiche, schreiben es aber phonetisch *canteen*. Erst
dann benennt *Kantine* verallgemeinernd jeglichen »Ort für die
Essensausgabe für Mitarbeiter«, wie es in einem etymologischen
Wörterbuch treffend, doch unschön heißt.

Einen ähnlichen, jedoch kürzeren Wanderweg hat *Kasino* zurückgelegt, wenngleich die in einem Kasino verkehrende Klientel und die
dort angebotenen Speisen auf einem weit höheren Niveau angesie-
delt sind als die einer Kantine.

Unser deutsches *Kasino* wurde Ende des 18. Jahrhunderts ohne Umweg über das Französische direkt aus dem italienischen *casino* entlehnt, einer Verkleinerungsform von *casa* (›Haus‹; lateinisch = ›Hütte‹),
mit dem man dann ein Klub- oder Gesellschaftshaus, im Deutschen
insbesondere für Offiziere, bezeichnete. Dass den Gästen dort Bes-
seres geboten wird als jenen in einer Kantine, liegt auf der Hand.

Noch kürzer ist der Weg, den *Mensa* hinter sich gebracht hat. Diese
ziemlich junge Bezeichnung für einen oft unwirtlichen Ort, wo Univer-
sitätsangehörige – vor allem Studierende – bewirtet werden, ist direkt
dem neulateinischen Begriff *mensa academica* (›Tisch oder Mahlzeit
für Akademiker‹) entlehnt worden. Auf das Adjektiv *academica* hat
man bald verzichtet: Das Substantiv *mensa* war eindeutig genug.

In einigen deutschen Universitätsstädten allerdings werden die Stu-
dierenden nicht (nur) in einer modernen Mensa, sondern in einer
altehrwürdig klingenden Taberna Academica verköstigt. Für diesen
ganz speziellen »Speisebetrieb«, wie es administrativ auch oft heißt,
verwendet man hier das alte lateinische Wort *taberna* (›Kneipe‹,
ursprünglich: ›Hütte‹, ›Bude‹), ohne es zu verändern.

Taberna ist seit vielen hundert Jahren fest im studentischen Leben
verwurzelt – allerdings nicht in der Bedeutung ›ordentliche Mensa‹,
sondern ›Kneipe, in der man sich ganz unordentlich betrinken kann‹.

So bekennt der ARCHIPOETA in seiner »Vagantenbeichte« aus dem 12. Jahrhundert:

Tertio capitulo memoro tabernam:
Illam nullo tempore sprevi neque spernam;
Donec sanctos angelos venientes cernam,
Cantantes pro mortuis: »Requiem eternam«.

Meum est propositum in taberna mori,
Ubi vina proxima morientis ori;
Tunc cantabunt laetius angelorum chori:
»Sit Deus propitius huic potatori«.

(Drittens war im Wirtshaus ich jederzeit willkommen:
Ja, die Schenke hat mir stets, wird mir stets auch frommen,
Bis dereinst ich zuschaun werd, wenn die Engel singen
Und mit ihrem »Ruhe sanft« mir den Frieden bringen.

Mein Begehr und Willen ist, in der Schenke sterben,
Wo mir Wein die Lippen netzt, eh sie sich entfärben;
Aller Engel froher Chor wird dann für mich flehen:
»Lasse diesen Zecher, Herr, in dein Reich eingehen!«
(Übs.: Carl Fischer)

Tatsächlich ist im Mittelalter die Taberna in den meisten Trink-liedern der Vaganten – der von Universität zu Universität ziehenden Studenten – der zentrale Ort, wo es hoch hergeht und der Becher kreist. So klingt es verwegen in einem der Lieder, die in den »Car-mina Burana« aus dem 13. Jahrhundert überliefert sind:

In taberna quando sumus,
Non curamus, quid sit humus,
Sed ad ludum properamus,
Cui semper insudamus.

(Wenn wir in der Schenke sitzen
Und bei unserm Spiele schwitzen,
Kümmert uns kein heut und morgen,
Denn wir haben andre Sorgen …
(Übs.: Carl Fischer)

Außerhalb studentischen Lebens und studentischer Sprache hat sich jedoch *Taberna* im Deutschen auf die Dauer nicht durchgesetzt, obwohl es bereits im Mittelalter gleich zwei Varianten mit leicht anrüchiger Bedeutung gab: *taberne* (wohl direkt aus dem Lateinischen übernommen) und *taverne* (aus dem gleichlautenden französischen Wort oder dem italienischen *taverna* entlehnt). So ist in einer der Fabeln MARTIN LUTHERS von »unzüchtigen Tabernen und Wirtshäusern« die Rede.

Heute benennt man im Deutschen mit *Taverne* meist nur noch ein (durchaus züchtiges) italienisches oder griechisches Lokal, während die *tavern* in England sowie die *taverne* in Frankreich – und vor allem im sprachlich konservativen kanadischen Québec – durchaus für heimische Lokale geläufig ist.

Die Kombüse schließlich versorgt eine noch enger definierbare Gruppe mit Essen: die Seeleute, die ihren Hunger natürlich nicht unbedingt in dieser engen Schiffsküche stillen müssen, sondern in ihrem Aufenthaltsraum.

Das Wort hat phonetisch einiges durchgemacht, aber nichtsdestoweniger eine ganze Reihe bemerkenswerter Nachkommen hervorgebracht. Am Anfang steht bereits in mittelalterlicher Zeit das niederdeutsche *kabuse,* das zunächst einen Bretterverschlag auf einem Schiffsdeck bezeichnet, wo man kochen und – eine nicht sehr angenehme Vorstellung – schlafen konnte.

In Norddeutschland hielt sich dieses Wort lautlich unverändert bis heute mit der Bedeutung ›kleiner, enger Raum‹ – ähnlich wie seine verkleinernde Ableitung *Kabäuschen* sowie die seltsame, abwertende Variante *Kabuff.* Im 18. Jahrhundert tauchen noch seltsamere Varianten auf: *Kambüse,* dann schließlich *Kombüse* mit der heutigen Bedeutung ›Schiffsküche‹ – das *m* wurde offenbar zur Erleichterung der Aussprache eingefügt.

Dass in der Kombüse ein Smutje kocht, ist bezeichnend für die geringe Wertschätzung der vom Schiffskoch zubereiteten Speisen durch die Besatzung: Das niederdeutsche Wort bedeutet ursprünglich ›Schmutzfink‹ und ist in der Tat mit dem hochdeutschen *Schmutz* und dem englischen *smut* verwandt.

Die eine oder andere Variante von *Kombüse* hat sich übrigens in der Sprache mehrerer seefahrender Nationen gehalten: englisch *caboose,* französisch *cambuse* (heute eher ›elende Bude‹ bedeutend), niederländisch *cabuis* oder *combuis.*

Zur mehr oder weniger christlichen Seefahrt gehört auch der Begriff *Messe* – ›Speise- und Aufenthaltsraum vorzugsweise für die Offiziere eines größeren Schiffs, in etwa dem Kasino zu Lande vergleichbar‹. Das Wort wird zwar genauso geschrieben und ausgesprochen wie *(Heilige) Messe* und *(Buch)messe* – die Sprachwissenschaftler nennen eine derartige Übereinstimmung in Laut und Schrift »Homonymie« –, hat aber eine ganz andere Geschichte hinter sich.

Während sich die beiden anderen Wörter schon im Mittelalter aus dem kirchenlateinischen *missa* entwickelten (althochdeutsch *missa*), wurde die *(Offiziers)messe* erst im 19. Jahrhundert aus dem Englischen entlehnt – wie so manches andere Wort aus der Seefahrt: *Log, Pier, Steward,* ganz zu schweigen von Lehnübersetzungen wie *Brecher* (englisch *breaker*) oder *Landratte* (englisch *landrat*).

Noch früher gelangten etwa *Boot* (mittelenglisch *bōt*) und *Schoner* (englisch *schooner*) aus dem Englischen ins Deutsche. Der patriotische, seit dem 18. Jahrhundert zu hörende Aufruf »Rule, Britannia, Britannia rule the waves!« ist auch sprachlich in Erfüllung gegangen.

Zurück zum englischen *mess.* Das Wort wurde – Ironie der Geschichte! – im Mittelalter aus Frankreich importiert und bedeutete zunächst wie das französische *mets* allgemein ›Speise‹. Erst später entwickelte sich im Englischen die Bedeutung ›(Offiziers)messe‹, mit der wir schließlich das Wort übernommen haben. Dem französischen Wort liegt das vulgärlateinische *missus* zugrunde, mit dem man »das (aus der Küche) Geschickte« bezeichnete.

Kehren wir zu den gastronomischen Orten zurück, die der Allgemeinheit zugänglich sind und nicht nur eine bestimmte Klientel versorgen: Café, Kaffeehaus, Cafeteria, Coffeeshop, Coffeebar, Grillroom, Grillrestaurant – und Diner (wie »deiner« ausgesprochen und nicht mit dem französischen »Diner« zu verwechseln).

Bis auf das altehrwürdige Café und dessen österreichischen Verwandten, das Kaffeehaus, sind all diese Lokalitäten späte Errungenschaften des 20. Jahrhunderts und unverkennbar angloamerikanischer Herkunft. Auch sie – wie schon Snacks, Fast Food und so weiter – sind Anzeichen für die Globalisierung unserer Essgewohnheiten unter amerikanischer Führung und verkünden die Götterdämmerung der alten europäischen Gastronomie unter französischer Leitung.

Zu dieser Wachablösung passt, dass bei uns die alte Tradition des Cafés vor sich hinsiecht. Junge Leute suchen einen solchen Ort kaum noch auf, wo – nicht nur – sie Kaffee schlürfende und Torten essende alte Damen vermuten. Sie gehen stattdessen ins Hard-Rock-Café oder ins Internetcafé, um sich dort mit Heavy Metal zudröhnen zu lassen oder durchs Internet zu surfen – in den Niederlanden können sie sich in manchem Koffieshop sogar mit Cannabis versorgen. All diese Orte haben mit dem guten alten Café nur noch den Namen gemein.

In der Tat hat die alte, auch für Literaten interessante gastronomische Einrichtung des Kaffeehauses einige hundert Jahre hinter sich gebracht. Längst kann man hier nicht nur Kaffee schlürfen und Kuchen essen, sondern auch Speisen zu sich nehmen. Daher sei das

Das »Caffe-Haus« (Kupferstich von Christoph Weigel)

Kaffeehaus als gastronomischer Ort hier abgehandelt, während ich die an- und aufregende Geschichte des Wortes *Kaffee* in das Kapitel über die Getränke verweisen möchte.

Während Kaffee bereits im 15. Jahrhundert auf der Arabischen Halbinsel (zunächst wohl in Mekka) ausgeschenkt wurde, entstanden die ersten europäischen Kaffeehäuser vor allem durch türkische Vermittlung seit der Mitte des 17. Jahrhunderts: 1647 in Venedig, 1652 in London, 1671 in Marseille und so fort.

Das erste deutsche Kaffeehaus wurde 1673 in Bremen eröffnet – 1685, im Geburtsjahr Johann Sebastian Bachs, folgte Leipzig. Kaffeehäuser kamen in Mode und während seiner Leipziger Zeit besuchte Bach zweimal in der Woche das Zimmermannsche Kaffeehaus in der Katharinenstraße. Kein Wunder, dass er, vom Genuss dieses edlen Getränks beschwingt, seine Kaffeekantate (1734/35) komponierte.

Im 18. Jahrhundert wurden übrigens die Kaffeehäuser keineswegs einhellig begrüßt. Manchen kritischen Zeitgenossen erschienen diese als Lasterhöhlen, wo liederliche Frauen die Kunden, vornehmlich faule und aufmüpfige Studenten, nicht nur mit Kaffee versorgten. So empört sich der gestrenge Johann Christoph Gottsched, Professor in Leipzig, über Studenten, »die mehr Zeit auf den Coffeehäusern und Weinkellern als bei den Büchern zubrachten« (in den »Vernünftigen Tadlerinnen«, 1725). Schiller dagegen hielt es wie lange Zeit vor ihm bereits der Thomaskantor:

> Meine angenehmste Erholung ist bisher gewesen, Richters Caffeehaus zu besuchen, wo ich immer die halbe Welt Leipzigs beisammen finde …
>
> (an Schwan, 24. April 1785).

Die ganze Zeit war von Kaffeehäusern, nicht von Cafés die Rede. In der Tat entspricht dies dem frühen Sprachgebrauch. Unter dem Einfluss des englischen, bereits um 1615 belegten *coffee-house* entstand die deutsche Lehnübersetzung *Kaffeehaus;* im besonders anglophilen Hamburg taucht schon im 17. Jahrhundert *Coffeehaus* auf. Erst seit dem 18. Jahrhundert wurde *Kaffeehaus* allmählich und weitgehend durch das französische *Café* ersetzt.

Wiener Kaffeehaus um 1875

Vor allem die Österreicher jedoch haben ihr Wort *Kaffeehaus* gegen *Café* meist erfolgreich verteidigt: Dafür haben auch die Literaten gesorgt. Einer von ihnen, der Wiener Schriftsteller ALFRED POLGAR (1873–1955), hat die Wichtigkeit des Kaffeehauses – nicht nur – für seine Zunftgenossen einmal so auf den Punkt gebracht:

> Ins Kaffeehaus gehen Leute, die allein sein wollen und dafür Gesellschaft brauchen.

Den Betreibern des legendären, 1703 gegründeten »Tomaselli« in Salzburg, in dem schon MOZART seine Melange schlürfte, gelang es sogar, eine ihnen von der amerikanischen Besatzung 1945 aufgezwungene sogenannte »Doughnut-Snackbar« wieder in ihr altehrwürdiges Kaffeehaus zurückzuverwandeln. Der Kampf der Kulturen kann sich eben auch auf der Ebene des Kaffeehauses abspielen.
Doch die angloamerikanischen Gewohnheiten und Benennungen – mit all ihren Vor- und Nachteilen – sind gerade in letzter Zeit nicht mehr aufzuhalten. Seit einigen Jahrzehnten gibt es bei uns, meist innerhalb eines Hotels, Coffeeshops, aber auch Coffeebars, in denen man nicht nur Kaffee trinken kann, sondern auch kleinere Mahlzeiten erhält.

Die neueste Errungenschaft in diesem Bereich ist der »Coffee to go«. Dieser bezieht sich nicht auf die ehemalige deutsche Kolonie Togo, sondern bedeutet: ›Kaffee zum Mitnehmen‹. In der Tat kann man in unseren Städten immer häufiger beobachten, dass vor allem junge Leute ihren Kaffee auf der Straße im Gehen oder Stehen aus einem scheußlichen, mit einer Tülle versehenen Pappbecher saugen und – stilistisch dazu passend – einen Muffin, Doughnut oder Bagel mümmeln: Hier wird der Untergang des europäischen Cafés manifest.

Die Bezeichnung Coffee to go entspricht übrigens in Großbritannien ziemlich genau jenem – meist chinesischen –Takeaway (in den USA: takeout), wo man fertig zubereitetes Essen erhält und es mitnehmen kann, um es anderswo zu verzehren. (Auch die dort erhältlichen Speisen nennt man *takeaway*.) Überdies kann inzwischen im amerikanischen Englisch zum Beispiel *two burgers to go* das ältere *two burgers to take out* ersetzen.

Am wenigsten mit Kaffee zu tun hat die *Cafeteria*, die in den 60er-Jahren des vorigen Jahrhunderts aus den USA zu uns kam und eine Art bescheidener ›Imbissstube mit Selbstbedienung‹ bezeichnet – oft auch als kleinere Version einer Universitätsmensa oder einer Behördenkantine konzipiert.

Die Amerikaner wiederum hatten bereits im 19. Jahrhundert das Wort *cafetería* unverändert aus dem in Kalifornien und Mexiko verwendeten Spanisch übernommen, wo es eigentlich ›Kaffeegeschäft‹ bedeutete.

Klassisches amerikanisches Takeaway

Ebenfalls angloamerikanischer Herkunft sind *Grillroom, Grillrestaurant, Grillparty* und *Barbecue.* Auch diese Wörter bezeugen das Zurückdrängen französischer, aber auch deutscher gastronomischer Begriffe durch englische.

Die Pointe besteht hier darin, dass diese Art der Zubereitung von Speisen weltweit – auch bei uns natürlich – seit Langem bekannt ist, jedoch vor allem in den USA weiterentwickelt und Anlass zu gastronomischer Gesellung wurde.

Aus dem urtümlichen Garen vor allem von Fleisch über offenem Feuer ist unter englischem und amerikanischem Einfluss längst ein kleines oder größeres gesellschaftliches Ereignis geworden – ein *Event,* wie es in schrecklichem Neudeutsch heißt.

Beschäftigen wir uns zunächst mit dem Grillen. Im Unterschied zum Barbecue kann man dies sowohl drinnen als auch draußen betreiben – zur Freude der Nachbarn auch auf dem Balkon. Vornehmer als privat zu Hause arrangierte Grillparties – oder auch Grillfeten – sind natürlich die Mahlzeiten, die man in einem Grillrestaurant oder im Grillroom eines Hotels einnimmt. Solche Spezialrestaurants kamen in Deutschland schon ziemlich früh auf: um 1900. Deutsche Grand Hotels wie das Hamburger »Vierjahreszeiten« übernahmen die Institution des »Grillroom« aus England, der etwa im Londoner »Savoy« bereits 1889 eingerichtet worden war.

Das Ambiente war neu, doch die hier perfektionierte Art der Speisenzubereitung uralt. Fleisch wurde geröstet, seit der Homo sapiens das Feuer zu gebrauchen lernte. So ist es nicht verwunderlich, dass die deutschen Bezeichnungen für dieses prototypische Grillen und das zugehörige Gerät sich bereits im frühen Mittelalter finden.

Zentral ist hier das althochdeutsche Wort *rōst,* das (neben ›Feuer‹, ›Glut‹) bis heute eine Art Gitter bezeichnet, auf das man Fleischstücke zum Garen über einer Feuerstelle legen kann: einen Bratrost eben – oder in der altfränkischen Sprache des Grimmschen Wörterbuchs: eine »gitterartige Vorrichtung zu Feuerungszwecken«, dann ein »eisernes Stabwerk im Ofen zur Bereitung von Speisen«.

Besonders Würste, uralte kulinarische Vorliebe der Deutschen, wurden auf einem Rost gebraten. Der Autor eines frühen Fastnachtsspiels schwärmt:

Vier Würst' auf einem Rost,
Die geben euch gar guten Trost.

Von diesem Substantiv wurde dann das althochdeutsche Verb *rôsten*, unser heutiges *rösten*, abgeleitet, das also ursprünglich ›auf den Rost legen‹ bedeutet.

Mit diesem alten Verb ist uns endlich einmal ein deutscher Export geglückt. Es gelangte zunächst nach Frankreich und erschien dort als *rostir*, später *rôtir*, mit der gleichen Bedeutung wie im Deutschen – *Rôtisserie* und *Rôtisseur* sind spätere Ableger dieses Wortes.

Doch damit nicht genug. Wie zahlreiche andere Wörter aus dem Umfeld von Küche und Speisezimmer – *mutton, beef, veal, pork, soup, table* und *chair* zum Beispiel – übernahmen die Engländer im Mittelalter auch die Bezeichnung für ›rösten‹ aus dem Französischen: Aus *rostir* wurde bei ihnen *roast* – Ausgangswort für das berühmte, weltweit geschätzte Roastbeef. Und noch mehr: Dieses *Roastbeef* wurde von den Franzosen reimportiert – in einer radikal phonetischen Schreibung: *rosbif*! (Unsere westlichen Nachbarn haben ja auch rigoros aus dem englischen *beefsteak* ihr *bifteck* gewonnen.)

Seit vielen hundert Jahren also wird in Deutschland auf Rosten oder an Spießen geröstet, was die Tierwelt hergibt – doch gegrillt wird erst seit einem halben Jahrhundert. Bereits seit etwa hundert Jahren wird der altdeutsche (Brat)rost zunehmend durch den Grill ersetzt, auf den man inzwischen alles legt, was essbar ist – nicht nur Fleisch und Fische, sondern Gemüse, Obst, Schalentiere und so weiter.

In zahlreichen Zusammensetzungen wird nicht das alte Wort *Rost*, sondern das neue *Grill* verwendet: *Grillbratwurst, -huhn, -hähnchen, -hendl* zum Beispiel. Nur auf dem Gebiet der ehemaligen DDR widersteht *Broiler* – aus dem englischen *broil* (›grillen‹) entlehnt und von *Sättigungsbeilage* flankiert – bis heute dem Siegeszug von *Grillhähnchen*.

Die heute in der Gastronomie allgegenwärtigen Wörter *grillen* und *Grill* sind unverändert dem englischen *grill* entlehnt. In England wiederum tauchten Verb und Substantiv bereits im 17. Jahrhundert auf – Importe aus Frankreich, wo *grille* und *griller* bereits im hohen Mittelalter gängig waren. Ob die französischen Wörter auf lateinisch *craticulum* (›kleiner Rost‹) zurückgehen, ist nicht gesichert.

Das Barbecue ist gewissermaßen der große Bruder des Grillfestes.
Wie fast alles, was aus den USA kommt, ist hier alles riesenhaft übersteigert: die Fleischstücke (oft müssen ganze Ochsen oder Schweine
dran glauben), die Anzahl der Saucen und auch die der Gäste.

Solch eine Veranstaltung kann natürlich – im Gegensatz zu einer
überschaubaren Grillparty – nur im Freien stattfinden und dauert
meist viele Stunden länger als jene. Der Journalist und Gastrokritiker UDO PINI hat einmal das Barbecue witzig charakterisiert als
eine

> Open-Air-Veranstaltung, bei der Gastgeber Feuer und Flamme sind,
> Fleisch wie Fisch einzuheizen, und bei der die Gäste zum Rost hin
> anstehen.

Weniger witzig, doch präziser heißt es im Oxford English Dictionary:

> Barbecue: a large social entertainment, usually in the open air,
> at which animals are roasted whole, and other provisions liberally
> supplied.
> (Barbecue: eine große gesellige Veranstaltung, meist im Freien, bei
> der ganze Tiere gegrillt werden und andere Lebensmittel in großen
> Mengen zur Verfügung stehen.)

Gar nicht witzig, doch zutreffend ist die Feststellung vieler Mediziner, dass der Verzehr einer einzigen Grillmahlzeit dem Rauchen
von zweihundert Zigaretten entspricht, da etwa gleich viele Mengen

Barbecue – auch für Nichtraucher

krebserregender Substanzen (Benzpyrene vor allem) freigesetzt werden – falls man beim Grillen nicht ganz besondere Vorsicht walten lässt.

Das Wort *Barbecue,* das bei uns vor einigen Jahrzehnten geläufig wurde, hat – wie so viele andere gastronomische Begriffe – einen langen, beschwerlichen Weg hinter sich. Die Amerikaner übernahmen es bereits im 18. Jahrhundert von den Spanisch sprechenden Einwohnern der Südstaaten und Mexikos: Aus *barbacoa* wurde *barbecue,* heute oft in liebloser Abkürzung *BBQ* geschrieben.

Doch nicht mit dem spanischen *barbacoa* hatte alles begonnen, sondern mit dem fast gleichlautenden Wort *barbacòa* gleicher Bedeutung. Dieses bezeichnete im Taino, einer karibischen Indianersprache, ein Lattengerüst, aber auch ein Holzgitter auf Pfosten, das zum Rösten von Fleisch und Fisch verwendet wurde.

Schließlich sei noch die neueste gastronomische Errungenschaft amerikanischer Provenienz erwähnt: der Diner, ursprünglich nichts anderes als die amerikanische Version unseres Speisewagens – die Engländer nehmen dagegen während einer Zugreise in einem »dining car« oder »restaurant car« zum Speisen Platz: Wie immer sind die Amerikaner Meister des möglichst knappen Ausdrucks. In den USA kam man zum ersten Mal auf die Idee, ausrangierte Speisewagen zu ortsfesten Speiselokalen umzufunktionieren oder auch solche nachzubauen. Gelegentlich sieht man auch bei uns solche gestrandeten Eisenbahnwagen, in denen man übrigens – entgegen dem Versprechen, »dinieren« zu können – nicht anspruchsvoll speist, sondern bescheiden isst.

4   Möbel, Besteck und Geschirr

Wenn man nicht von der Hand in den Mund leben will, braucht man auf jeden Fall einen Tisch und – zur Steigerung des Esskomforts – einen Stuhl oder eine Bank, ganz zu schweigen von Messer, Gabel und Löffel. Zumindest halten wir es so heute bei uns und in den von europäischen Gepflogenheiten beeinflussten Teilen der Welt. Dies war nicht immer so – auch nicht in Europa.

Die besseren Kreise im alten Rom – also nicht die armen Schlucker – setzten sich nur für die üblichen Mahlzeiten zum Essen auf Stühle an einen Tisch. Während ihrer häufigen Gastmähler, die den Symposien der Griechen einiges, doch nicht alles verdankten, legten sie sich auf Speisesofas, die hufeisenförmig um die *mēnsa* (›Tisch‹) gruppiert wurden.

Auf jeder dieser insgesamt drei Couches fanden jeweils drei Personen Platz; daher wurde sie – später auch das Speisezimmer – *triclīnium* (›Dreierlager‹) genannt.

Von derartigem Komfort waren unsere Altvorderen, aber auch alle anderen Völker Europas, noch bis ins hohe Mittelalter Lichtjahre entfernt. Dieses Kulturgefälle hat deutliche Spuren in der deutschen Sprache hinterlassen.

Beginnen wir mit dem Tisch, diesem ungemein deutsch klingenden Möbelstück, das sich so problemlos mit Fisch oder Wisch reimt. Irrtum! Hinter unserem *Tisch* – wie auch dem englischen *dish* – verbirgt sich das lateinische *discus* (griechisch δίσκος = *dískos*) – ein auf den ersten Blick mysteriöser Sachverhalt. Dieser lässt sich jedoch zufriedenstellend aufklären.

In altgermanischer Zeit verwendete man als Esstisch nicht eine ebene Platte – wie etwa die Römer ihre *mēnsa* –, sondern stellte vor jeden Gast eine kleine Holzplatte mit einer Vertiefung, die so zugleich als eine Art Schüssel und Tisch diente. In Germanien lernten die Römer dieses praktische Utensil kennen und nannten es wegen dessen scheibenförmiger Vertiefung naheliegenderweise *discus* (›Scheibe‹). TACITUS (1. Jahrhundert n. Chr.) berichtet darüber im 22. Kapitel seiner »Germania«.

Im Althochdeutschen wurde aus dem lateinischen *discus* zunächst *disc*, dann *tisc*, das sowohl ›Schüssel‹ als auch ›Tisch‹ bedeuten konnte. Die Engländer übrigens verwendeten von Anfang an bis heute das lateinische Lehnwort *dish* (altenglisch *disc*) in der Bedeutung ›Schüssel‹, dann auch ›Speise‹, ›Gericht‹, während sie den Tisch *table* nennen – nach dem französischen Wort *table,* dem wiederum lateinisch *tabula* (›Brett‹, ›Tafel‹) zugrunde liegt.

Das lateinische Wort *tabula* hat als *Tafel* (vom italienischen *tavola* beeinflusst) früh auch ins Deutsche Eingang gefunden und ermöglicht uns seit Längerem eine feine Unterscheidung zwischen dem gewöhnlichen Tisch und der festlichen Tafel – zwischen gewöhnlichem Essen und üppigem, vornehmem Tafeln, wie es KLAUS MANN in seinem autobiografischen »Wendepunkt« charakterisiert:

> Man tafelt – bei Kerzenbeleuchtung, natürlich! – mit Erzbischöfen, Lords und Ölmagnaten …

Seit wenigen Jahren hat der gastronomische Begriff *Tafel* eine ganz neue Bedeutung erhalten, die zu der alten – Gott sei Dank! – in schärfstem Kontrast steht. Nunmehr bezieht sich *Tafel* nicht mehr auf die schon von KLAUS MANN ironisierte feine Klientel, sondern auf die Bedürftigen. Das Wort bezeichnet jene – inzwischen fünfhundert – verdienstvollen Initiativen, die überschüssige Lebensmittel einsammeln und an Bedürftige verteilen – mit den sehr sprachbewussten Worten der ersten, 1993 in Berlin gegründeten deutschen »Tafel«:

> Denen, die es sich nicht leisten können, sollte eine Tafel gedeckt werden – nicht einfach ein Tisch, sondern ganz bewusst eine Tafel!

Der Ausdruck *die Tafel aufheben* geht übrigens darauf zurück, dass im Mittelalter die als Tische dienenden, auf Gestelle gelegten Holzplatten nach Beendigung des Essens aufgehoben und fortgetragen wurden.

Ein abschließender kurzer Vergleich der Benennungen für ›Tisch‹ in einigen der auf unserem Kontinent gesprochenen Sprachen zeigt die Vielfalt sprachlicher Ausdrucksmöglichkeiten, aber auch die Willkür – die Sprachwissenschaftler nennen dies »Arbitrarität« – der Benennung.

Auf der Iberischen Halbinsel setzen das spanische und portugiesische *mesa* das lateinische *mēnsa* fort, während das katalanische *taula* lateinisch *tabula* bevorzugt. Für Letzteres entscheiden sich ebenfalls die Niederländer *(tafel),* Italiener *(tavola),* Franzosen *(table)* und in deren Schlepptau die Engländer *(table).* Im Deutschen ist zwar, wie wir sahen, auch die *Tafel* geläufig, doch das gängigere Wort ist *Tisch* – im Anschluss an *discus.*

In all diesen Benennungen zeigt sich – wie auch in zahlreichen anderen Begriffen – die Richtigkeit der beliebten, etwas rührseligen Bezeichnung der lateinischen Sprache als der »Mutter Europas«.

Dennoch trifft dies nicht immer zu. Abseits bleiben etwa die skandinavischen Sprachen mit ihrem *bord* (dem deutschen *Bord* und dem englischen *board* entsprechend) – jedem Schwedenreisenden als *smörgåsbord*, wörtlich:»Butterbrot-Tisch«, in bester Erinnerung. Aber auch das Griechische, die mediterrane Schwestersprache des Lateinischen, behauptet bis heute seine Unabhängigkeit und verwendet das uralte τράπεζα *(trápeza)* – heute fast unverändert τραπέζι *(trapézi)*. (Das *Trapez* in der Euklidischen Geometrie, später auch im Zirkus, bedeutet ursprünglich nichts anderes als ›kleiner Tisch‹.) Die slawischen Sprachen wiederum sprechen von einem *stol* (russisch стол, polnisch *stół*), wenn sie unseren Tisch meinen. Dieses Wort bedeutet eigentlich ›Gestell‹ und ist mit diesem, unserem Wort urverwandt.

Damit sind wir unmerklich beim deutschen Stuhl , auf dem wir gern sitzen, wenn wir essen und trinken. Im Lauf der Jahrhunderte ist die Bedeutung dieses Wortes stark erweitert worden. Oder sozialhistorisch betrachtet: Im frühen Mittelalter nahmen – im Gegensatz zu heute – vorzugsweise ranghohe Personen auf einem Stuhl (althochdeutsch: *stuol*) Platz: weltliche Herrscher, hohe geistliche Würdenträger, Richter, Professoren. Das Wort war lange Zeit synonym mit *Thron* und wird im grimmschen Wörterbuch (M. HEYNE folgend) treffend, wenngleich umständlich so definiert:

> Das gemeingermanische Wort »Stuhl« bedeutet »das vornehmste, eigentlich herrschaftliche Sitzgerät, einen Aufbau, der zugleich sinnbildliche Bedeutung hat und den oder die Inhaber einer Gewalt aufnimmt«.

Die entsprechenden Wortzusammensetzungen spiegeln bis heute diese alten Sitzprivilegien wider: *Kaiser-, König-, Bischofs-, Richter-, Lehrstuhl.* Nicht zu vergessen der Heilige Stuhl in Rom, auf dem der Nachfolger Petri thront und den bereits WALTHER VON DER VOGELWEIDE so benennt:

> Künec constantin der gap so vil,
> Als ich ez iu bescheiden will,
> Dem stuol ze rome sper, kriuz unde krone.
>   (Lachmann 25, 13)

Das einfache Volk musste sich in früheren Zeiten meist mit Hockern oder Bänken begnügen, für die mehr oder weniger alte germanische Wörter zur Verfügung standen. Auf einem kleinen Schemel Platz zu nehmen, wurde ihnen allerdings nicht zugemutet – jener kleinen Bank, deren Benennung aus dem lateinischen *scamillus* (›Bänkchen‹; zu *scamnum* = ›Bank‹) abgeleitet worden ist (althochdeutsch: *scamil*).

Im alten Griechenland und in Rom also, den Leuchttürmen unserer Zivilisation und auch Esskultur, machte man sich's beim Essen bequem: Man aß im Liegen und – für uns heute kaum glaublich – mit den Fingern! Dies war möglich, weil die Speisen bereits in kleine Häppchen zerstückelt zu den hungrigen Mäulern gelangten, und dies war nicht so unhygienisch, wie wir annehmen, weil sich die Gäste nach jedem Gang die Hände wuschen.

Das Essen mit den Fingern (der rechten Hand) – oder anders: die Abwesenheit eines Essbestecks – ist übrigens heute noch bei weit mehr Völkern üblich als der uns vertraute Gebrauch von Messer, Löffel und Gabel. Auch Essstäbchen werden weltweit viel häufiger eingesetzt als unsere Werkzeuge. Während wir Europäer stolz auf unser Essbesteck sind, halten die Chinesen, die seit dem 18. Jahrhundert v. Chr. Essstäbchen verwenden, den Gebrauch von Messer und Gabel für barbarisch. In einem alten Sprichwort sagen sie:

> Wir sitzen bei Tisch, um zu essen, und nicht, um gebratene Tiere zu zerlegen.

Doch gleich auf welche Weise man die Speise zum Munde führt – ein Messer zur Zerkleinerung wird früher oder später immer benötigt. Es ist wohl das älteste Werkzeug des Menschen und hat sich auch als Hieb- und Stichwaffe von alters her bewährt. Nicht zufällig nehmen zahlreiche Redensarten im Deutschen auf das Messer Bezug.

Die vielseitige Verwendbarkeit des Messers lässt sich noch deutlich an der Herkunft der deutschen Bezeichnung erkennen, wenngleich der lange Weg der lautlichen Entwicklung dies inzwischen verdunkelt hat.

Dem Wort liegt ein westgermanisches Kompositum *matiz-sahsa* aus **mat(i)-* (›Speise‹) und *sahsa* (›Kurzschwert‹) zugrunde, das althochdeutsch als *mezzi-sahs* oder *mezzi-rahs,* altenglisch als *mete-seax* erscheint und wörtlich ›Speiseschwert‹ bedeutet. Bereits im Mittelhochdeutschen ist mit *mezzer* durch drastische phonetische Vereinfachungen fast die heutige Lautung erreicht.

Teil des Bestecks, wie wir es heute gebrauchen, wurde das Messer in Adelshäusern seit dem 16. Jahrhundert, allgemein erst zweihundert Jahre später – ähnlich wie die Gabel (nicht zu verwechseln mit der Forke). Vorher wurden beide – in entsprechend großer Ausfertigung – lediglich zum Tranchieren benutzt.

Beide Essgeräte kamen erst allgemein in Gebrauch, als – um den Soziologen NORBERT ELIAS zu bemühen – im »Prozess der Zivilisation« die Schamschwelle so »vorgerückt« wurde, dass man sich eben nicht mehr »die Finger schmutzig machen wollte« und allmählich auch darauf verzichtete, aus einem gemeinsamen Topf zu löffeln. Ob allerdings die Teilnahme an einem Fondue-Essen dem zivilisatorischen Fortschritt im Sinne von NORBERT ELIAS entspricht, sei dahingestellt.

Und nun zu Gabel und Forke.

Gabeln gibt es in großer Vielfalt: von der Heu- und Mistgabel bis zur Dessertgabel. Mit Ersterer fing wohl alles an. Ursprünglich bedeutete das Wort (althochdeutsch *gabala*) nichts anderes als eine ›Astgabel‹, die man als primitives landwirtschaftliches Gerät gebrauchen konnte – als eine Art zweizinkiger Heu- oder Mistgabel eben.

Erst in der frühen Neuzeit wird das Messer Teil des Essbestecks
(Reisebesteck Elisabeths I. von England)

Mithilfe solch einer großen Gabel konnte man aber auch Fleischstücke vom Feuer holen.

Durch die Römer lernten unsere bäuerlichen Vorfahren die aus
Eisen angefertigte Gabel kennen und nannten sie althochdeutsch
furcha – nach der lateinischen Bezeichnung *furca*. Das heute vor
allem in Norddeutschland gängige Wort *Forke* ist wohl vom niederdeutschen *vorce* beeinflusst und bedeutet nach wie vor ›Heu-, Mistgabel‹.

Im Englischen ist übrigens das Duell zwischen dem germanischen
und dem lateinischen Wort ganz anders ausgegangen. Das altenglische *geafol* wurde im hohen Mittelalter durch das bereits früh
eingeführte lateinische Lehnwort *forca* abgelöst, das – ähnlich wie
unser Wort *Gabel* – sowohl das landwirtschaftliche Gerät wie auch
das Essgerät bezeichnet. (Letztere Bedeutung wurde durch die
nordfranzösische Form *forque* gestützt.)

Dass die Gabel als Esswerkzeug erst spät und ganz allmählich ihren
Platz auf unseren Tischen fand, illustriert ein Bericht des englischen
Reisenden THOMAS CORYATE aus dem Jahre 1608:

> In allen italienischen Städten, durch die ich kam, beobachtete ich
> einen Brauch, den ich sonst nirgendwo auf meinen Reisen antraf.
> Die Italiener … gebrauchen beim Essen von Fleisch eine kleine Gabel,
> die ihnen beim Schneiden des Fleisches behilflich ist, dergestalt dass

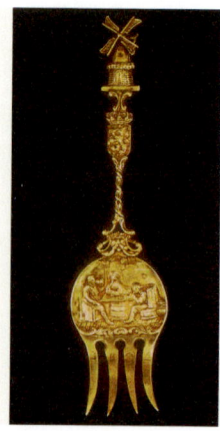

Vorlegegabel (deutsch; 17. Jh.)

sie in einer Hand das Messer halten, sich ein Stückchen abschneiden, welches sie dann mit der Gabel in der anderen Hand aufspießen … doch werden sie nur von den Vornehmen benutzt. Der Grund, warum man dieses wunderliche Instrument, die Gabel, einführte, soll darin liegen, dass der Italiener es gar nicht vertragen kann, wenn jemand seine Speise mit den Fingern berührt, zumal nicht alle Finger von allen Leuten gleich sauber sind.

Der Prozess der Zivilisation geht, wie wir wieder einmal sehen, sehr langsam vonstatten. In diesem Fall wurde er überdies ganz bewusst aus religiösen Gründen aufgehalten: Die Kirche wetterte gegen den Gebrauch der Gabel, da sie als wichtiges Attribut von Hexen und Teufeln angesehen wurde.

Eher für affektiert und weibisch wurde sie wohl von MARTIN LUTHER gehalten, als er 1518 ausrief: »Gott behüte mich vor Gäbelchen!« Und noch LUDWIG XIV. (1643–1715) zog es vor, mit den Fingern zu essen.

Das älteste Essgerät weltweit ist wohl der Löffel – und er blieb auch bis vor wenigen Jahrhunderten das wichtigste.

Dies hat seinen Grund in den Ernährungsgewohnheiten der einfachen Leute, die sich seit Urzeiten vor allem von Getreidebrei oder -suppen ernähren: vom alten Ägypten, Mittel- und Südamerika über das antike Rom bis zu den Bauern Europas noch in der Neuzeit. Fleisch, aber auch Brot, war weitgehend den oberen Zehntausend vorbehalten.

Und für das Verzehren eines Breis oder einer Suppe benötigt man bekanntlich einen Löffel, der aus diesem Grund im Deutschen auch so heißt.

Das althochdeutsche Wort *leffel* gehört nämlich zu dem längst untergegangenen Verb *laffan* (›schlürfen‹) und bedeutet ursprünglich ›Gerät zum Schlürfen‹. Der Löffel war als Essgerät für die Armen nicht nur notwendig, sondern auch zweckmäßig, weil er – im Gegensatz zu Messer und Gabel – einfach und preiswert herzustellen war: bis weit in die Neuzeit hinein aus Holz.

Genau dieser Aspekt lässt sich aus der englischen Benennung *spoon* ablesen. Das alte englische Wort *spōn* ist mit unserem deutschen *Span* (und dem schwedischen *spån*) verwandt und bedeutet zunächst – wie jene Wörter – nichts anderes als ›Stück Holz‹, ›Span‹. Erst später bezeichnet es, wohl vom Skandinavischen beeinflusst, den (aus einem Stück Holz geschnitzten) Löffel.

Neben dem klassischen Bestecktrio aus Messer, Gabel und Löffel (zum Geschirr kommen wir gleich) liegt heutzutage auf jedem halbwegs gepflegten Esstisch eine Serviette. Diese verdanken wir – wie so vieles andere rund um die Esskultur – unseren französischen Nachbarn, die schon im 14. Jahrhundert von ihr Gebrauch machten.

Im 16. Jahrhundert wurde das französische Wort *serviette* lautlich fast unverändert ins Deutsche übernommen und ist daher bis heute als Fremdwort erkennbar geblieben – im Unterschied zum gleichbedeutenden englischen *napkin,* das uns ganz englisch vorkommt, doch in Wirklichkeit aus dem französischen *nappe* (›Tischtuch‹) gebildet wurde. Auch die Bedeutung des Wortes hat sich nicht verändert: Seit eh und je »dient« die Serviette vor allem dazu – das Wort ist vom Verb *servir* (›dienen‹) abgeleitet –, den Mund abzuwischen. *Serviette* ist ja Nachfolgerin der treffenden, doch inzwischen veralteten urdeutschen Bezeichnung *Mundtuch* geworden.

Im alten Rom war dies anders. Die Römer verwendeten bereits eine *mappa* genannte Serviette, die sie aber, da sie mit den Fingern aßen, vornehmlich zum Abwischen ihrer Hände benutzten. (Das erwähnte französische Wort *nappe* setzt übrigens dieses lateinische *mappa* fort.)

Statt eines solchen Tuchs verwendete man zum Säubern der Hände jedoch oft – übrigens bis in die Neuzeit – Brotstücke, die man dann den Hunden hinwarf. Diese Tischsitte verbirgt sich hinter dem bekannten Satz in MATTHÄUS 15,27: »... aber doch fressen die Hunde von den Brosamen, die vom Tisch ihrer Herren fallen.« Die Verwendung von Servietten hätte diesen Satz wohl verhindert.

Auch beim Geschirr bestätigt sich zum wiederholten Male unsere Beobachtung, dass jegliche Verfeinerung der deutschen Esskultur »von auswärts« kommt und sprachlich ihren Niederschlag in entsprechenden Fremd- oder Lehnwörtern findet. Fast alle Teile unseres heutigen Geschirrs verdanken wir – genau wie die anderen germanischen Völker – zunächst den Römern und dann den Franzosen, wenngleich diese wiederum die betreffenden Gegenstände mitsamt ihren Benennungen oft von anderen Völkern und Kulturen übernommen haben.

Die Ansprüche unserer germanischen Altvorderen an das Geschirr waren äußerst bescheiden. Sie tranken aus Bechern und aßen aus Schüsseln, Töpfen oder den Vertiefungen in den Tischen, von denen bereits die Rede war. Doch selbst diese urtümlichen Geräte werden zum großen Teil lateinisch benannt.

Die als eine Art Schüssel genutzte Vertiefung in der Tischplatte wurde bereits erörtert (Seite 135). Wie das Wort *Tisch* ist auch *Schüssel* lateinischer Herkunft: Es ist von *scutula* (›Schüssel‹) oder *scutella* (›Schale‹) abgeleitet und erscheint bereits im Althochdeutschen als *scuzzila*.

Selbst ein alltäglicher Gegenstand wie der Becher, der sich so schön mit dem urdeutschen Zecher reimt, geht auf ein lateinisches Wort mit gleicher Bedeutung zurück: auf *bicarium* (althochdeutsch *behhari*).

Solch fremde Benennung heimischer Trinkgefäße scheint weltweit verbreitet zu sein, wie im grimmschen Wörterbuch festgestellt wird:

> Alle Völker scheinen ihre Trinkgefäße, wofür ihnen genug heimische Namen zustanden, gern mit fremden benannt zu haben, die sich auch durch Geschenk und Handel sehr leicht weit verbreiteten.

Die Liste der frühen lateinischen Entlehnungen für die einzelnen Teile des Geschirrs und für die Küchengeräte ist lang und wird hier daher nur kurz und bündig kommentiert.

In diese Gruppe gehören vor allem: *Kelch* (lateinisch *calix;* althochdeutsch *kelich*), *Kanne* (lateinisch *canna;* althochdeutsch *channa*), *Kessel* (lateinisch *catinus;* althochdeutsch *kezzil*), *Pfanne* (vulgärlateinisch *panna;* althochdeutsch *phanna*), *Becken* (vulgärlateinisch *baccinum,* aus dem später in einer weiteren Entlehnung das französische und dann auch deutsche *bassin* entstand).

Mehr Aufmerksamkeit verdient unser Allerweltswort *Glas,* weil es kulturhistorisch besonders aufschlussreich ist. In diesem Fall stellt sich der sprachliche Sachverhalt ganz anders dar als in der zuvor erwähnten Wortgruppe: Hier wird etwas zunächst gänzlich Unbekanntes mit einem heimischen Wort bezeichnet.

Ausgangspunkt für unsere Rekonstruktion ist die – kaum glaubliche, doch unstrittige – Beobachtung, dass den germanischen Völkern das Glas unbekannt war. Sie lernten es erst durch die Römer kennen – vor allem in Form von Schmuck und Perlen, später erst in Form von Trinkgläsern, die oft von größter handwerklicher Perfektion sind.

Da ihnen ähnlicher Schmuck aus dem heimischen Bernstein vertraut war, übertrugen sie die Bezeichnung für Bernstein – germanisch *glasa-z* – auf Gläsernes. So bedeutete auch im Althochdeutschen *glas* ursprünglich ›Bernstein‹. Die indoeuropäische Wurzel *ĝhel-*, auf die diese Benennungen zurückgehen, bedeutet ›glänzend‹ und hat zahlreiche Ableitungen hervorgebracht: neben *Glas* auch *Glanz*, *gelb* (englisch *yellow*), *Gold* (eigentlich also: ›das Glänzende‹), *glitzern*, *glühen* und so weiter.

Zunächst bezeichnete das althochdeutsche *glas* lediglich den Werkstoff. Erst Jahrhunderte später benannte man so das Trinkgefäß. Ähnlich langsam verengte sich die Bedeutung im Englischen *(a glass [of wine])* oder auch im Französischen *(un verre [de vin])*, wobei sich in *verre* das lateinische *vitrum* (›Glas‹) fortsetzt.

Und erst in jüngerer Zeit wurde in allen drei Sprachen die Bedeutung von *Glas, glass, verre* weiter verengt: Diese Wörter stehen heute kurz für ›ein Glas Alkohol‹, das man sich und anderen genehmigt – zuweilen mit dem Ergebnis, dass jemand *zu tief ins Glas geschaut hat*.

Römische Glasvase

Diese Bedeutungsverengung und die dazugehörige Redewendung haben natürlich einen euphemistischen – das heißt: verhüllenden, beschönigenden – Effekt. Fast jeder trinkt Alkohol, möchte ihn aber nicht nennen: Er wird – wie etwa auch der Tod und das Sterben – zu einem Tabuwort, das man tunlichst nicht in den Mund nehmen sollte.

Nur zwei Wörter fallen aus der Reihe dieser frühen lateinischen Benennungen für Geschirrteile und Küchengeräte: *Topf* und der mit ihm konkurrierende Ausdruck *Pott*. Beide Wörter sind nicht-lateinischer und ziemlich rätselhafter Herkunft.

Das Wort *Topf* taucht erst im Mittelhochdeutschen auf und lässt sich nicht weiter zurückverfolgen. Vielleicht ist es mit Wortbildungen um das Adjektiv *tief* verwandt, zu denen *taufen* und *tupfen* (beides eigentlich: ›tief machen‹) sowie *Tümpel* (›Vertiefung‹) gehören. Sie alle gehen auf die indoeuropäische Wurzel **dheu-b* (›tief‹, ›hohl‹) zurück, der wir – noch heute gut erkennbar – auch das schwedische *djup* (›tief‹) und das englische *deep* (›tief‹) und *to dip* (›eintauchen‹) verdanken.

Pott (vor allem in Norddeutschland und in der Umgangssprache gängig) erscheint im Mittelalter am Niederrhein und in Frankreich – bis heute hat sich mit der gleichen Bedeutung das Wort *pot* im Niederländischen und im Französischen gehalten. Seine Herkunft ist dunkel. Vielleicht geht es auf ein vorkeltisches Wort zurück – lateinische Ahnen hat es jedenfalls nicht, wohl aber eine spätlateinische Variante *pottus*. Dass die Bezeichnung für solch ein urtümliches, eigentlich unverzichtbares Behältnis auf prähistorische Zeiten zurückgeht, ist eine plausible Annahme.

Während also die faktische und sprachliche Basis für unser Geschirr von den Römern geschaffen wurde, tragen später vor allem die Franzosen zur weiteren Verfeinerung bei.

Dies beginnt bereits im Mittelalter: Seit dem 13. Jahrhundert machen sich die Deutschen allmählich den Teller zu eigen, auf dem das Fleisch zerlegt wird – vorher genügte dafür, wie wir sahen, eine Vertiefung im Tisch oder gar nur eine Scheibe Brot. *Teller* ist aus dem altfranzösischen Wort *taileor* (›Vorlegeteller‹) entlehnt, das wiederum vom vulgärlateinischen Verb *taliare* (›schneiden‹, ›zerlegen‹) abgeleitet ist.

Aus diesem Verb hat sich im Lauf der Jahrhunderte eine große, in mehreren Sprachen vertretene Wortfamilie gebildet. Zu ihr gehören im Deutschen neben dem völlig integrierten *Teller* noch deutlich als französische Einwanderer erkennbare Wörter wie *Taille* oder *Detail*, im Englischen ebenfalls *detail* und außerdem *tailor* (›Schneider‹) und *retail* (›Einzelhandel‹, ›Verkauf en détail‹), im Italienischen die längst von den meisten Deutschen geschätzten *tagliatelle* (›Bandnudeln‹; wörtlich: »Geschnittene«).

Unser *Teller* ist eine ungewöhnlich frühe Entlehnung aus dem Französischen: Die meisten Übernahmen im hier erörterten Wortfeld erfolgen zwischen dem 16. und 18. Jahrhundert.

Im 16. Jahrhundert lernen unsere Vorfahren durch französische Vermittlung die Tasse kennen, die den Franzosen als *tasse*, aber auch den Italienern *(tazza)* und den Spaniern *(taza)* schon länger bekannt war. All diese Entlehnungen gehen auf das arabische Wort *tās(a)* (›Schälchen‹) zurück, durch das die persische Bezeichnung *tašt* für ›Becken‹, ›Untertasse‹ nach Europa gelangte.

In diesem Fall tanzen die Engländer aus der Reihe. Ihr *cup* ist eine sehr alte Entlehnung aus dem vulgärlateinischen *cuppa*, dem auch italienisch *coppa*, spanisch und portugiesisch *copa* sowie französisch *coupe* folgen.

Noch später als *Teller* und *Tasse* finden *Service* und *Tablett* Eingang in unseren deutschen Wortschatz. *Service* – das »zusammengehörende Tafelgeschirr« – kam im 17. Jahrhundert zu uns. Es ist dem gleichbedeutenden, gleich geschriebenen und fast gleich ausgesprochenen französischen *service* entlehnt, das auf lateinisch *servitium* (›Knechtschaft‹) zurückgeht.

Das (Tafel)service – »serwîhs« ausgesprochen – ist natürlich etwas anderes als *der* Service – »ssöhwis« ausgesprochen, jener Dienst am Nächsten, den gastronomische und andere Betriebe keineswegs für Gottes Lohn leisten.

Der Service wurde erst vor einem halben Jahrhundert aus dem Englischen übernommen, wird sinnvoll in der Gastronomie verwendet, ist jedoch bei anderen Betrieben entbehrlich: Das deutsche Wort *Kundendienst* tut's auch.

Schließlich überreichten uns im 18. Jahrhundert die Franzosen ihre Esskultur auf einem (nicht immer silbernen) Tablett – sprachlich nichts Aufregendes: Die Deutschen übernahmen das gleichlautende und -bedeutende *tablette*, eine Verkleinerungsform von *table* (›Tafel‹, ›Brett‹).

Last but not least sei auch den Italienern gedankt, die uns – stilistisch zum Bankett passend (siehe oben) – schon vor vierhundert Jahren den Pokal schenkten, das ultimative, kostbare Trinkgefäß früherer Jahrhunderte, erst in unserer Zeit zu meist entsetzlich geschmacklosen Siegestrophäen bei sportlichen Wettkämpfen degeneriert.

Das Wort *Pokal* ist wieder ein schönes Beispiel für eine Volksetymologie und für die langen Wanderwege, die manche Wörter zurückgelegt haben. Es ist altägyptischer Herkunft, taucht dann im Griechischen als βαύϰαλις *(baúkalis)* auf, wird von den Römern fast gleichlautend als *baucalis* übernommen und erscheint schließlich bei den Italienern als *boccale*. Ins Deutsche im 16. Jahrhundert entlehnt, wurde das neue, bisher unbekannte Wort *boccale* zu *Pokal* verändert – in falschem Anschluss an das altbekannte lateinische *pōculum* (›Becher‹), zu dem das bereits mittelhochdeutsch bekannte *poculieren* (›bechern‹) gehört.

5   Essbares

Der Mensch ist, was er isst, wie der deutsche Philosoph Ludwig Feuerbach (1804–1872) treffend bemerkte: gesund oder krank, zivilisiert oder – im ursprünglichen Sinn – primitiv. Nur die Frage nach dem Fortschritt seiner gastronomischen Zivilisierung ist hier von Belang, da sie wortgeschichtlich lohnender ist als jene Frage nach dem medizinischen Aspekt der Ernährung, die heutzutage ja vorzugsweise gestellt wird.

Heimisches und Fremdes

Brei, Brot und Bier

Im Zeitalter eines fast konsumterroristischen Nahrungsangebots in den Industriestaaten können wir uns heute kaum vorstellen, wie außerordentlich bescheiden die Speisekarte unserer Vorfahren ausgesehen hat. Dies gilt auch für die weniger begüterten Menschen der bereits vor Jahrtausenden hoch entwickelten Gesellschaften in der damals bekannten Welt.

Wichtigstes Nahrungsmittel war bis in die Neuzeit Getreide – und ist es in der Dritten Welt zum Teil bis heute: Hirse, Dinkel, Gerste, aber auch Mais im vorkolumbianischen Amerika sowie Reis in Asien. Die Wichtigkeit des Getreides für die Ernährung unserer Vorfahren geht bereits aus der Bedeutungsentwicklung des Wortes hervor. Das althochdeutsche *gitregidi*, vom Verb *tragan* (›tragen‹) abgeleitet, bedeutet ursprünglich ›Ertrag‹, ›Einkünfte‹, ›Besitz jeglicher Art‹. Im Lauf der Zeit wird dann die Bedeutung auf den wichtigsten, lebensnotwendigen Ertrag eingeschränkt: auf ›Getreide‹ im heutigen Sinn.

In dieselbe Richtung deuten übrigens auch die Analysen, die vom Mageninhalt der in Nordeuropa so zahlreichen Moorleichen gewonnen wurden. So fand man etwa im Magen des berühmten, erhängten »Tollund-Mannes« vor allem Reste eines Breis aus Gerste, Leinsamen und verschiedenen Kräutern: Seine Henkersmahlzeit – und wohl nicht nur diese – war rein vegetarisch.

In der Tat war ein Brei aus einer Getreideart seit der Einführung des Ackerbaus in der Jungsteinzeit bis ins 18. Jahrhundert das Hauptnahrungsmittel für die meisten Menschen in Europa – und ist es bis heute in ärmeren Ländern (vor allem in Afrika) geblieben. Der Brei – ein Armeleuteessen, wie man noch im Märchen »Der süße Brei« der Brüder GRIMM nachlesen kann:

> Es war einmal ein *armes*, frommes Mädchen, das lebte mit seiner Mutter allein, und *sie hatten nichts mehr zu essen.* Da ging das Kind hinaus in den Wald, und begegnete ihm da eine alte Frau, die wusste seinen Jammer schon und schenkte ihm ein Töpfchen, zu dem sollt' es sagen: »Töpfchen, koche«, so kochte es guten, süßen Hirsebrei, und wenn es sagte: »Töpfchen, steh'«, so hörte es wieder auf zu kochen. Das Mädchen brachte den Topf seiner Mutter heim, und nun *waren sie ihrer Armut und ihres Hungers ledig und aßen süßen Brei, sooft sie wollten …*

Der Brei bekam bald Konkurrenz durch das Brot – zunächst durch den leicht herzustellenden ungesäuerten Fladen, der aus einem ziemlich festen Brei bestand und in heißer Asche oder auf heißen Steinen erhitzt wurde. Er war daher stets flach geformt, worauf die Bezeichnung hinweist: Althochdeutsch *flado* gehört zur indogermanischen Wurzel **plat-* (›breit‹, ›flach‹) und ist daher verwandt mit gleichbedeutenden Wörtern wie englisch *flat,* italienisch *piatto,* französisch *plat* sowie den deutschen Fremd- und Lehnwörtern *Platz, Platte, Plattform* und so weiter.

Als weiterer Konkurrent kam dann das Brot hinzu, das weit aufwendiger hergestellt wird: aus einem Sauer- oder Hefeteig, der in einem Ofen gebacken wird. Kein Wunder, dass insbesondere die ärmere, ländliche Bevölkerung bis in die Neuzeit oft auf Brot verzichten und sich auch weiterhin mit Brei begnügen musste.

Bereits in Mesopotamien und im alten Ägypten bot sich als alternatives Getreideprodukt zum Brot das Bier an. Beide Erzeugnisse waren die wichtigsten Nahrungsmittel für die damalige Bevölkerung: Die ägyptische Hieroglyphe für ›Mahlzeit‹ besteht aus den Bildzeichen für ›Brot‹ und ›Bier‹. Und die altbabylonische Gesetzessammlung des Königs HAMMURAPI (2. Jahrtausend v. Chr.) widmet

Brot –
nach mittelalterlicher Art
gebacken

sich ausführlich der Herstellung und Zuteilung von Bier: Die Hofdamen erhielten täglich drei Liter, die Hohepriester deren fünf.

Bis in die Neuzeit ist das Bier ja eher Nahrungs- denn Genussmittel geblieben, zumal der Alkoholgehalt früher weit unter dem heutigen lag.

Die zentrale Bedeutung des Brots für den Menschen erhellt aus zahlreichen Redewendungen, in denen es vorkommt, vor allem aber aus den kultischen Bräuchen, in denen es eine Rolle spielt – bis hin zu unserem jüdisch-christlich bestimmten Kulturkreis mit dem Brotbrechen am Passahfest und beim letzten Abendmahl.

Angesichts der Wichtigkeit von Brot, Brei und Bier für die menschliche Ernährung wie für die zivilisatorische Entwicklung überhaupt ist es bemerkenswert, doch nicht verwunderlich, dass zumindest die ersten beiden Begriffe auf ein und dieselbe indogermanische Wurzel zurückgehen: auf *bher-* (›quellen‹, ›wallen‹, ›sieden‹).

Althochdeutsch *brīo* (›Brei‹) und *prot* (›Brot‹) – germanisch *brauđa* – gehören aber auch in dieselbe Wortgruppe wie *briuwan* (›brauen‹) und lassen so die enge materielle Verbindung zum Bier erkennen. Dessen sprachliche Herkunft ist allerdings nicht klar. Meist, doch nicht ganz überzeugend, wird das Wort vom lateinischen *biber* (›Getränk‹) abgeleitet.

Bei den Bezeichnungen für Brot und Bier haben übrigens heftige Verdrängungswettbewerbe stattgefunden. So hat das jüngere Wort *Brot* (›das gebraute, vergorene Sauerteigbrot‹) über das ältere *Laib* (›das ungesäuerte Fladenbrot‹) gesiegt – doch nicht auf der ganzen Linie.

Laib hat sich noch in einigen Bedeutungsnischen gehalten: in der Bedeutung ›einzelnes Brot‹ und in der Zusammensetzung *Käselaib* – sowie im bayerischen Wort *Leberkäs* (oder *Loablkäs*, *Laibkäse*), der faktisch weder etwas mit Leber noch mit Käse zu tun hat, sondern lediglich wie ein Käselaib geformt ist.

Ferner ist das gemeingermanische *hlaiba* als Bezeichnung für ›Brot‹ in die slawischen und einige Sprachen des Ostseeraums exportiert worden: ins Russische zum Beispiel als хлеб *(= chleb)*, ins Finnische als *leipä* und ins Estnische als *leip*.

Im Englischen dagegen sind beide Wörter mit differenzierender Bedeutung bewahrt: *bread* – allgemein für ›Brot‹ verwendet – und *loaf* – in der Bedeutung ›ein Laib Brot‹. Die Wichtigkeit des Brotes für die menschliche Gesellschaft erhellt übrigens aus den ursprünglichen englischen Bezeichnungen für Herrin und Herr: *Lady* geht zurück auf altenglisch *hlǣf-dīge* (die »Brot-Kneterin«), *lord* auf altenglisch **hlāf-ward* (der »Brot-Wart«).

Ähnlich konkurrierten in den germanischen Sprachen bereits früh zwei Benennungen für Bier miteinander. In den skandinavischen Sprachen haben sich Nachfolgeformen zu germanisch **alut-* durchgesetzt: schwedisch *öl*, dänisch und norwegisch *øl*, die auch ins Finnische *(olut)* und in die Sprachen des Baltikums gelangten: lettisch und litauisch *alus*, estnisch *öllot*.

Entsprechende Formen finden sich nicht im Deutschen. Statt dessen taucht im Althochdeutschen das bereits erwähnte *bior* – unser heutiges *Bier* – auf, das später in viele andere Sprachen übernommen wird: französisch *bière*, italienisch *birra*, bulgarisch бира (= *bira*).

Im Englischen haben sich wiederum beide Wörter – als *ale* und *beer* – erhalten. Ihre Bedeutungen lassen sich nicht ganz sauber trennen. Die allgemeinere, umfassendere Benennung ist jedenfalls *beer* – vielleicht wird mit ihr in alter Zeit auch das edlere Getränk bezeichnet. In der »Edda« (im 13. Jahrhundert aufgezeichnet) heißt es kurz und bündig:

> Öl heitir með mönnum, en með âsom bior.
>
> (»Öl« heißt es bei Männern, aber bei Asen [= Göttern] »Bier«.)

Zu dieser merkwürdigen Rivalität zweier Wörter bemerkt JACOB GRIMM in seinem Wörterbuch zwar steifleinen, aber treffend:

> Bier – ein Wort recht gemacht, um Unterschiede der Stämme und Völker zu lehren.

Fleisch

Doch nicht allein von Brot, Brei und Bier lebt der Mensch. Dies wissen die Brüder GRIMM in ihrem Märchen vom Schlaraffenland eindrucksvoll zu erzählen: Zuerst muss sich der Schlaraffe (eigentlich der faule »Schluder-Affe«) durch einen riesigen Berg von Brei hindurchfressen, bevor ihm die gebratenen Tauben in den Mund fliegen.

Pieter Breughel d. Ä.: Das Schlaraffenland (1517)

Der Mensch fängt, jagt, angelt Tiere von Anfang an und isst sie auf. Später domestiziert er viele Rassen und macht sie entweder zu Haustieren, Hunde und Katzen zum Beispiel, die man heute (in Europa) im Allgemeinen nicht isst – oder zu Nutztieren, vorzugsweise Schweine, Schafe, Ziegen, Hühner, Gänse, Pferde und Rinder, die man für vielerlei Dinge nutzt, aber eben auch essen kann.

Da wir nicht »Brehms Tierleben« wortgeschichtlich ausschlachten können und wollen, begnügen wir uns mit der Betrachtung der zentralen Begriffe *Tier* und *Vieh* sowie des sprachlich besonders interessanten Wortes *Pferd*.

Bei ersteren beiden Wörtern lohnt es sich, einmal tief in die indogermanische Sprachgeschichte hinabzusteigen. Aus einer vergleichenden Betrachtung dieser unscheinbaren Alltagswörter gewinnen wir erstaunliche kulturhistorische Erkenntnisse – auch über den Wahrheitsgehalt der Bibel, in der es gleich zu Anfang (Genesis 2, 19–20) treffend heißt:

> … wie der Mensch jedes Tier nennen würde, so sollte es heißen. Und der Mensch gab einem jeden Vieh und Vogel unter dem Himmel und Tier auf dem Felde seinen Namen …

Jahrtausende bevor die moderne Sprachwissenschaft den Begriff der Arbitrarität – der willkürlichen Benennung unserer Welt durch den Menschen – erfindet, nennt die Bibel das Tier beim Namen.

Das wesentlichste, ja früher überlebenswichtige Unterscheidungsmerkmal war wohl »wildes Tier« (gefährlich)/»Haus- oder Nutztier« (ungefährlich). Dementsprechend unterschied man in den germanischen Sprachen zwischen den von der indogermanischen Wurzel *dheu- (›atmen‹) gebildeten Bezeichnungen und jenen, die auf die Wurzel *péku- (›Kleinvieh‹) zurückgehen.

So ergaben sich etwa für die erste Gruppe: deutsch *Tier*, schwedisch *djur* und englisch *deer,* was heute längst spezialisierend ›Rotwild‹ bedeutet.

Die indogermanische Wurzel *dheu-* lässt vermuten, dass mit den von ihr gebildeten Wörtern ursprünglich jedes Lebewesen benannt wurde, das eben vor allem durch Atmen charakterisiert wird.

Ähnlich wurde von lateinisch *anima* (›Lufthauch‹, ›Atem‹) im Lateinischen *animal* abgeleitet, das nicht nur ›Tier‹ bedeutet, sondern jedes Lebewesen, auch den Menschen, bezeichnet; ins Französische und Englische wurde *animal* unverändert übernommen – allerdings ausschließlich mit der Bedeutung ›Tier‹.

Im Deutschen behielt *Tier* lange Zeit auch die alte allgemeine Bedeutung ›Geschöpf‹, ›Lebewesen‹. Noch GOETHE redet davon, dass »das schönste Tier, das die Natur hervorgebracht, der Mensch sei« (Maximen und Reflexionen, 35, 375).

Ganz andere Vorstellungen dagegen liegen den Wortbildungen mit der Wurzel *péku-* (›Kleinvieh‹) zugrunde. In diese Gruppe gehören gleichbedeutend lateinisch *pecus,* aber auch dessen Ableitung *pecūnia* (›Geld‹), deutsch *Vieh,* schwedisch *fä* und englisch *fee,* das jedoch schon in altenglischer Zeit die Bedeutung ›Geld‹, heute ›Gebühr‹ angenommen hat.

Die sprach- und kulturhistorische Pointe besteht darin, dass im Lateinischen und im Englischen die gleichen Bedeutungsveränderungen stattfinden, die das ökonomische Denken alter agrarischer Gesellschaften widerspiegeln.

In altrömischer Zeit wurde die Bezeichnung *pecūnia* für ›Vermögen‹ und ›Geld‹ aus dem Begriff *pecus* für ›Vieh‹ abgeleitet, da in jener Zeit der Viehbestand den Hauptteil des Vermögens bildete.

Viele Jahrhunderte später kam es in England zu einem ähnlichen Bedeutungswandel des altenglischen Wortes *feoh* von ›Vieh‹ über ›Eigentum‹ zu ›Geld‹ (heute *fee*).

Und nun zum Pferd. Es gehört in dieses Kapitel, weil man es bei uns verspeist – im Unterschied zu dem anderen treuen Gefährten des Menschen, dem Hund, der jedoch bereits den alten Griechen und Römern, aber auch den Mayas und Inkas schmeckte – ganz zu schweigen von den Chinesen unserer Tage, denen der *Canis lupus familiaris* bis heute mundet.

Das Pferd können wir auf dreierlei Art benennen, nämlich mit *Pferd*, *Ross* und *Gaul*. Gemeinsprachlich hat sich *Pferd* durchgesetzt, die beiden anderen Bezeichnungen, deren Herkunft unklar ist, finden sich nur noch mundartlich; *Gaul* wird überdies – ähnlich wie *Klepper* und das aus dem Jiddischen stammende *Zosse* – abwertend verwendet.

Unser *Pferd* hat eine merkwürdige Geschichte hinter sich. Es ist eine Kreuzung aus keltischem, griechischem und lateinischem Wortgut – und obendrein ist es eines unserer ältesten Fremdwörter überhaupt. Das heutige *Pferd* taucht bereits im 8. Jahrhundert als *parafrid*, *parefret* oder in anderen Varianten auf, wird dann zu *pferfrit* und hat im Mittelhochdeutschen infolge drastischer Vereinfachungen als *pfert* ungefähr die heutige Lautgestalt erreicht.

Das althochdeutsche *parafrid* lässt noch deutlich die Herkunft aus dem mittellateinischen *para-veredus* erkennen, das wiederum zusammengesetzt ist aus der griechischen Vorsilbe *para-* (›neben‹, ›bei‹) und dem nichtklassischen, nämlich dem Gallischen entlehnten *veredus* (›Postpferd‹). *Para-veredus* bedeutet ursprünglich etwa »Kurierpferd auf Nebenstrecken«.

Letztendlich verdanken wir also – mit freundlicher Unterstützung durch das Lateinische – unseren gallischen Nachbarn die wichtigste Bezeichnung für das Pferd. Das verwundert keineswegs. Die Kelten waren überaus geschätzte Pferdezüchter und Wagenbauer. Die Hochachtung, welche sie als solche gerade bei den Römern genossen, spiegelt sich in der Aufnahme einschlägiger keltischer Wörter ins Lateinische wider.

Zu diesen Übernahmen gehört vor allem *carrus,* aus dem wiederum in zahlreichen Sprachen die Bezeichnungen für eines der wichtigs-

»Pferdekarren am Strand« (Gemälde von Anton Mauve)

ten Transportmittel entstanden – unter anderem deutsch *Karre,* englisch *car,* französisch *charrette,* italienisch *carrozza* und so weiter.
Vielleicht ist auch das vulgärlateinische *caballus* letztendlich keltischer Herkunft, wenngleich es bereits im Griechischen als καβάλλης
(kabálles) belegt ist. Dieses Wort – nicht das klassisch-lateinische
equus – lieferte dann die Bezeichnung für das Pferd in den romanischen Sprachen: französisch *cheval,* italienisch *cavallo,* spanisch
caballo.
Die Zoologen haben es übrigens absurderweise fertiggebracht, beide
Wörter in einem Begriff zusammenzufügen: In ihrer Terminologie
ist das Hauspferd ein *equus caballus* – wörtlich eigentlich ein
»Pferde-Gaul«.
Der ordinäre *caballus* zieht eine edle Schar reiterlich-ritterlicher
Ableitungen hinter sich her: *chevalier, cavaliere* und *caballero. Ka-
valier* und *Kavallerie* haben ebenfalls von *caballus* profitiert.
Dass übrigens nicht klassisch-lateinische, sondern vulgärlateinische
Wörter Eingang in die romanischen Sprachen fanden, ist häufig
zu beobachten. Bekanntestes Beispiel ist wohl die vulgärlateinische

scherzhafte Bezeichnung des Kopfes durch *testa* (›Topf‹), die sich etwa im Französischen als *tête* gegen das klassisch-lateinische *caput* durchgesetzt hat.

Der Grund für den starken Einfluss des Vulgärlateinischen auf die romanischen Sprachen liegt auf der Hand. In den Provinzen außerhalb der römischen Kernlande wurde das Lateinische den dortigen Bewohnern – wenn man von hohen Beamten und Offizieren absieht – nicht gerade von Vertretern klassischer Latinität vermittelt, sondern von einfachen Legionären, Händlern und Siedlern, die sich ohne Zweifel nicht der Sprache Ciceros oder Ovids bedient haben werden.

Zurück zum Essbaren.

Nicht vom Pferd allein lebt der Mensch, sondern von jedem Geschöpf Gottes. Zumindest die Chinesen essen seit jeher bekanntlich alles, was ihnen in die Finger fällt. Dagegen begnügten sich unsere Vorfahren vor allem mit dem Fleisch von Schweinen, Ziegen, Schafen, aber auch von erjagtem Wild, solange ihnen dies der Adel erlaubte. Doch Brehms Tierleben wollten wir ja außen vor lassen …

Gemüse und Obst

Wenden wir uns dem Gemüse und Obst zu. Mit solch gesunden Sachen sah es auf dem altgermanischen Speisezettel lange Zeit eher dürftig aus (es waren wohl vor allem Saubohnen, welche den Weg in germanische Mägen fanden) – bis die Römer kamen. Diese brachten den unterworfenen Barbaren Gemüsearten, die uns heute längst als völlig alltäglich erscheinen. Dieser Eindruck der Vertrautheit wird meist durch die Lautgestalt der betreffenden Wörter verstärkt.

Wer denkt denn bei *Kohl* an dessen lateinischen Ursprung *caulis*, der althochdeutsch bereits zu *kōl* verändert war? Und wenn die Rheinländer ihren Kappes ernten oder als harsch abwertendes Urteil verwenden (»Dat ess doch Kappes!«), vermuten sie hinter diesem so ungemein rheinisch klingenden Wort nicht *caputia* – den lateinischen Begriff für ›Weißkohl‹.

Immerhin glückte den Deutschen lange Zeit später ein seltener kulinarischer Export nach Frankreich. Unser geliebtes Sauerkraut (gesäuerter Weißkohl) gelangte im 18. Jahrhundert zunächst als *sorcrote* dorthin, was noch ziemlich genau das vermittelnde elsässische *sūrkrūt* wiedergibt. Später wurde dieses für die Franzosen völlig unverständliche Wort volksetymologisch zum *choucroute* verändert, einer eigentlich unsinnigen Zusammensetzung aus *chou* (›Kohl‹) und *croûte* (›Kruste‹).

Für einen eher unerfreulichen Import des Sauerkrauts sorgten Engländer und Amerikaner im Ersten Weltkrieg, als sie die Deutschen mit dem nach deren vermeintlicher Lieblingsspeise gebildeten Schimpfwort *Krauts* – deutsch ausgesprochen! – belegten.

Ähnlich unwahrscheinlich wie die Ableitung von *Kohl* aus *caulis* mutet uns die Feststellung an, dass die Zwiebel nicht auf unserem eigenen Mist gewachsen ist. Als *cepul(l)a* (Verkleinerungsform von lateinisch *cepa*) erreichte diese uralte, aus Zentralasien stammende Pflanze unsere Breiten und wurde prompt althochdeutsch in ein verständlicheres *zwibollo* volksetymologisch abgeändert: Das Wort soll »zwei Bollen« (›Knollen‹) bedeuten.

Und wenn man dem Urbayern, der zur Brotzeit lustvoll seinen Radi hobelt, sagen würde, diese Genusswurzel sei eigentlich nicht bayerisch, sondern vor langer Zeit von den Römern eingeführt worden, hielte er dies für einen Schmarren und ließe es höchstens für den Rettich gelten, den die »Saupreißen« verzehren.

Doch wurde in der Tat dieses Wurzelgemüse (lateinisch *rādīx* = ›Wurzel‹) unseren Vorfahren durch die römischen Besatzer bekannt. Althochdeutsch erscheint es als *rātīh*; andere Varianten und

Bayerische Brotzeit
mit Radi

Ableitungen sind eben das im Süden des deutschen Sprachraums gebrauchte Wort *Radi* und *Radieschen.*

Unseren Bayern würde jedoch tröstlich stimmen, das ehrwürdige Alter dieser Pflanze zu erfahren, die seit fünftausend Jahren in Kleinasien verbreitet ist und dann in Ägypten sogar von den Arbeitern an der Cheopspyramide (etwa 2700 v. Chr.) verzehrt wurde.

Für die Ernährung unserer Altvordern war Obst noch weniger bedeutsam als Gemüse. Der Ursprung des Wortes *Obst* lässt bereits die lang anhaltende Nebensächlichkeit der von uns inzwischen begehrten Früchte erkennen. Das Wort geht auf althochdeutsch *obaz* zurück, eine Zusammensetzung aus *ob* (›hinzu‹) und *az* (›Essen‹) mit der Bedeutung »Bei-Kost« – eine frühe Art von Sättigungsbeilage also. Auf eine ähnliche Minderbewertung pflanzlicher Nahrung verweist die alte Bedeutung von *Gemüse* = ›Mus‹, abgeleitet von mittelhochdeutsch *muos.*

Die ursprünglich geringe Wertschätzung von Früchten ist verständlich: Das heimische Angebot war nicht gerade verlockend. Die Germanen kannten lediglich wild wachsende, herb und sauer schmeckende Holzäpfel und Holzbirnen, die übrigens nicht so heißen, weil sie holzig sind, sondern weil sie im Holz – einem lichten Wäldchen – wachsen: Mit dem Vergessen der alten Bedeutung von *Holz* war der Weg frei für die Umdeutung, die zwar historisch falsch, doch treffend ist.

Erst durch den Obst- und Gartenbau der Römer, später durch die Klostergärten des Mittelalters, lernten unsere Vorfahren all jene Früchte kennen, die wir meist fälschlich für heimische halten, und benannten sie dementsprechend mit lateinischen Entlehnungen. Die wichtigsten sind: Kirsche (vulgärlateinisch *ceresia;* englisch *cherry* aus französisch *cerise*), Birne (vulgärlateinisch *pira;* englisch *pear,* französisch *poire*), Pflaume (lateinisch *prūnum;* englisch *plum,* französisch *prune*), Pfirsich (vulgärlateinisch *persica;* englisch *peach* aus französisch *pêche*).

Die Kenntnis fast all dieser Früchte wiederum verdanken die Römer den Griechen, die etwa Kirsche und Pflaume aus Kleinasien kannten und ihnen griechische Namen gaben, die von den Römern dann übernommen wurden: Letztere fungierten also lediglich als Vermittler.

Gelegentlich ist allerdings ein lateinischer O-Ton vernehmbar. So hatten die Römer den Pfirsich von den Persern kennengelernt und daher *mālum persicum* (›persischer Apfel‹) genannt.

Gewürze

Germanische Genügsamkeit waltete auch bei den Gewürzen: Man süßte mit Honig und salzte – mit Salz natürlich, das in unseren Breiten ja reichlich vorhanden ist.

Zahlreiche deutsche Ortsnamen, die eine Variante zu mittelhochdeutsch *hal* (= ›Salzquelle‹) oder eben das Wort *Salz* enthalten, künden davon: *Halle, Hallein, Hallstatt, Bad Reichenhall* oder *Salzburg, Bad Salzuflen* und so weiter.

Doch mit der Ankunft der Römer änderte sich dies sehr bald. Sie machten unsere Ahnen mit einer Vielzahl von Gewürzen bekannt: heimischen aus dem Mittelmeerraum, aber auch weither geholten aus Asien.

Zu Ersteren gehört etwa der Senf, dessen Bezeichnung aus dem griechisch-lateinischen *sināpi(s)* entlehnt wurde (althochdeutsch *senef*). Die regionale Bezeichnung *Mostert* oder *Mostrich* taucht als *mostert* schon in mittelhochdeutscher Zeit auf. Sie geht – ebenso wie der englische *mustard* – auf altfranzösisch *mostarde* (heute *moutarde*) zurück, das nach lateinisch *(vīnum) mustum* (›junger Wein‹, ›Most‹) gebildet wurde: Tafelsenf wird bekanntlich aus zerriebenen Senfkörnern und Weinessig hergestellt.

Als Beispiel für ein ursprünglich nichtheimisches Gewürz, das den Germanen früh durch die Römer vermittelt wurde, muss hier der Pfeffer genügen. Die Früchte des Gewürzstrauchs *Piper niger* sind in der Antike auf langen, verschlungenen Wegen von der Malabarküste in Südindien nach Europa gelangt. Dies spiegelt sich in der Benennung. Im altindischen Sanskrit taucht der Pfeffer als *pippalī* auf, wird den Griechen durch den Feldzug Alexanders des Großen nach Indien bekannt und als πέπερι *(péperi)* bezeichnet, von den Römern als *piper* übernommen und begegnet uns schließlich im Althochdeutschen als *pfeffar*.

Dass der Pfeffer bis in die Neuzeit ein äußerst wertvolles Gewürz war und der Handel mit ihm große Gewinne abwarf (das Wort *Pfeffersack* [= ›reicher Geschäftsmann‹] ist so zu verstehen), sei hier erwähnt – auch, dass sich Inder, Araber, Venezianer, Portugiesen, Spanier, Niederländer und Engländer erbitterte Konkurrenzkämpfe im Pfefferhandel lieferten: In der Antike und im Mittelalter wurden Pfefferkörner als Zahlungsmittel verwendet.

Auch nach dem Untergang des römischen Imperiums blieb in Europa die lateinische Sprache die beherrschende Verkehrssprache. Bis zur Neuzeit war sie unangefochten die Sprache der Kirche, der Diplomatie, der Wissenschaften – auch der Botanik, um die sich vor allem die Klöster verdient machten.

Kein Wunder, dass man zur Benennung der Kräuter und Gewürze zunächst durchweg lateinische Begriffe verwendete, die dann, meist erheblich umgeformt, in die Volkssprache – das Deutsche – übernommen wurden. Ich verzichte auf eine ausführliche, langweilende Liste: Sie würde von A bis Z reichen – von *Anis* (aus lateinisch *anīsum*) bis *Zimt* (aus lateinisch *cinnamum*).

Käse und Butter

Was hat die deutsche Umgangssprache mit unserem Dichterfürsten GOETHE gemein? Die Verachtung des Quarks. »Red nicht solchen Quark!« sagen wir gelegentlich, wenn wir ›Unsinn‹ meinen. Dieser schmackhafte Weißkäse kann sogar die völlige Wertlosigkeit bezeichnen: »Das interessiert mich einen Quark!« Ähnliches meint GOETHE in seinem »Westöstlichen Diwan« mit seinem berühmten Satz: »Getretner Quark wird breit, nicht stark.«

Das erste Beispiel funktioniert auch mit dem konkurrierenden Wort *Käse*: »Red nicht solchen Käse!« Gleich ob Quark oder Käse – deren Wertschätzung hält sich bei uns von jeher in Grenzen. Dies ruft bei unseren französischen Nachbarn blankes Entsetzen hervor. Während sie jedoch Herr über mehrere Hundert Käsesorten sind, können sich die Deutschen vieler Hundert Brot- und Wurstsorten rühmen.

Diese relativ geringe Wertschätzung des Käses hat eine lange Tradition – auch bei unseren nordgermanischen Nachbarn. Sie – und wir – kannten ursprünglich nur jenen durch selbsttätige Säuerung der Milch gewonnenen Sauermilchkäse, den wir seit dem Ausgang des Mittelalters als *Quark* bezeichnen – verräterischerweise mit einem slawischen Lehnwort (mittelhochdeutsch *twarc,* dann *quarc;* sorbisch heute noch *twaroh,* polnisch *twaróg*).

Die alte germanische Bezeichnung für Quark wurde im Deutschen zugunsten des slawischen Wortes aufgegeben und hat sich nur noch in den skandinavischen Sprachen gehalten (dänisch und schwedisch *ost*).

Die anspruchsvolle Herstellung von Süßmilchkäse durch Hinzufügen des aus Kalbsmägen gewonnenen Labferments haben uns die alten Römer beigebracht. Dankbar haben wir den von ihnen verwendeten Begriff gleich mit übernommen: Althochdeutsch *kāsi* setzt das lateinische *cāseus* fort – vergleichbar englisch *cheese* oder niederländisch *kaas*, aber auch spanisch *queso*. Franzosen *(fromage)* und Italiener *(formaggio)* benennen ihren Käse anders, nämlich nach der Form des Festkäses (vulgärlateinisch *formaticus*).

Dass wir aber – ebenso wie die Engländer *(butter)*, die Niederländer *(botter)*, Franzosen *(beurre)* und Italiener *(burro)* – unsere Butter ebenfalls mit einem lateinischen Lehnwort bezeichnen (aus *butyrum;* dieses aus griechisch βούτυρον *[boútyron]*), ist unnötig und nicht recht verständlich: Griechen und Römer verwendeten Butter eher als medizinische Salbe – und nicht als Nahrungsmittel, wie es bei den Germanen üblich war und von PLINIUS DEM ÄLTEREN (1. Jahrhundert n. Chr.) in seiner »Naturalis Historia« zuverlässig berichtet wird.

Überdies stand ein altgermanisches Wort für tierisches Fett zur Verfügung: althochdeutsch *smero* – unser heutiges *Schmiere*. Doch allein die Nordgermanen nutzten – und nutzen – dieses Wort. Daher wird heute die Butter im Dänischen, Norwegischen und Schwedischen als *smör* bezeichnet und für die üppigen dänischen *smørrebrød* und schwedischen *smörgås* verwendet, die demnach ursprünglich nichts anderes als Butterbrote waren.

Exotisches

Die frühe Neuzeit wird aus eurozentrischer Sicht gerne das »Zeitalter der Entdeckungen« genannt. Diese Bezeichnung zielt nicht nur auf bislang den Europäern unbekannte überseeische Regionen, sondern auch auf Menschen, Tiere, Pflanzen und sogar Esssitten, die den damaligen »Entdeckern« fremd waren – eben »exotisch« vorkamen, was ja nicht einfach ›fremd‹ bedeutet, sondern ›fremdartig‹.

Diese vielfältigen Entdeckungen setzten sich anschließend in der sogenannten »Kolonialzeit« fort, als viele europäische Mächte in den neu eroberten Gebieten dauerhafte Herrschaften errichteten. Hier sollen nur einige jener Nahrungsmittel erwähnt werden, die von den Europäern für ihre Küche neu entdeckt wurden: exotisches Gemüse und Obst – und der Truthahn.

Truthahn

Beginnen wir mit diesem bizarren, vollendet hässlichen, jedoch wohlschmeckenden Vogel, der im östlichen und südlichen Teil der USA und in Nordmexiko heimisch ist.

Bereits den Azteken schmeckte er und wurde von ihnen *u-exo-lotl* genannt. Wohl für kein anderes Tier gibt es so viele unterschiedliche, verwirrende Benennungen im Deutschen und in anderen Sprachen. Diese babylonische Sprachverwirrung *en miniature* beginnt bereits kurz nach dem ersten Kennenlernen des exotischen Vogels. HANS SACHS (1494–1576) nennt ihn – eigentlich zutreffend – *indianischer Hahn*, sein Zeitgenosse CONRAD GESNER – weniger überzeugend – *kalkuttisches Huhn*. Diese »indianisch-indische« Variante hat sich nicht im Deutschen durchgesetzt, wohl aber im Französischen: Hinter dem heutigen *dinde* verbirgt sich ein *coq d'Inde* – was soviel wie ›indianischer Hahn‹ heißt.

Ebenso wenig hatte die Bezeichnung *türkische Henne* (HADRIANUS JUNIUS, 16. Jahrhundert) auf Dauer bei uns Erfolg – die Engländer

Truthahn oder Puter?
Truthenne oder Truthuhn oder Pute?

jedoch nennen den komischen Vogel bis heute *turkey*. Sie haben ihn allerdings mit dem afrikanischen Perlhuhn verwechselt, das vermeintlich über türkisch beherrschte Gebiete nach Europa gelangte.

Und sogar der berühmte CARL VON LINNÉ, Schöpfer der biologischen Systematik, trug zur begrifflichen Konfusion bei, indem er dem amerikanischen Vogel den zoologischen Namen *Meleagris* überstülpte, mit dem Griechen und Römer eben das Perlhuhn bezeichnet hatten.

Da lobe ich mir die deutschen Benennungen, die sich nicht spekulativ auf die geografische Herkunft des Tiers einlassen, sondern lautmalend und für jedermann verständlich dessen Lockrufe wiedergeben: *trut!* oder niederdeutsch *put!* Fein säuberlich werden die Geschlechter getrennt: hier der Truthahn oder Puter – dort die Truthenne oder das Truthuhn bzw. die Pute.

Wie seine Verwandten, Gans und Huhn, muss auch dieser Vogel für die Beschimpfung weiblicher Wesen herhalten: »Dumme Pute!« ist ja durchaus geläufig.

Gemüse

Nur in Auswahl kann ich hier über jene zahlreichen Gemüse- und Obstsorten aus der Neuen Welt berichten, die seit dem 16. Jahrhundert den Speisezettel der Europäer bereichert haben.

Mit dem Mais beginne ich, weil seine Wortgeschichte ziemlich einfach und überschaubar ist. Diese uralte mittel- und südamerikanische Kulturpflanze gelangte durch die Spanier nach Europa. Kein Wunder, dass diese auch die spanische Benennung *maíz* (aus der karibischen Indianersprache Taino übernommen) an die meisten europäischen Sprachen weitergaben: deutsch *Mais*, italienisch *mais*, französisch *maïze*, englisch *maize* (amerikanisch allerdings *corn*, verkürzt aus *Indian corn*, wie die frühen Siedler den Mais nannten; daher auch *cornflakes* und *popcorn*).

Doch hat sich in den slawischen Sprachen, im Ungarischen und auch im österreichischen Deutsch ein ganz anderes Wort durchgesetzt: das türkische *kukuruz* – die Türken beherrschten einst den Maishandel auf dem Balkan. Von daher gelangte das Wort auch nach Österreich-Ungarn (serbisch und kroatisch *kukuruz*).

Ungleich vielfältiger und fantasievoller sind die Benennungen für zwei andere Gemüsepflanzen, die im 16. Jahrhundert von den Spaniern für Europa entdeckt wurden und längst unverzichtbar für unsere Küche geworden sind: *Tomate* und *Kartoffel*. Überdies teilen die beiden Pflanzen eine andere Gemeinsamkeit: Sie sind eigentlich hochgiftig!

Machen wir uns zunächst über die Kartoffel her – vom 17. bis zum 19. Jahrhundert etwas für arme Leute, wie sie VAN GOGH auf einem Gemälde denkwürdig dargestellt hat und wie sie auch GOETHE als Hauptnahrungsmittel der Kohlenbrenner von Ilmenau beschrieb, von Leuten,

> die das ganze Jahr weder Brot noch Butter noch Bier zu sehen kriegen und nur von Erdäpfeln und Ziegenmilch leben (B 49, 89, 11).

Doch zunächst konnte man den europäischen Siegeszug der Kartoffel als preiswertes Volksnahrungsmittel – das sie bereits in vorkolumbischer Zeit bei den Andenindianern gewesen war – kaum vorhersehen und nicht ahnen, dass sie besonders in Kriegszeiten das Überleben der Bevölkerung sicherte.

Als man die Kartoffel kennenlernte, schätzte man vor allem die schönen Blüten und verwendete sie als Zier- und Heilpflanze, sogar als Aphrodisiakum. Die ersten Kartoffelknollen auf deutschem Boden wurden 1588 im Frankfurter Botanischen Garten eingepflanzt. Doch auch was deren Verzehr anbelangt, waren die Hessen vorn. Bereits 1591 empfiehlt Landgraf WILHELM VON HESSEN-KASSEL:

> Dieselbigen, wenn sie gekocht werden, seindt gar anmuthig zu eßen.

An anderen Adelshöfen wurde die Kartoffel im 17. Jahrhundert als Delikatesse gerühmt, doch warnten einige Zeitgenossen vor deren Giftigkeit – nicht zu Unrecht: Die oberirdischen grünen Teile – ebenso die grünen unreifen Tomaten – enthalten das giftige Alkaloid der Nachtschattengewächse, zu denen ja auch Tollkirsche, Wolfsmilch und Bilsenkraut zählen.

Angesichts dieser anfänglichen Ratlosigkeit nimmt es nicht wunder, dass sich diese in einer kaum glaublichen Konfusion der Benennungen widerspiegelt, die an die geschilderte sprachliche Verwirrung um den Truthahn erinnert.

Vincent van Gogh: »Die Kartoffelesser« (1885)

In beiden – und vielen anderen – Fällen ist diese terminologische Hilflosigkeit bei bisher Unbekanntem typisch für die Zeit vor der Ausbildung einer wissenschaftlichen, systematischen Zoologie und Botanik: Man behilft sich notdürftig durch Rückgriff auf Wörter, die bereits bekannte, den zu benennenden ähnliche Tiere oder Pflanzen bezeichnen. Es lohnt sich daher, die zum Teil abenteuerlichen Benennungen und das Geflecht ihrer internationalen Wanderungen in der Grafik auf Seite 166 darzustellen und so verständlich zu machen.

In Worten: Von den alten indianischen Benennungen für die Kartoffel hat sich in Europa nicht *papa*, das alte Quetschua-Wort der Inkas für die »echte« Kartoffel gehalten, sondern nur *patata* – ursprünglich im karibischen Arwak die Bezeichnung für die Süßkartoffel (botanisch: *Batatas edulis*), die sich als Windengewächs von der »echten« Kartoffel (botanisch: *Solanum tuberosum*), einer Nachtschattenpflanze, deutlich unterscheidet.

Wie bei *Truthahn* hat sich also die eigentlich falsche Benennung durchgesetzt. Dies trifft auch für das im Hochdeutschen am häufigs-

Kartoffel

Spanisch (Amerika) **papa**

Indianisch (Quetchua) **papa**

Italienisch **patata**

Französisch **patate**

Indianisch (Arwak) **batata, patata**

Spanisch **patata**

Englisch **potato**

Schwedisch **potatis**

Italienisch **tartufo(lo)**

Deutsch **Kartoffel**

Russisch **kartofel**

Litauisch **kartupelis**

Estnisch **kartohwel**

Französisch **pomme de terre**

aard-appel (niederländisch)

Erd-Apfel

Deutsch

Erd-Birne
Grund-Birne

Grum-Beere, Grum-Bire

Serbisch **krompir**

Ungarisch **krumpli**

ten verwendete Wort *Kartoffel* zu. In diesem Fall haben wir uns seit dem 18. Jahrhundert dem Italienischen angeschlossen, wo die neu entdeckte Knolle nach dem ebenfalls unterirdisch wachsenden Trüffelpilz *tartufo* oder verkleinernd *tartufolo* benannt wurde. Im Deutschen wurde das erste *t* durch ein *k* ersetzt, um die lästige Wiederholung desselben Konsonanten zu vermeiden – eine Ausspracheerleichterung durch sogenannte Dissimilation (wörtlich: »Unähnlichmachung«).

Das deutsche, in Wirklichkeit also italienische Wort *Kartoffel* hat sich dann im Osten Europas und auf dem Baltikum ausgebreitet. Dieser Export etwa ins Russische ist jedenfalls verdienstvoller als die Weitergabe von deutsch *Feldwebel, Feldjäger, Feldmarschall* oder gar *Spießrutenlaufen*: allesamt Wörter, die uns dort unverändert begegnen – in kyrillischer Schrift natürlich: фельдфебель (= Feldwebel) und so weiter.

Doch damit nicht genug. Neben dem italienischen Lehnwort gibt es bis heute im Deutschen zahlreiche eigene Versuche, die Neuentdeckung sprachlich in den Griff zu bekommen. Durchweg hat man das Neue durch – meist vage – Ähnlichkeiten mit Vertrautem bezeichnet. In diesem Fall sind Verweise auf Apfel oder Birne besonders häufig, die absurderweise im Erdreich wachsen: *Erdapfel, Erdbirne, Grundbirne* (davon: *Grum-Beere, Grum-Bire, Krum-Beere, Krum-Bire* u. Ä.).

Der auch in Österreich verbreitete Ausdruck *Grumbire* ist dann auf den Balkan – in das Einflussgebiet der alten Donaumonarchie – exportiert worden: Im Serbischen wird aus *Grumbire krompir*. Kaum wiederzuerkennen ist *Grundbirne* auch in Ungarn, wo wir ihr als *krumpli* begegnen.

Nach Westen wiederum wurde *Erdapfel* transportiert – niederländisch *aard-appel* und elsässisch *ert-epfl*, aus denen die Franzosen in wörtlicher Übersetzung ihr *pomme de terre* machten.

Ein nicht ganz so bewegtes Sprachleben hat das Wort *Tomate* in Europa geführt. Sein indianischer Ursprung – *tomatl* im aztekischen Nahuatl – ist im spanischen, französischen und deutschen *tomate* sowie im englischen *tomato* gut zu erkennen. Zwei ernsthafte Konkurrenten hat diese Bezeichnung.

Der erste beschreibt fast poetisch einen botanischen Sachverhalt: die leuchtend gelben – eben nicht die roten – Arten der Tomaten.

Die sinnenfrohen Italiener freuen sich auf diese Weise über ihren *pomodoro (= pomo d'oro)* – ihren »Goldapfel«. Die Benennung haben sie dann auch den Russen und Polen geliefert, wo sie zu *pomidor* wurde.

Der andere Rivale hat mit der Liebe zu tun: *Liebes-* oder *Paradiesapfel* – wohl im Hinblick auf die Verführung im Paradies. Allein *Paradiesapfel* hat sich bis heute gehalten: So heißt die Tomate in Bayern, während die Österreicher das Wort *Paradeiser* bevorzugen, das sie zu k. u. k. Zeiten nach Ungarn lieferten, wo es zu *paradicsom* wurde.

Übrigens wurde die Tomate im Gegensatz zu den romanischen Ländern in Deutschland erst im 19. Jahrhundert für die Küche entdeckt. Da man sie für giftig hielt, wurde sie zunächst nur als Zierpflanze geschätzt. Über die Schädlichkeit der Tomate klärte der kaiserliche Leibarzt MATTHIOLUS in seinem Kräuterbuch (1563) die Leser auf:

> Im Welschland zieht man dieser Äpfel viel, wachsen auch viel eher denn in Deutschland. Man isst sie auch daselbst, und ist nicht eine unliebliche Speise, wiewohl sie dem Leibe böse Nahrung geben. Denn so man ihr oft isst, bringen sie böse cholerische Feuchtigkeit, Blähung, Hauptweh, Schwermütigkeit und Verstopfung.

Auch wenn es also aus medizinischen Gründen für den »Liebesapfel« nicht zum Aphrodisiakum reichte – schöner als die botanische Bezeichnung *Lycopersicon esculentum* klingt das Wort allemal.

Obst

Nur wenige der für die Europäer seit dem 16. Jahrhundert neu entdeckten Obstsorten kann ich hier berücksichtigen – vor allem einige heute für uns ganz alltägliche Früchte mit keineswegs alltäglicher Wortgeschichte.

Die Ananas ist wohl die einzige botanische Entdeckung, die genau datierbar ist. Zwei der Gefährten von CHRISTOPH COLUMBUS versichern, dass ihr Herr und Meister diese Frucht, die sie an eine Artischocke erinnerte, am 4. November 1493 zum ersten Mal verspeist habe.

Ananas …

… einer Artischocke ähnelnd?

… oder einem Kiefernzapfen?

Die Engländer wiederum erinnerte später die Ananas so sehr an einen Kiefernzapfen, dass sie im 17. Jahrhundert diese alte Bedeutung von *pine-apple* zugunsten der Südfrucht aufgaben.

Anders als im Englischen hielt man sich in den meisten anderen Sprachen an die Originalbezeichnung der südamerikanischen Indianersprache Guaraní. Dort bedeutet *(a)nanás* sinnigerweise ›köstliche Frucht‹. Dieses Wort gelangte fast unverändert über das Portugiesische und Spanische als *Ananas* nach Europa.

Ebenfalls im 16. Jahrhundert von den Portugiesen nach Europa eingeführt wurde die Apfelsine – jedoch nicht aus Südamerika, sondern aus Südchina, wie diese Bezeichnung noch ahnen lässt. Sie wurde im 18. Jahrhundert aus dem Niederländischen ins Deutsche übernommen: Aus *appelsina* (›Apfel aus China‹) wurde unser *Apfelsine* – und das russische *апельсин* (= *apelsin*).

Mit *Apfelsine* konkurriert von Anfang an *Orange* – eine Entlehnung aus dem Französischen, wie die Aussprache vermuten lässt, über die sich aber die Engländer – mit »orindj« – hinwegsetzen. Mit der südfranzösischen Handelsmetropole Orange, aber auch mit französisch *or* (›Gold‹), hat das Wort nur aufgrund volksetymologischer Umdeutungen zu tun, durch die sein wahrer Ursprung verdunkelt wird. Dieser liegt im fernen Asien.

Bereits im 2. Jahrtausend v. Chr. von den Chinesen kultiviert, gelangte die Frucht über Indien vielleicht schon um 800 v. Chr. nach Persien und wurde dort *nāranǧ* genannt. Dieses *nāranǧ* wurde von den Arabern fast gleichlautend beibehalten und dann nach Spanien vermittelt, wo es zu *naranja* wurde und bis heute so blieb.

Schließlich ging im Französischen *(orange)* und im Italienischen *(arancia)* das anlautende *n* verloren – eine keineswegs seltene, sogenannte Deglutination, die falsche Abtrennung des Wortanlauts, der als Artikel missdeutet wird. So wurde etwa aus englisch *a nadder* (›eine Natter‹) *an adder*.

Auch die anderen Zitrusfrüchte aus dem Orient sind auf abenteuerlichen Sprachpfaden zu uns gelangt. Die Pampelmuse hat nichts mit den griechischen Musen zu tun, sondern mit Indischem. Aus dem vorderindischen Tamil entlehnten im 17. Jahrhundert die holländischen Ostindienfahrer *bambolmas* als *pompelmoes*. Daraus wurde französisch *pamplemousse*, das wiederum ins Deutsche als *Pampelmuse* übernommen wurde. Wer dieses komisch und etwas altertümlich klingende Wort nicht mag, kann inzwischen auf das englische *grapefruit* ausweichen – eine Zusammensetzung aus *grape* (›Traube‹) und *fruit* (›Frucht‹).

Als Ausgleich soll daher dieses Kapitel mit einer Zitrusfrucht enden, die wohl die lautlich schönste und literarisch ergiebigste ist – mit der Pomeranze.

Den Wohlklang dieser Benennung verdanken wir – wie so oft – dem Italienischen, aus dem sie im 15. Jahrhundert entlehnt wurde. Zugrunde liegt *pomarancia*, eine verdeutlichende Zusammensetzung aus *pomo* (›Apfel‹) und *arancia* (›Orange‹). Der Apfel wird hier wieder als terminologische Vielzweckwaffe eingesetzt – wie etwa in *Erdapfel*, *Apfelsine*, *pomodoro* und so fort.

Unsere deutschen Dichter haben die Pomeranze – alleinstehend oder in zahlreichen Zusammensetzungen (*Pomeranzenhain* oder *-haus* zum Beispiel) – stets sehr geliebt. Sie vermittelt ihnen bereits durch den Klang einen ganz bestimmten »Wallungswert«, wie der große Lyriker GOTTFRIED BENN das Zusammenwirken von Bedeutung und Klang einmal genannt hat: den der südlichen Helle und Leichtigkeit. Nur MÖRIKE und GOETHE seien hier erwähnt.

In MÖRIKES meisterhafter Novelle »Mozart auf der Reise nach Prag« (1856) ist ein Pomeranzenbaum Kern der von GOETHE für die Novelle postulierten »unerhörten Begebenheit«. MOZART gerät in Schwierigkeiten, nachdem er in der gräflichen Orangerie, überwältigt »durch diese Anschauung des Südens«, eine Pomeranze pflückt, sie mit einem kleinen Messer zerteilt und seine »angeregten Sinne« sich »mit Einatmung des köstlichen Geruchs begnügen« lässt.

Pomeranzen –
noch ungepflückt am Baum

GOETHE ist da schon handfester und missbraucht die Pomeranze für erotische Zwecke:

AN SEINE SPRÖDE

Siehst du die Pomeranze?
Noch hängt sie an dem Baume;
Schon ist der März verflossen,
Und neue Blüten kommen.
Ich trete zu dem Baume
Und sage: Pomeranze,
Du reife Pomeranze,
Du süße Pomeranze,
Ich schüttle, fühl, ich schüttle:
O fall in meinen Schoß!

Während sich die Deutschen an der Pomeranze dichterisch abarbeiten, kochen die Engländer aus ihr Marmelade. Ihre *marmalade* (bitte mit drei *a!*) wird vorwiegend aus ihr hergestellt: aus *Seville oranges* oder *bitter oranges* – Pomeranze ist ihnen fremd.

Zubereitung

»Zubereiten ist die halbe Kochkunst!«, ruft der Gastrokritiker UDO PINI aus – recht hat er. Der Fortschritt der Zivilisation lässt sich nicht nur an der allmählichen Bereicherung des Speisezettels ablesen, sondern auch an der zunehmenden Vielfalt der Zubereitungsarten. Diese sind im Lauf der Jahrhunderte immer raffinierter geworden – mit einiger Verzögerung auch in Deutschland. Auch in dieser Hinsicht macht sich der beherrschende, verfeinernde Einfluss der französischen Küche sprachlich bemerkbar.
Nicht nur der Speisezettel der alten Germanen war äußerst bescheiden. Auch in der Zubereitung des Fleischs begnügten sie sich mit den zwei urtümlichsten Arten: dem Braten und dem Sieden – beides germanische Wörter, die sich ja bis heute erhalten haben, wenngleich mit Letzterem das lateinische Lehnwort *kochen* konkurriert. Immerhin waren unsere Vorfahren nicht so barbarisch, wie es etwa der griechische Universalgelehrte POSEIDONIOS (1. Jahrhundert v. Chr.) behauptet, »dass sie sogar rohes Fleisch genießen«. In-

Carpaccio – das Original:
»Zwei Türkinnen«
(unzerschnitten)

zwischen gilt der Verzehr von rohem Fleisch sogar als fein, seitdem
GIUSEPPE CIPRIANI, der Betreiber der legendären »Harry's Bar« in
Venedig, vor einem halben Jahrhundert das Carpaccio (hauchdünn
geschnittene rohe Fleischscheiben) erfand – makabrerweise nach
dem venezianischen Renaissancemaler VITTORIO CARPACCIO (1465
bis 1526) benannt.

Auch das Tatar ist gänzlich roh und kommt ohne Zubereitung aus.
Sowohl die richtige – *Tatar* – als auch die falsche Benennung – *Tar-
tar* – ist kulturhistorisch interessant.

Russen gegen Tataren
(Schlacht auf dem Kulikower Feld am 8. September 1380)

Sie bezieht sich auf das im Mittelalter in Europa gefürchtete Reiter-
volk der Tataren, die rohes Fleisch angeblich genießbar machten,
indem sie es unter den Sattel legten und mürbe ritten. Später wurde
ihr Name – in Anlehnung an *tartarus*, womit die griechisch-lateinische Hölle benannt wurde – in *Tartaren* umgeändert. Die Bedeutung ›rohes Schabefleisch‹ findet sich anscheinend zuerst im Roman »Der Kurier des Zaren« (1876) von JULES VERNE. Soviel zum
Verzehr von rohem Fleisch.

Die Zahl der Zubereitungen, die seit Jahrhunderten aus Frankreich
in die Welt (nicht nur) der feinen Küche gelangt sind, ist Legion. Die
französische Herkunft dieser Techniken und Bezeichnungen erkennt
man im Deutschen meist an der Endung der entsprechenden Verben: *-ieren* (aus französisch *-er* oder *-ir* plus deutsch *-en*).
Hier einige Beispiele, die ich nicht weiter kommentiere:

Zubereitung

Deutsch	Französisch
blanchieren	blanchir
filettieren	fileter
flambieren	flamber
frittieren	zu: **frit** (gebraten)
glacieren	glacer
gratinieren	gratiner
hachieren	hacher
kandieren	candir
karamellisieren	caraméliser
marinieren	mariner
panieren	paner
passieren	passer
po(s)chieren	pocher
sautieren	sauter

– und so weiter und so fort. Wie man sieht, sind auch alltägliche Begriffe Importe aus Frankreich: *flambieren, frittieren, marinieren, panieren* zum Beispiel.

Produkte

Uns alle interessiert natürlich am meisten, was schließlich – nach kurzer oder langer kulinarischer Bemühung – auf unserem Teller liegt. Auch hier kann ich nur eine ganz kleine Auswahl anbieten.

Um uns zumindest vorübergehend einmal von dem übermächtigen, fast traumatisierenden Einfluss des Französischen zu lösen, beginnen wir mit Speisen, die (angeblich) typisch deutsch sind: Schweinebraten mit Klößen (oder Knödeln) und vor allem mit der Wurst. Endlich können wir aufatmen: *Braten, Kloß, Knödel* und *Wurst* sind deutsche Wörter. Doch während *Kloß* (althochdeutsch *klōz* = ›Klumpen‹, ›Kugel‹) und *Knödel* (mittelhochdeutsch *knödel* = ›kleiner Knoten‹) sprachhistorisch unauffällig sind, stellen ausgerechnet die wichtigsten Objekte deutscher Essbegierde – der Braten und die Wurst – Problemfälle dar.

Bis vor Kurzem, bevor die Deutschen den Brunch entdeckten, gehörte der Braten zum Sonntagsritual jeder anständigen deutschen Familie. WILHELM BUSCH hat ihm ein sarkastisches Gedicht gewidmet, das so beginnt:

> Es wird mit Recht ein guter Braten
> Gerechnet zu den guten Taten;
> Und dass man ihn gehörig mache,
> Ist weibliche Charaktersache …

Zur Überraschung aller Liebhaber eines guten Bratens hat dieser mit *braten* etymologisch ursprünglich gar nichts zu tun. Althochdeutsch bedeutete *brāto* lediglich ›schieres Fleisch‹. Erst später wurde diese Bedeutung durch Anlehnung an das klangähnliche Verb

Wilhelm Busch, Selbstporträt

(althochdeutsch) *brātan* zu der heute gültigen ›gebratenes Fleisch‹ verändert. Die alte Bedeutung ist noch in den Wörtern *Brät* (›fein gehacktes Kalb- oder Schweinefleisch‹) und *Wildbret* (›Fleisch von Wild‹) erhalten.

Und nun zur Wurst, von der es in Deutschland etwa 1.500 Sorten in zum Teil abenteuerlichen Varianten gibt – überregionale Lieblingsspeise nicht nur der einfachen Leute, sondern auch der Dichter und Denker. JEAN PAUL (1763–1825) aus dem oberfränkischen Wunsiedel rühmte Nürnberger Würste als »Speise der Götter«. Und Friedrich Schiller (1759–1805) aus dem schwäbischen Marbach machte sich am liebsten über Knackwurst mit Kartoffelsalat her!

Doch leider ist die sprachliche Herkunft der deutschen Wurst ähnlich unklar wie ihr Inhalt. *Wurst* hat im Deutschen zwar über neunzig Ableitungen und Zusammensetzungen hervorgebracht, aber niemand weiß, wo *Wurst* herkommt. Das Wort, das übrigens nur im Deutschen und Niederländischen belegt ist, taucht zwar althochdeutsch als *wurst* auf – dessen Herkunft ist jedoch rätselhaft.

Da haben es die Romanen und die Engländer besser. Sie wissen zwar auch nicht immer genau, was ihre Wurst enthält, doch ist wenigstens deren sprachliche Herkunft eindeutig. Aus dem spätlateinischen *salsicia* (›Gesalzenes‹) wurde italienisch *salsiccia*, spanisch *salchicha* und französisch *saucisse*. Letzterem verdanken die Engländer ihr *sausage*.

Das Deutschtum der Wurst hört übrigens bereits beim Wurstsalat auf, der bekanntlich mit kleinen Stücken von Gurken angereichert wird. *Salat* wurde im 16. Jahrhundert aus dem Italienischen entlehnt. *(In)salata* – wörtlich: »das Eingesalzene« – war sein Vorläufer. Und *Gurke* wurde zur gleichen Zeit aus dem Westslawischen importiert, wo das Gemüse polnisch *ogórek* und tschechisch *okurka* heißt.

Naher Verwandter der Wurst ist jener flache Bratkloß, dessen Zutaten vor allem regional so variieren wie seine Benennungen. Der Fantasie waren – und sind – keine Grenzen gesetzt:

Frikadelle, B(o)ulette (in Berlin), *Fleischpflanz(er)l* (in Bayern),
Fleischlaiberl (in Österreich), *Hackplätzchen, Hacksteak,*
Fleischbrötchen, Deutsches Beefsteak (!), Hackkließla (in Franken),
Fleischküchle (in Süddeutschland)

– und so weiter. Nur zwei der interessanteren Benennungen seien hier erläutert.

Das von den Berlinern gebrauchte Wort *Bulette* ist eindeutig französischer Herkunft (Verkleinerung von *boule* = ›Kügelchen‹) und wurde wohl von den dort so zahlreichen Hugenotten eingeführt. *Frikadelle* dagegen hat italienische Vorläufer. Bereits im 17. Jahrhundert wurde *frittatella* (›Gebratenes‹; zu *friggere* = ›backen‹) ins deutsche Sprachgebiet exportiert und bald durch Dissimilation lautlich vereinfacht. Ähnlich wie bei *tartufolo* (siehe oben) wurde auch hier das erste *t* durch ein *k* ersetzt.

Um die Norddeutschen nicht zu vergrätzen, seien zumindest einige ihrer Spezialitäten hier vorgestellt: Hering, Matjes, Bückling und Labskaus.

Im Althochdeutschen taucht *Hering* als *hārinc* auf – ähnlich in den anderen westgermanischen Sprachen: niederländisch *haring*, englisch *herring*. Das germanische Wort wurde schon im 6. Jahrhundert als *haringus* ins Lateinische übernommen, später als *hareng* ins Französische und als *aringa* ins Italienische. Ganz anders haben sich die nordgermanischen Sprachen entschieden. Dort heißt der Hering *sill* (schwedisch) oder *sild* (dänisch und norwegisch), was uns *Sild* beschert hat – die Bezeichnung für einen in einer Tunke eingelegten Hering.

Früher galt der Hering als Armeleuteessen, wie übrigens Lachs und Austern auch, und wurde als »Knast-Forelle« verspottet. Längst schätzt man ihn als Delikatesse – nicht nur den Matjes, sondern in allen möglichen Arten der Verarbeitung. BISMARCK, dem so gut wie alles schmeckte (siehe oben), mochte auch Heringe – so sehr, dass er sich zu einem Loblied auf diese verstieg:

> Wenn der Hering einen Taler kosten würde und so selten wäre wie Kaviar, dann wäre er ein echter Leckerbissen.

Ein deutscher Fischindustrieller lohnte ihm diese kostenlose, unaufgeforderte Werbung und benannte den entgräteten, marinierten Hering nach dem Eisernen Kanzler.

Der Rollmops dagegen verdankt seinen Namen dem kessen Witz der Berliner, die ihn wegen seines rundlichen Aussehens nach der Hunderasse so benannten. Er wurde Ende des 19. Jahrhunderts in

Deutschland erfunden, gefiel bald aber auch den Franzosen und Engländern, die ihn mit dem deutschen Wort bezeichnen.

Fisch ist bekanntlich leicht verderblich – auch der Hering. Man konserviert ihn durch Salzen (Pökeln) oder Räuchern und erhält so den Salz- oder Pökelhering und Matjes beziehungsweise den Bückling. Die Bezeichnungen für die beiden Letzteren erscheinen rätselhaft, sind aber leicht erklärbar.

Matjeshering wurde im 18. Jahrhundert aus dem niederländischen *maatjesharing* entlehnt – einer lautlich vereinfachten Variante zu älterem *maagdekens haering*, in der man die ursprüngliche Bedeutung ›Mädchen-, Jungfernhering‹ noch deutlich erkennen kann: Matjes sind ja junge, noch nicht geschlechtsreife Heringe ohne Milch oder Rogen.

Die Bezeichnung *Bückling* für den geräucherten Hering ist irreführend. Er hat nichts mit einer Verbeugung zu tun, sondern mit einem stinkenden Bock. Das Wort wurde spätmittelhochdeutsch aus dem niederdeutschen *bückinc* oder niederländischen *bucking* entlehnt – Ableitungen von *Bock:* Man brachte den scharfen Geruch des geräucherten, nicht ausgenommenen Herings mit dem durchdringenden Bocksgestank in Verbindung. Aus *Bücking* wurde später *Bückling*, weil man das Wort an die häufigeren Ableitungen mit der Nachsilbe *-ling* (*Lehrling, Rohling, Wüstling* zum Beispiel) anglich. (Umgekehrt haben, wie wir sehen werden, Bockbier und Bockwurst nichts mit einem Ziegenbock zu tun.)

Während Matjes und Bückling unstrittig norddeutsche Delikatessen sind, scheiden sich am Labskaus die Geister: Man mag ihn – oder wünscht dessen Erfinder zum Teufel, wie es bereits jener Engländer tat, in dessen Text der *lobscouse* zum ersten Mal (1706) erwähnt wird.

Zusammensetzung und Benennung dieses ursprünglich seemännischen Gerichts sind ähnlich undurchsichtig wie jene der Wurst. Nur so viel steht fest: Unverzichtbar sind Pökelfleisch, Kartoffeln, Rote Bete und eingelegte Gurken – weitere Zutaten sind möglich.

Und sprachlich lässt sich lediglich feststellen: Englisch *lobscouse* taucht im 19. Jahrhundert im Norddeutschen auf; die Herkunft dieses Wortes ist ungeklärt.

Apropos Pökelfleisch. Nicht Labskaus, der solches verdeckt enthält, sondern Kasseler und Eisbein, die solches in Reinkultur darstellen, muss man zu den Lieblingsspeisen aller deutschen Stämme rechnen – auch wenn das Eisbein in Bayern und Österreich *Haxe* heißt und gebraten wird. Verehrer des deftigen Eisbeins waren unerwarteterweise auch sensible Geistesgrößen wie der Philosoph IMMANUEL KANT und der Dichter FRIEDRICH GOTTLIEB KLOPSTOCK. Letzterer ließ sich gar dazu hinreißen, seine Begeisterung in Hexametern auszudrücken.

Kasseler (›Rippenspeer‹), von der Sache her nichts anderes als gepökelte und geräucherte Schweinerippe, ist sprachlich ungeklärter Herkunft – trotz verzweifelter Versuche, die Benennung mit der Stadt Kassel oder einem gleichnamigen Metzger in Verbindung zu bringen.

Dagegen ist die Abstammung der paradox anmutenden Bezeichnung *Eisbein* für ein heiß serviertes Gericht ziemlich klar und kulturhistorisch – genauer: sporthistorisch – von hohem Interesse.

Diese nahrhafte, cholesterinreiche Delikatesse wird aus dem Unterschenkel des Schweins zubereitet. Seine anatomische Herkunft ist im zweiten Element des Wortes *Eisbein* versteckt, wo -*bein* noch die uralte Bedeutung ›Knochen‹ bewahrt hat – wie in *Jochbein, Nasenbein* oder in Redewendungen wie »durch Mark und Bein« und auch im englischen *bone*.

Das erste Element dagegen bezieht sich nicht auf die Anatomie, sondern auf die Verwendung eben dieses Röhrenknochens. Aus ihm wurden bereits in altgermanischer Zeit Gleitkufen für Schlittschuhe gefertigt, mit denen man mehr schlecht als recht über das Eis gleiten konnte. Diese wurden erst seit dem 13. Jahrhundert allmählich durch Holzschlittschuhe mit eisernen Kufen abgelöst – eine niederländische Erfindung natürlich.

* * *

All diese heimischen Gerichte sind schmackhaft, manche sogar delikat – doch raffiniert sind sie nicht. Für das Raffinement der einzelnen Speisen und ihrer Zusammenstellung sorgten seit dem 18. Jahrhundert wie immer die Franzosen, allerdings seit einigen Jahrzehnten hart bedrängt von den Italienern und – in einer subkulturellen Gegenströmung – von den Amerikanern.

Nur wenige sprachhistorische Bemerkungen zu den beiden kulinarischen Zivilisierungswellen, die zu uns hineinschwappten, sind
hier möglich.

Seit dem 18. Jahrhundert begnügten sich die Deutschen nicht mehr
allgemein mit einem Braten, sondern differenzierten – als gelehrige
Schüler unserer französischen Nachbarn – immer feiner zwischen
den einzelnen Fleischstücken und Zubereitungsarten.

Die seinerzeit übernommenen französischen Benennungen sind
ohne nennenswerte Veränderungen bis heute im Gebrauch geblieben. Was die fleischlichen Genüsse angeht: *Filet, Kotelett, Entrecôte,
Roulade, Ragout, Coq au Vin* (»Hahn im Wein«), *Bœuf Bourguignon*
(»burgundisches Rind«) oder *Bœuf Stroganoff* (benannt nach jener
alten russischen Familie) und so weiter. Letzteres findet sich nur
zaghaft eingedeutscht als *Filetspitzen à la Stroganoff* auf unserer
Speisekarte wieder.

Dieses Bewahren der französischen Originalbezeichnung gilt insbesondere für sehr anspruchsvolle kulinarische Hervorbringungen wie
das Tournedos (»Wende-Rücken«) und das Chateaubriand (doppelt
geschnittenes Stück aus der Rinderlende; benannt nach dem sich
dafür begeisternden französischen Politiker und Schriftsteller F. R.
Chateaubriand [1768–1848]).

Und auch die Saucen, Inbegriff kulinarischer Meisterschaft, bleiben meist französisch: *Sauce hollandaise* (aber auch *Holländische
Sauce*), *Sauce Béchamel* (benannt nach Louis de Béchamel, dem
Haushofmeister Ludwigs XIV.) und *Sauce béarnaise* (zu Ehren der
südwestfranzösischen Region Béarn, der Heimat Heinrichs IV., so
benannt).

Allein das Grundwort *Sauce* (nach dem vulgärlateinischen *salsa* = ›ge-
salzene Brühe‹) wird als *Soße* meist eingedeutscht verwendet – dazu
hat dieser »flüssige Beiguss zu festen Speisen«, wie sie im Grimmschen
Wörterbuch kurios definiert wird, ja auch Zeit genug gehabt: Das Wort
wurde bereits im 15. Jahrhundert ins Deutsche übernommen.

Von den übrigen Köstlichkeiten, die im Lauf der Jahrhunderte den
Weg aus Frankreich zu uns gefunden haben, wie Mousse, Iles
Flottantes, Crème Brûlée, Crêpe, Parfait, Omelette, Vinaigrette und
so weiter und so fort kann ich hier kaum welche nennen, geschweige
denn sprachlich erörtern.

Doch die von jedem zünftigen Gourmet verachteten Pommes frites (eigentlich: *pommes de terre frites* = ›frittierte Erdäpfel‹) sollen wenigstens erwähnt werden – vor allem weil sie bei uns in mehreren sprachlich interessanten Varianten verspeist werden. Die richtige, französisch vornehme Aussprache »pom frit« hört man fast nur noch aus dem Munde älterer Herrschaften, die so etwas ohnehin nicht essen.

Die sie wirklich essen wollen, bestellen Fritten oder Pommes – beides gnadenlose Eindeutschungen des französischen Originals. Vor allem junge Leute ordern diese Delikatesse am liebsten in einer Pommesbude mit dem für die Älteren rätselhaften Zusatz »rot« (= ›mit Ketchup‹) oder »weiß« (= ›mit Mayonnaise‹) oder »rotweiß« oder »Schranke« (= ›mit Ketchup und Mayonnaise‹). Dagegen ist die Order »Pommes mit Majo!« auch Senioren als jugendsprachlich verwegene Abkürzung für »Pommes frites mit Mayonnaise!« verständlich.

Nicht nur einzelne Speisen, sondern auch deren Zusammenstellung sind maßgeblich vom Französischen beeinflusst, wenngleich inzwischen oft auch deutsche Wörter zur Verfügung stehen. Unangefochten ist nach wie vor der französische Oberbegriff *Menü* – das sperrige deutsche Wort *Speisenfolge* stellt keine ernsthafte Konkurrenz dar. Allerdings hat das deutsche Pendant *Speisekarte* das französische *menu* in dieser Bedeutung abgelöst – im Gegensatz zum Englischen, wo *menu* (ausgesprochen: »menju«) immer noch beides bedeutet. Das im 19. Jahrhundert ins Deutsche und Englische entlehnte französische Wort nutzt die Bedeutung ›kleinste Einzelheiten‹ des Adjektivs (etwa in *menus détails*) und geht letztlich auf das gleichbedeutende lateinische *minūtus* zurück.

Auch bei den Bezeichnungen für die einzelnen Gänge (altes deutsches Wort!) haben sich die französischen Wörter im Wettbewerb mit ihren deutschen Konkurrenten gut gehalten, wenn auch die deutschen manchmal obsiegen:

- *Amuse-gueule* (= »Maul-Amüsierer«) und *Amuse-bouche* (= »Mund-Amüsierer«) heißt es bei uns und nicht umständlich *Gruß aus der Küche.*

- *Vorspeise* dagegen ist gegenüber dem zungenbrecherischen und orthografisch kaum zu bewältigenden *Hors d'œuvre* auf dem Vormarsch.
- *Dessert* (je nach Restauranttyp) triumphiert über *Nachtisch*, ein Wort, das einen unweigerlich an Omas Schokoladenpudding mit Vanillesoße denken lässt.

Auch – im Vorgriff auf das Kapitel über Getränke – *Aperitif* (= »Magenöffner«) und *Digestif* (= ›die Verdauung betreffend‹) stehen konkurrenzlos da, wenn man von dem derben und sehr speziellen *Verdauungsschnaps* einmal absieht.

Und nun zum italienischen Einfluss auf das Ess- und Sprachverhalten der Deutschen. Trotz der kulinarischen (und damit auch fachsprachlichen) Übermacht der Franzosen haben die Italiener in diesem sympathischen Wettbewerb seit einiger Zeit gewaltig aufgeholt.

Die kollektive Liebe zur ganz anderen, regional geprägten italienischen Küche haben die Deutschen zwar erst entwickelt, als sie in den 50er-Jahren des 20. Jahrhunderts mit ihren VW-Käfern an die Strände der Adria fuhren und dort die Pizza, Pasta asciutta und den Chiantiwein in Korbflaschen entdeckten. Doch kundige Individualtouristen wie etwa HEINRICH HEINE schwärmten bereits im

Italienische Pasta –
mit typischen Zutaten

19. Jahrhundert für die »cucina italiana« – wie das folgende, nicht ganz ironiefreie Zitat, das ich Udo Pini verdanke, zeigt:

> Italiens … leidenschaftgewürzte, humoristisch garnierte, aber doch schmachtend idealische Küche trägt ganz den Charakter der italienischen Schönen. O wie sehne ich mich manchmal nach den lombardischen Stuffados, nach den Tagliarinis und Broccolis der holdseligen Toskana! Alles schwimmt in Öl, träge und zärtlich, und trillert Rossinis süße Melodien und weint vor Zwiebelduft und Sehnsucht.

Im Laufe der Jahre haben zahlreiche italienische Spezialitäten die Herzen (besser: die Mägen) der Deutschen erobert, ohne je, dies ist das sprachlich Bemerkenswerte, auf irgendeine Weise eingedeutscht oder gar übersetzt worden zu sein – im Unterschied zu den französischen Importen.

Gleich ob Saltimbocca, Mozarella, Tiramisù, Vitello tonnato, Pasta asciutta, Pesto, Antipasti, Pizza oder die zweihundert Arten von Pasta – alles ist beim alten italienischen Originalton geblieben. Woran dies liegt? Vielleicht am Wohlklang, den man beibehalten möchte? Die Euphonie des Italienischen ist ja keineswegs eine laienhafte Vermutung, sondern sprachwissenschaftlich zumindest im Kern beweisbar.

Dazu hier nur dies. Bis auf ganz wenige Ausnahmen enden alle italienischen Wörter auf einen Vokal (ähnlich übrigens wie im ebenfalls als wohlklingend angesehenen Tahitischen). Und da die – im Gegensatz zu den Konsonanten – leicht zu artikulierenden und stets stimmhaften Vokale als angenehm empfunden werden, ist die Behauptung, das Italienische sei wohlklingend, nicht aus der Luft gegriffen. Überdies ist sein Vokalsystem völlig symmetrisch, besteht nur aus den fünf (kurzen oder langen) Vokalen *a, e, i, o, u* und verzichtet auf das /ə/ – jenen diffusen, farblosen Laut, der vor allem das Deutsche und Englische so verunstaltet. Kurz: *Pasta* und *Balsamico* klingen wohl besser als *Nudeln* und *Essig*.

6 Trinkbares

Im Deutschen kann man Getränke trinken, saufen oder schlürfen. Erst seit der Neuzeit überlassen wir das Saufen meist den Trinkern und Tieren – im Mittelalter galt diese feine Unterscheidung, die ähnlich spät aufkam wie jene zwischen *essen* und *fressen*, noch nicht. GEORG CHRISTOPH LICHTENBERG (1742–1799) hat sie in einem seiner Aphorismen wie immer mit ätzender Treffsicherheit erklärt:

> Es gibt eine Art, Wein zu trinken, die sich zu der gewöhnlichen niedrigen, die der Deutsche mit Saufen bezeichnet, ebenso verhält, als wie die platonische Liebe zu der tierischen.

Auch das Schlürfen gilt heute als unfein, sofern es um das »geräuschvolle Einsaugen einer Flüssigkeit« (grimmsches Wörterbuch) geht. Wer jedoch etwas »langsam und mit Genuss in kleinen Schlucken trinkt« (Großer Duden), darf diese Art des Schlürfens ungestraft praktizieren. Er kann sich sogar auf HEINRICH HEINE berufen, der poetisch in italienischen Erinnerungen schwelgt:

> Auf dem Platze La Bra spaziert, sobald es dunkel wird, die schöne Welt von Verona oder sitzt dort auf kleinen Stühlchen vor den Kaffeebuden und schlürft Sorbet und Abendkühle und Musik (3,263.Elster).

Heimisches und Fremdes

Wasser und Milch

Und nun zu den Getränken. Beginnen wir mit dem Wasser, dem wichtigsten und ältesten aller Getränke – und Hauptbestandteil sämtlicher anderen. Mehr noch: Wasser ist unser wichtigstes Lebensmittel. Während der Mensch erst nach etwa vierzig Tagen verhungert, verdurstet er bereits nach vieren.

Für dieses lebensspendende Nass finden sich in allen indogermanischen Sprachen verwandte Ableitungen von der gemeinsamen Wurzel **-uédōr* (oder **-uódōr*) mit dem Genitiv **-udnés*. Diese wiederum gehört zur indogermanischen Wurzel **-ued*, die ›befeuchten‹, ›fließen‹ bedeutet.

Lebensspendendes
Trinkwasser

Deutsch:	*Wasser*
Englisch:	*water; wet* (›feucht‹)
Niederländisch:	*water*
Dänisch:	*vand*
Norwegisch:	*vatn*
Schwedisch:	*vatten*
Russisch:	*вода* (*woda*); über *Wodka* (= ›Wässerchen‹) später mehr
Polnisch:	*woda*
Tschechisch:	*voda*
Schottisch-gälisch:	*uisge*; über ›Whisky‹ später mehr
Altgriechisch:	*ὕδωρ* (= *hýdor*); daraus zahlreiche Fremdwörter (*Hydra, Hydraulik, Hydrozephalus* usw.)

Neben dem Wasser sind die Milch von Haustieren und der Saft verschiedener Pflanzen die ältesten und wichtigsten Getränke des Menschen.

Für ihn und für jedes Säugetier ist in der ersten Zeit nach der Geburt die Milch als Nahrungsmittel und Wasserlieferant (Milch enthält durchschnittlich 87% Wasser) unverzichtbar: Aus diesem Grund reden wir ja seit dem 18. Jahrhundert von Säugetieren (zoologisch: *Mammalia*) und schon seit dem 14. Jahrhundert von Säuglingen (mitteldeutsch: *sügelinc*).

Und die griechisch-lateinische Bezeichnung *mamma* für die Mutterbrust, später die Amme und die Mutter selbst, ist ein frühkindliches Lallwort, in dem sich die Konzentration des Säuglings auf das lebensnotwendige Objekt seiner Begierde – die Milch spendende Brust – widerspiegelt.

Im späteren Leben gilt vielen Menschen, die nicht allergisch auf Kuhmilch reagieren, diese als eine Art Wundertrank – als ein gesundheitsförderndes, lebensverlängerndes Elixier. Das Wort *Elixier* für solch einen Heiltrank verdanken wir – wie vieles andere im Mittelalter – den Arabern: Als *elixirium* drang es im 13. Jahrhundert in die Alchemistensprache ein. Hinter dieser latinisierten Form verbirgt sich das arabische *al-iksīr* (›Stein der Weisen‹), das wiederum

Lebensspendende Milch:
(Jan Vermeer:
»Das Milchmädchen«)

– wie so oft im Mittelalter – Griechisches nach Westeuropa transportiert: ξήριον (= *xérion* = ›trocken‹) mit der eigentlichen Bedeutung ›trockene Substanz mit magischen Eigenschaften‹.

Das gemeingermanische Wort *Milch* ist letztendlich dunkler Herkunft. Es hat zwar in den anderen germanischen Sprachen seine Entsprechungen (englisch *milk;* schwedisch *mjölk,* niederländisch *melk* usw.), nicht aber in den urverwandten indogermanischen. Bereits lateinisch *lāc* (davon abgeleitet: französisch *lait,* spanisch *leche,* italienisch *latte*) und griechisch γάλα (= *gála*) stehen abseits. Friedrich Kluge hat in seinem Etymologischen Wörterbuch die rätselhafte Isoliertheit des so ungemein wichtigen Wortes *Milch* treffend beschrieben:

> Dem lautlich und morphologisch ganz undurchsichtigen Befund nach zu urteilen, ist es nicht ausgeschlossen, dass sehr alte Entlehnungen vorliegen …

Dieser Feststellung lasse ich ausnahmsweise eine kühne, als Frage formulierte Hypothese folgen. Kann es sein, dass die ursprünglich vor allem Ackerbau treibenden Indogermanen ihre natürlichen Konkurrenten, die nomadisierenden Völker, verachteten, weil diese die Milch ihrer Herdentiere tranken, und dass sie erst später von ihnen mit dem Milchkonsum auch das zugehörige Wort übernahmen? Kann es sein, dass diese uralte natürliche Feindschaft zwischen Bauern und Hirten sich auch sprachlich widerspiegelt?

Diese Vermutung drängte sich mir auf, als ich mich an eine Passage im altbabylonischen »Gilgamesch-Epos« (2. Jahrtausend v. Chr.) erinnerte. Dort ernährt sich der nomadisierende Urmensch Enkidu ganz anders als die Sesshaften nicht von Brot und Bier, sondern – wie die Tiere der Steppe – von Gras und Wasser; doch auch an Milch labt er sich:

> So frisst er auch mit den Gazellen das Gras,
> Drängt er hin mit dem Wilde zur Tränke,
> Ist wohl seinem Herzen mit des Wassers Getümmel!
> ……………………………………………………
> Pflegt' er die Milch des Getiers zu saugen.
>
> > (Übs. von Albert Schott)

Bier, Met und Wein

Bleiben wir noch eine Weile bei dem ungeschlachten Enkidu, der,
wie gesagt, zunächst nur Wasser und Milch trinkt, dann aber durch
eine Tempeldirne die zivilisatorischen Errungenschaften des Brotes
und des Biers kennenlernt und – zur Freude aller Biertrinker – erst
durch den Biergenuss zum Menschen wird:

> Brot aß Enkidu, bis er gesättigt war,
> Trank den Rauschtrank – der Krüge sieben!
> Frei ward sein Inneres und heiter,
> Es frohlockte sein Herz, und sein Antlitz erstrahlte!
> Mit Wasser wusch er ab seinen haarigen Leib,
> Er salbte sich mit Öl – *und ward zu einem Menschen.*
> (Übs. von Albert Schott)

Nicht nur Nahrungsmittel war Bier (siehe oben S. 150), sondern früh
auch »Rauschtrank« – trotz des anfänglich sehr geringen Alkohol-
gehalts. Doch bis zum Biertrinken als Selbstzweck in geselliger
Runde war es noch ein weiter Weg.
Von der Geschichte des Wortes *Bier* war allgemein schon im Kapitel
»Essbares« die Rede. Hier sollen dem Leser und der Leserin noch
zwei spezielle Biersorten eingeschenkt werden: Pils und Bock.

Biertrinker –
sehr fröhlich und ganz unter sich

Pils ist ganz einfach die Abkürzung für *Pils(e)ner Bier* – womit jenes erstmals 1842 im böhmischen Pilsen gebraute helle, untergärige, kräftig gehopfte Bier benannt wird.

Dass sich auch hinter der Bezeichnung *Bockbier* eine Stadt verbirgt – und nicht etwa ein Ziegenbock –, klingt fast unwahrscheinlich, trifft aber zu.

In diesem Fall gebührt der niedersächsischen Stadt Einbeck bei Göttingen die Ehre. Hier wurde bereits im 14. Jahrhundert ein weithin berühmtes Starkbier gebraut, das seit 1351 sogar bis nach Norditalien exportiert wurde. Die Bayern machten es den Einbeckern seit dem 17. Jahrhundert nach und nannten dieses Bier (nach der früheren Bezeichnung *Eimbeck*) *Aimbock* oder *Oambock*. Prompt wurde dies volksetymologisch in ›ein Bock‹ umgedeutet.

Übrigens wurde *Bock* als Bezeichnung für Starkbier unverändert ins Englische und als Bezeichnung für ein kleines Glas Bier ins Französische übernommen.

Kurioserweise schloss sich im 19. Jahrhundert die Bockwurst sprachlich dem Bockbier an – nur weil man sie gerne dazu verzehrte. Mit Ziegen(bock)fleisch hat sie wahrlich nichts zu tun.

Um die Gunst der altgermanischen Trinker buhlten neben dem Bier der aus vergorenem Honig hergestellte Met und der aus vergorenen Trauben erzeugte Wein. Von Hause aus kannten die Germanen zunächst wohl nur den Met; Wein brachten ihnen die Römer. Die Kenntnis des Biers wurde ihnen entweder ebenfalls durch die Römer oder durch ihre keltischen Nachbarn vermittelt.

Met ist von besonderem sprach- und kulturhistorischem Interesse: Er ist sicher das älteste und auch am weitesten verbreitete alkoholische Getränk der Indogermanen. Sprachlich ist *Met* bereits altindisch als *mádhu* mit der Bedeutung ›Honig‹, ›süßer Trank‹ belegt. Das Wort findet sich selbst in den fernsten Randgebieten der indogermanischen Wanderungen: vom äußersten Osten in Zentralasien (tocharisch: *mit*) bis zum äußersten Westen (irisch: *mid*), vom hohen Norden (schwedisch: *mjöd*) bis zum mediterranen Süden (griechisch: μέθυ = *méthy*), im Baltikum (litauisch: *medùs*) wie in Russland (altkirchenslawisch: *medŭ*).

Dass Met weiter verbreitet war als Bier und Wein, hat wohl zwei Gründe. Zum einen ist er einfacher herzustellen. Zum anderen ist

Ein Ziegenbock
als beliebtes, aber unpassendes Markenzeichen für ein Bockbier

sein Grundbestandteil, der Honig, eher verfügbar als Getreide oder Weintrauben, weil er klimatischen Voraussetzungen weniger unterworfen ist als jene: Dessen fleißige Sammlerin, die Honigbiene, kann in den meisten Klimazonen existieren.

Umgekehrt spielt dieser manchmal sogenannte Honigwein im Vergleich zu dem aus Trauben hergestellten »richtigen« Wein eine untergeordnete Rolle, wenn die Natur den Anbau von Weinreben zulässt – etwa in Griechenland oder in Italien.

Unsere Altvorderen lernten den Wein im 2. Jahrhundert n. Chr. durch die Römer kennen und nannten ihn nach deren Bezeichnung *vīnum* althochdeutsch *wīn*. Die Römer wiederum, gelehrige Schüler der Griechen, verdanken diesen (mitsamt der Benennung: *vīnum* aus *οἶνος = oinos*) auch den Weinbau, der den Altmeistern bereits im 2. Jahrtausend v. Chr. vertraut war, den aber auch sie von anderen übernommen hatten.

Bezeichnenderweise ist das griechische Wort nicht indogermanisch, sondern wurde aus einer anderen Sprachgruppe entlehnt – vielleicht aus einer pontischen, d. h. Schwarzmeer-Sprache, da die Süd- und Westhänge des Kaukasus am Schwarzen Meer als die Urheimat des Weinstocks betrachtet werden. (So wird etwa im Georgischen der Wein als *ǧwino* bezeichnet.)

Zusammen mit dem Wort für Wein wurden zahlreiche Begriffe aus dem Lateinischen übernommen, die im Weinbau unverzichtbar sind. Ihnen merkt man die lateinische Herkunft durchweg nicht mehr an: *Most* (aus *mustum*), *Kelter* (aus *calcatūra*), *Trichter* (aus *traiectōrium*), *Kelch* (aus *calix*) – und nicht zuletzt *Winzer.*

Dessen römischer Vorgänger war *vīnitor*, dessen althochdeutscher Nachfolger zunächst *wīnzuril* (mit Angleichung an Berufsbezeichnungen auf *-il* wie etwa in *Büttel*). Die mittelhochdeutsche Lautung *wīnzürl* lässt bereits den in Bayern und Österreich verbreiteten Personennamen *Weinzierl* vorausahnen, der in der Tat nichts anderes bedeutet als ›Winzer‹. Hier allein hat sich die alte Endung auf *-l* erhalten, nicht aber in der Berufsbezeichnung.

Hochprozentiges

Viel später als den Wein lernten die Deutschen diverse Spirituosen kennen und schätzen: hochprozentige alkoholische Getränke, die durch Destillation gewonnen werden.

Immerhin ist das heimische Produkt, der Branntwein, bereits mittelhochdeutsch in sachlicher Benennung als *gebranter wīn* (= ›destillierter Wein‹), später als *brantewein* bekannt. Solcher Weinbrand wurde den Engländern im 17. Jahrhundert von den Niederländern als *brandewijn* vermittelt, aus dem dann die heute geläufige englische Kurzform *brandy* entstand.

Unser Wort *Branntwein* bedeutet übrigens längst nicht mehr nur das aus Wein gewonnene Destillat, sondern »jede Flüssigkeit mit einem hohen Gehalt an Ethanol« (Brockhaus Enzyklopädie) – also allgemein jede Spirituose.

Dagegen bezeichnet *Weinbrand* stets das durch Destillation von Wein hergestellte Getränk. Dieses Wort ist – im Unterschied zu *Branntwein* – ein sehr junges Wort. Es wurde erstmals 1907 von HUGO ASBACH für sein Produkt, eine Art deutschen Cognacs, eingeführt. Seit dem Versailler Vertrag (1919) ersetzt es die nun nicht mehr zulässige Bezeichnung *Cognac.*

Erst in der Neuzeit erreichten uns Aquavit (16. Jahrhundert), Whisky (18. Jahrhundert) und Wodka (20. Jahrhundert). Diese drei habe ich aus der großen Zahl ursprünglich nichtheimischer Spirituosen ausgewählt – nicht beliebig, sondern mit Bedacht: Ihnen sind einige sprachliche Merkmale gemeinsam, die nicht auf den ersten Blick erkennbar sind.

In allen dreien spielt das Wasser die Hauptrolle. In allen dreien wird nicht sachlich benannt, sondern euphemistisch beschönigt:

> *Aquavit*: aus lateinisch *aqua vītæ* (= ›Lebenswasser‹), einem Wort aus der Apothekersprache. (Im Französischen wurde daraus *eau-de-vie*.)
>
> *Whisky*: aus englisch *whisky*; dieses aus gälisch *uisge-beatha* (= ›Lebenswasser‹).
>
> *Wodka*: aus russisch *водка* (= *wodka*), der zärtlich verkleinerten Form von *вода* (= *woda*), wörtlich also: »Wässerchen«.

Im Gegensatz zu diesen vielversprechenden Wässerchen ist die Bezeichnung *Feuerwasser*, die als *fire-water* erstmals von J. F. Cooper den nordamerikanischen Indianern in seinem Roman »The Last of the Mohicans« (1826) zugeschrieben wird, eher warnend.

Da lobe ich mir doch das Wort *Schnaps*, das neutral und realistisch – es ist von *schnappen* abgeleitet – eigentlich einen schnellen, kurzen Schluck bezeichnet. Nicht zufällig ist es im Deutschen der Lieferant für eine Reihe salopper Ausdrücke wie *Schnapsidee*, *Schnapsdrossel*, *Schnapszahl*, *Schnapsnase*, *Schnapsleiche* und wurde überdies in mehrere Länder exportiert: nach Frankreich (*schnaps*), Schweden (*snaps*), Russland (*шнапс* = *schnaps*) und Lettland (*šnabis*).

Den Oberbegriff für all diese Getränke – *Alkohol* – verdanken wir übrigens den Arabern, die uns ja auch viele andere wissenschaftliche Begriffe vermittelt haben: *Algebra*, *Alchemie*, *Alkali* zum Beispiel, die man oft bereits am vorangestellten arabischen Artikel *al* erkennt.

Ursprünglich bedeutete arabisch *al-kuhl* (im Spanisch-Arabischen »alkuhúl« ausgesprochen) eine aus zerstoßenem Antimon zubereitete Salbe, mit der man sich im Orient Lider und Brauen schwarz färbte.

Als das Wort im 16. Jahrhundert bei uns auftaucht, steht es in der Alchemistensprache aber auch für ›feines Pulver‹, dann für jegliche Essenz und schließlich (so schon bei Paracelsus) für ›Weingeist‹ (lateinisch *alcohol vini*).

Exotisches

Im »Zeitalter der Entdeckungen«, im 16. und 17. Jahrhundert, lernen die Europäer ihnen bis dahin völlig unbekannte Getränke kennen, die auf dem Seeweg aus Asien und Amerika zu ihnen gelangen. An diesen Fahrten waren Portugiesen, Spanier, Niederländer und Engländer beteiligt, nicht aber Deutsche. Kein Wunder also, dass diese neuen Genussmittel – und mit ihnen deren Benennungen – bei uns meist etwas später auftauchen als bei den führenden Seefahrernationen jener Zeit.

Tee, Kaffee, Kakao und Schokolade

Nur vom Tee im engeren Sinne soll hier die Rede sein: dem Aufguss von Blättern der Teepflanze – nicht jenem von Blättern anderer Pflanzen (etwa der Hagebutte oder Kamille), den man ja inzwischen auch *Tee* nennt.

Während übrigens ausgerechnet die Engländer, *die* Teetrinker in Europa, ähnlich wie wir den schwarzen oder grünen Tee sprachlich meist nicht von Kräutertees unterscheiden (*camomile tea* ist hierfür ein Beispiel), trennen die Franzosen den »echten« *thé* streng von der *infusion*, einem Kräuteraufguss (*infusion de camomille* = Kamillentee).

Zwar ist die Heimat des schwarzen Tees die nordostindische Region Assam, doch gehen die weltweit fast ausschließlich für ihn verwendeten Benennungen auf Varianten eines chinesischen Wortes zurück. Dies ist nicht verwunderlich, da der Tee früh nach China gelangte und dort bald eine wichtige Rolle als Arznei- und Genussmittel spielte; nicht zufällig findet sich die erste Erwähnung des Tees in einem chinesischen Buch, dem »Ben-cao«, aus dem 3. Jahrtausend v. Chr.

Zwei für unsere Ohren sehr unterschiedliche und daher irritierende Varianten lieferten die Bezeichnungen für den Tee: *ch'a* im Mandarin-Chinesischen und *te* im südlichen Amoy-Chinesischen. Diese wurden auf ganz eigenen Wegen im 17. Jahrhundert nach Europa exportiert.

Von ihrer Kolonie Macao aus brachten die Portugiesen ihren *chá* nach Hause – so heißt der Tee bei ihnen bis heute. Dieselbe Variante

– allerdings auf dem Landweg importiert – fand Eingang ins Russische und in die meisten anderen slawischen Sprachen: russisch und ukrainisch чай (= *tschaj*); serbisch, kroatisch und tschechisch *čaj* und so weiter.

In den anderen europäischen Ländern dagegen, auch im Deutschen, setzte sich die südchinesische Variante *te* durch – nicht immer gleich geschrieben, aber (vom Englischen abgesehen) stets gleich klingend. Für diese Form wiederum zeichnen die Niederländer verantwortlich, die sie – wahrscheinlich unterstützt durch das im malaiischen Bantam gängige *te* – nach Europa brachten.

Dass der Tee entscheidend zur Unabhängigkeit der heutigen USA beigetragen hat, klingt wie ein Treppenwitz der Geschichte – und doch trifft dies zu.

In den profitablen Teehandel stiegen die Engländer erst nach den Portugiesen und Niederländern ein.

Die Neuengländer hatten die Lust am Tee aus der alten Heimat übernommen. Beliefert wurden sie von der monopolistischen East India Company. Als die Kolonisten dann 1773 für die Sanierung der maroden Company durch eine Teesteuer herhalten sollten, gingen diese auf die Barrikaden. Besser: Sie enterten drei im Hafen von Boston liegende englische Schiffe.

Die »Boston Tea Party« am 16. Dezember 1773

Hundert dieser Aufbegehrenden, zur Täuschung der Engländer als Indianer verkleidet, warfen 342 Teekisten ins Meer. Diese »Boston Tea Party« vom 16. Dezember 1773 hatte englische Repressalien zur Folge – durch diese wurden die amerikanischen Unabhängigkeitsbestrebungen ungemein gestärkt: Nur zweieinhalb Jahre später lösten sich die dreizehn amerikanischen Kolonien von Großbritannien. Mit solch aufregenden Vorfällen kann die Geschichte des Kaffees nicht aufwarten – »eines der letzten Kulturgeschenke des Orients an den Okzident«, wie es so schön im grimmschen Wörterbuch heißt. In der Tat vermittelten zunächst die Araber, dann die Türken den Europäern dieses köstliche, an- und aufregende Getränk.

Bereits im 13. Jahrhundert wurde der ursprünglich im südäthiopischen Hochland heimische Kaffeestrauch im Jemen, dann auch in Mekka angebaut. Von hier aus gelangte der Kaffee vor allem durch Vermittlung der Pilger in alle islamischen Länder und wurde schließlich im 16./17. Jahrhundert von den Venezianern aus der Türkei und von den osmanischen Türken selbst nach Europa gebracht.

Auf diesem langen Weg wurde aus arabisch *qahwah* türkisch *kahveh*, daraus italienisch *caffè*, der ins Französische als *café* und schließlich aus diesem als *Kaffee* ins Deutsche gelangte. (Vom Café als Begeg-

Die dunkelroten
»Kaffeekirschen«
des Kaffeestrauchs

nungsstätte war bereits im Kapitel »Restaurants und Beizen« die Rede.)

Die Kaffeebohne hat's in sich – nicht nur wegen ihres stimulierenden Koffeingehalts. Dieses Wort verdankt seine Existenz einem Missverständnis – einer Volksetymologie, die in diesem Fall allerdings sinnvoll ist. Die arabische Bezeichnung *bunn* für den bohnenförmigen Samen des Kaffeestrauchs wurde in das ähnlich klingende und aussehende Wort *Bohne* umgedeutet. Genauso verständlich und botanisch für den Laien genauso irreführend ist die fachsprachliche Bezeichnung *Kaffeekirsche* für die Frucht des Kaffeestrauchs, die meist jeweils zwei »Bohnen« enthält.

Zwei ganz besondere Kaffeesorten müssen hier erwähnt werden: der Mokka und der Muckefuck. Der Mokka – so benannt nach Mokka (arabisch *Al-Muhā*), dem jemenitischen Hauptausfuhrhafen für Mokkabohnen – ist sehr aromatisch und stark, während der Muckefuck sehr dünn ist: das rheinische Pendant zum sächsischen Blümchenkaffee. *Muckefuck* ist wohl aus rheinisch *Mucken* (›staubige Erde‹) und *fuck* (›faul‹) zusammengesetzt. Dem Wort *Blümchenkaffee* liegt die Beobachtung zugrunde, dass durch den dünnen Kaffee hindurch das beliebte Blümchenmuster auf dem Boden der Tasse sichtbar wird.

Im Unterschied zum Kaffee ist der Weg des Kakaos und der Schokolade zu uns übersichtlich und sprachlich problemlos. Beides lernten die spanischen Conquistadores des 16. Jahrhunderts in Mittelamerika kennen. Das aztekische Wort *cacauatl* für die Kakaobohne wurde im Spanischen zu *cacao* und so an die anderen europäischen Sprachen fast unverändert weitergegeben.

Die von LINNÉ eingeführte botanische Bezeichnung *Theobroma* – aus griechisch θεός (*theós*) + βρῶμα (*brōma*) = ›Götterspeise‹ – für den Kakaobaum ist in mehrfacher Hinsicht glücklich gewählt. Sie deutet nicht nur auf den Wohlgeschmack hin, sondern auch darauf, dass die Kakaobohne bei Tolteken und Azteken als Geschenk des gefiederten Windgottes Quetzalcoatl galt und bei ihnen als Zahlungsmittel geschätzt wurde. Für einen Sklaven musste man deren hundert herausrücken.

Die rätselhafte, nicht nur eine Person, sondern auch dieses köstliche Getränk abwertende Redewendung »jemanden durch den Kakao

Quetzalcoatl,
der den Menschen
die Kakaobohne brachte

ziehen« hat übrigens mit diesem überhaupt nichts zu tun. Hier ist
wohl verhüllend *Kakao* an die Stelle des vulgären *Kacke* getreten,
durch die man ursprünglich jemanden gezogen hat.

Auch *Schokolade* geht auf ein Wort aus der von den Azteken verwendeten Indianersprache Nahuatl zurück. *Chocolatl* bezeichnet
das aus Kakaobohnen mit allerlei Zusätzen (vor allem Chilipfeffer)
bereitete herb-würzige Getränk, das die Spanier im 16. Jahrhundert
als *chocolate* nach Europa brachten, wo die Benennung – lautlich
kaum verändert – in die einzelnen Sprachen übernommen wurde.
Erst dreihundert Jahre später wurde die Essschokolade erfunden.
Seither bedeutet *Schokolade* sowohl die trinkbare als auch die ess-
bare Zubereitung aus der göttlichen Bohne Quetzalcoatls.

III Geistiges Leben

1 Mensch und Affe

Trotz der stammesgeschichtlichen Nähe zu seinen äffischen Verwandten unterscheidet sich der Homo sapiens in mancherlei Hinsicht von ihnen: Er verfügt über einen aufrechten Gang, über eine Seele, über einen Verstand, der mehr als nur die Lösung situativer Probleme zulässt, über eine Sprache im engeren Sinn, die ebenfalls unabhängig von einer Situation möglich ist.

Dennoch ist die Ähnlichkeit vieler körperlicher Merkmale und Verhaltensweisen zwischen Menschenaffen und Menschen frappierend. Dies konnte natürlich auch unserem Allround-Genie GOETHE nicht entgehen:

> Bei der Ähnlichkeit des Affen und Menschen, bei dem Gebrauch, den einige geschickte Tiere von ihren Gliedern … machen, konnte man auf die Ähnlichkeit des vollkommensten Geschöpfes mit unvollkommneren Brüdern gar leicht geführt werden.
>
> (Zur Morphologie, III. Teil)

Diese Ähnlichkeiten sind so auffällig, dass sie immer wieder die Benennung der ersteren beeinflusst haben. Genauer: Die äffischen Primaten werden als eine Art Menschen bezeichnet und in frühen Abbildungen auch so dargestellt – nicht gerade schmeichelhaft für die betroffenen Volksstämme.

›Mensch des Waldes‹,
der Orang-Utan

So wurden mit einem westafrikanischen Wort als *Gorillas* ursprünglich Angehörige eines dort lebenden Menschenstammes bezeichnet, wenn man dem Bericht des karthagischen Reisenden HANNO aus dem 5. Jahrhundert Glauben schenken darf. In einer griechischen Übersetzung seines *Περίπλους* (Pleríplous) ist eindeutig von »*Γορίλλας*« die Rede.

Erst im Jahr 1847 überträgt der amerikanische Missionar DR. T. S. SAVAGE diese Bezeichnung auf die entsprechende Affenart.

Und noch Ende des 18. Jahrhunderts bezeichnet das westafrikanische Wort *Schimpanse* sowohl den Affen als auch die dortige Bevölkerung:»The chimpanzees are also natives of this country«, berichtet kurz und bündig im Jahre 1788 ein englischer Reisender aus Sierra Leone.

Schließlich ist auch der Dritte im Bunde der Menschenaffen, der Orang-Utan, auf ähnliche Weise zu seinem Namen gekommen. Diese in deutschen Texten seit dem 17. Jahrhundert auftauchende Benennung ist eine wörtliche Übernahme aus dem Malaiischen, wo sie ›Mensch des Waldes‹ bedeutet – die Bezeichnung wilder Volksstämme auf den (heute indonesischen) Sunda-Inseln durch die Malaien. Auch dieses Wort wurde erst später für den Menschenaffen verwendet.

Übrigens ist das Wort *Affe* selbst zwar in den germanischen Sprachen allgemein verbreitet, jedoch ungeklärter Herkunft.

2 Denken und Sprechen

Den aufrechten Gang des Menschen überlassen wir zur Diskussion den Anthropologen und Orthopäden, seine Seele den Theologen – doch beim Verstand und bei der menschlichen Sprache möchten wir ein wenig verweilen, weil wir aufs Denken, Sprechen, Lesen und Rechnen hinauswollen.

Denken

Dass die Fähigkeit, situationsunabhängig zu denken, das wichtigste, ihn von den übrigen Primaten unterscheidende Merkmal des Menschen darstellt, ist unstrittig. Der französische Philosoph DESCARTES (1596–1650) hat dies auf die kürzeste aller Formeln gebracht: »Cogito, ergo sum« – Ich denke, also bin ich.

Doch sehr weit bringt uns diese, meist allzu eng ausgelegte Formel nicht – worüber sich unser Dichterfürst aus Weimar in seinen »Xenien« schon lustig gemacht hat:

Einer aus dem Haufen [Descartes]:
»Cogito ergo sum. Ich denke und mithin so bin ich,
Ist das eine nur wahr, ist es das andre gewiss.«

Ich:
»Denk' ich, so bin ich! Wohl! Doch wer wird immer auch denken?
Oft schon war ich, und hab' wirklich an gar nichts gedacht.«

Dass Rodins Skulptur »Der Denker«
(1880–82) in Wirklichkeit den
Dichter Dante darstellt, gibt zu denken.

Denn was man unter »Denken« verstehen soll, ist in wenigen Worten und einvernehmlich kaum zu definieren. Da die menschliche Denkfähigkeit so komplex ist, fällt die Definition des Denkens meist umständlich und additiv aus – wie etwa in der Brockhaus Enzyklopädie:

Denken

… umfasst das vorsätzliche Bemühen und den psychischen Prozess, Gegenstände zu finden, zu erfassen, zu erkennen, zu verstehen, zu unterscheiden, sie einzuordnen, zu beurteilen und als Themen zu behandeln; die spezifisch menschliche Fähigkeit zur Erfassung von Wirklichkeit, der problemlösenden Daseinsbewältigung, Erkenntnis von Möglichkeiten (Spontaneität) und Repräsentanz von Ereignissen oder Informationen durch ikonische Systeme (Sprache, Schrift, Zeichen, Bilder, Handlungen).

Uns wird von alledem so dumm, als ging uns ein Mühlrad im Kopf herum. Doch es geht auch anders. Das grimmsche Wörterbuch teilt uns über das Verb *denken* schlicht und ergreifend mit:

denken, *cogitare:* … es bezeichnet … eine bewusste Tätigkeit des Geistes, entgegengesetzt einer unwillkürlichen Empfindung, ein schweigendes Reden …

Noch knapper, aber ebenso verständlich heißt es im »Universal-Duden«:

denken: die menschliche Fähigkeit des Erkennens und Urteilens anwenden; mit dem Verstand arbeiten.

Überraschenderweise hilft uns die Geschichte dieses Wortes, seine verwirrende Komplexität besser zu verstehen und auch seinen zentralen Begriffsinhalt – ›erkennen‹ und ›urteilen‹ – leichter zu begreifen.

Denken gehört zu einer weit verzweigten indogermanischen Wortfamilie, die letztlich auf die Wurzel **teng-* zurückgeht, die ›ziehen‹, ›spannen‹, aber auch ›wiegen‹ bedeuten kann. Beide Bedeutungen sind bis heute im russischen Verb *мянуть* (= *tjanutj*) erhalten. Für das Wort *denken* ist letztere besonders wichtig.

Diese Bedeutung lässt nämlich den Schluss zu, dass die germanischen Wörter für ›denken‹ ursprünglich jenes »Er-wägen, Ab-wägen« bezeichnen, das schließlich zu einem Urteil führt – wie es im letzten Zitat beschrieben wird.

Außerdem entspricht diese alte Bedeutung ›abwägen‹ genau dem von WILHELM GRIMM im vorletzten Zitat zu Recht angeführten lateinischen *cogitare* (›denken‹), das ja aus *co-agitāre* entstanden ist und ursprünglich ›eine Sache im Geist hin- und herbewegen und zusammenfassen‹ bedeutet.

Auch die Vielschichtigkeit des Wortes *denken* wird durch einen Blick auf dessen Geschichte erhellt. Von der zugrunde liegenden indogermanischen Wurzel *teng-* war bereits die Rede. Es lohnt sich, die in Wirklichkeit kompliziertere Sachlage kurz zu erörtern.

»Warum denn dies?«, werden skeptische Leserinnen und Leser fragen. Vorläufige Antwort: Drei so wichtige Wörter wie *denken*, *danken*, *dünken* sind eng miteinander verwandt und erhellen sich gegenseitig. Überdies gibt mir die Besichtigung dieser Verwandtschaft Gelegenheit, einige Bemerkungen zu jenem kuriosen, jedoch wichtigen Phänomen einzuschmuggeln, das man seit JACOB GRIMM Ablaut nennt. Die indogermanische Verwandtschaft sieht so aus:

denken, danken, dünken

Indogermanisch	* teng-	* tong-	* tng-
Germanisch	*þink-	*þank	*þunk-
Althochdeutsch	denken	danchōn	dunchen
Neuhochdeutsch	denken	danken	dünken

Seit uralter Zeit also verlaufen die Weiterentwicklungen aus den drei indogermanischen Varianten parallel nebeneinander und lassen sich in einigen Sprachen – wie eben im Deutschen – bis heute erkennen.

Die Brüder Wilhelm und Jacob Grimm:
Jacob gilt als Begründer
der Wissenschaft von der
deutschen Sprache und Literatur.

Deren ursprüngliche Bedeutungen lagen früher näher beieinander als in späterer Zeit. Mit *danken* war ursprünglich ›an etwas Angenehmes zurückdenken‹, ›etwas in Gedanken behalten‹, ›einer Sache gedenken‹ gemeint. Und *dünken* bedeutete ursprünglich ›etwas in gedanklicher Abwägung für wichtig halten‹.

Welche semantischen Differenzierungen dreier eng verwandter Wörter werden hier sichtbar! Ermöglicht werden sie durch den von JACOB GRIMM entdeckten Ablaut, den er so definierte:

> Ablaut: *permutatio vocalium litterarum*, geregelter Übergang des Vokals der Wurzel in einen andern; ein edles und ihr wesentliches Vermögen der deutschen Sprache …

Diese Definition des Ablauts ist zwar angenehm kurz, doch nur den Fachleuten verständlich. Wie also kann man diese rätselhafte »permutatio vocalium litterarum« dem Laien verständlich machen? Mein Vorschlag: »Da stelle mer uns janz dumm« – wie der Lehrer Bömmel in HEINRICH SPOERLS »Die Feuerzangenbowle« bei der Erklärung der Dampfmaschine – und nähern uns dem Problem durch einen Vergleich mit Alltäglichem.

In unserem Fall kann uns eine Liste dazu geeigneter Wörter zur Lösung des Rätsels führen:

Bimbam(bum)
Pipapo
rimramruf (englisch: 14. Jh.)
Singsang
Krimskrams
Tingeltangel

All diese Wörter sind nach dem gleichen Bauprinzip konstruiert, das wiederum JACOB GRIMM im Eintrag »Bimbam« seines Wörterbuchs in brillanter Knappheit so beschrieben und durch ein Zitat aus GOETHES »Faust II« (11263) illustriert:

Bimbam: Nachahmung des Glockenläutens durch den in unsrer Sprache hergebrachten Übergang aus Laut in Ablaut, wie *klingklang, brimbram …:*

Mephisto:
Und das verfluchte Bimbaumbimmel
Umnebelnd heitern Abendhimmel,
Mischt sich in jegliches Begebnis,
Vom ersten Bad bis zum Begräbnis,
Als wäre zwischen Bim und Baum
Das Leben ein verschollner Traum.

Darauf kommt es in der Tat hier – und bei den anderen Wörtern der obigen Liste – an: dass eine spielerische Lautmalerei den Regeln des Ablauts folgt.
Dieser Vokalwechsel in grammatisch zusammengehörigen Formen oder Wörtern geht zurück auf akzentbedingte Lautvarianten in frühester indogermanischer Zeit. So konnte etwa je nach Akzentuierung das ursprüngliche *e* zu *e* gedehnt oder zu *o* verdumpft werden – oder gar in einer sogenannten Schwundstufe verschwinden.
Was in jungen Wörtern wie *Bimbambum* als willkürliche Spielerei mit den Vokalen *i, a, u* erscheint, ist in den indogermanischen Sprachen seit Urzeiten ein wesentlicher Baustein für die Bildung grammatischer Formen und neuer Wörter.

Die auffälligsten Spuren dieses Ablauts sind noch heute trotz vielfältiger lautlicher Veränderungen in der Flexion der sogenannten »starken« germanischen Verben erkennbar, die ihre Stammformen – d. h.: ihre Tempusunterscheidungen – »geregelt«, wie JACOB GRIMM sagte, nach verschiedenen Ablautreihen bilden.

Ein einziges Beispiel möge dies illustrieren – das Verb *binden*, das seine Zeitstämme mithilfe des wohl wichtigsten Ablauts, nämlich des *e/o*-Ablautes, kennzeichnet:

binden

	Vollstufe	abgetönt	Reduktion
Urindogermanisch	e + n	o + n	ο
Germanisch	i + n	a + n	u + n
Deutsch	b*i*nden	band	gebunden

So viel zu dem von mir eingeschmuggelten Ablaut, nach dessen Regeln eben auch die Wortfamilie *denken, danken, dünken* entstanden ist. Übrigens ist der Ablaut nicht nur – wie JACOB GRIMM schwärmte – ein »edles und ihr wesentliches Vermögen« der deutschen Sprache, sondern auch der semitischen Sprachen.

So liefert etwa die arabische Wurzel *g-n-b* die ablautenden Formen *ganab* (›er hat gestohlen‹), *goneb* (›stehlend‹), *ganub* (›gestohlen werden‹). Aus der Wurzel *k-t-b* entstehen *kitab* (›Buch‹), *kataba* (›er schrieb‹), *kattab* (›Schreiber‹) – und so weiter und so fort.

Sprechen

Die Fähigkeiten des Denkens und des Sprechens sind offenkundig aufs Engste miteinander verknüpft. *Wie* jedoch diese symbiotische

Verbindung funktioniert, ist bis heute ungeklärt – und wird es angesichts der Komplexität des Problems vielleicht auch bleiben. Zahlreiche, zum Teil einander widersprechende Theorien buhlen seit Langem vergeblich um die Gunst der an dieser Diskussion teilnehmenden Wissenschaftler, die sich aus so unterschiedlichen Disziplinen wie der Linguistik, Psychologie und Neurophysiologie rekrutieren. Nur so viel steht fest:

- Sprechen ist ein Privileg des Menschen. Es macht ihn – zumindest in dieser Hinsicht – zur Krone der Schöpfung.
- Sprechen ohne Denken ist nicht möglich.
- Denken ohne Sprechen ist zumindest denkbar.

Für die Bezeichnung menschlichen Sprechens stehen uns im Deutschen viele Wörter mit nuancierenden Bedeutungen und starkem stilistischem Gefälle zur Verfügung. Die gängigsten sind:

sprechen

neutral	abwertend
sprechen	plappern
reden	klatschen
sagen	tratschen
plaudern, plauschen	quatschen
klönen	quasseln
schwätzen ———	——— schwätzen
schwatzen ———————	schwatzen
schnacken	sabbern, sabbeln, faseln

Ungeklärter Herkunft ist ausgerechnet *sprechen*, das wichtigste Wort in dieser Wortfamilie – mit der allgemeinen Bedeutung »Hervorbringen von sprachlichen Gebilden« (grimmsches Wörterbuch). Vergleichbare Ableitungen vom westgermanischen **sprek-a-* finden sich als *spreken* im Niederländischen und als *speak* im Englischen.

Dementsprechend hat das zentrale, vom Verb *sprechen* abgeleitete Wort *Sprache*, das den Akt und das Vermögen des Sprechens bezeichnet, keine alte indogermanische Entsprechung, sondern lediglich westgermanische Verwandte wie niederländisch *spraak* und englisch *speech*.

Die praktisch veranlagten Engländer haben übrigens – im Unterschied zu den Niederländern und Deutschen – schon im 12. Jahrhundert den lästigen dritten Konsonanten *r* nach *sp* beseitigt. Ursprünglich hieß es im Altenglischen *sprecan* und *sprǣc*.

Ganz anders als *sprechen* kann sich *reden*, die zweite wichtige Bezeichnung für ›sich sprachlich äußern‹, vor alter und weitläufiger Verwandtschaft kaum retten.

Rede (althochdeutsch *redia, radia*), von dem das Verb abgeleitet ist, wurde entweder aus dem lateinischen *ratio* (›Rechnung‹, ›Berechnung‹, ›Erwägung‹ u. v. a. mehr) entlehnt – oder selbstständig aus der indogermanischen Wurzel **rē-* (›zusammenfügen‹) gebildet.

Trifft Ersteres zu, läge eine kulturhistorisch höchst aufschlussreiche Übernahme vor, wie sie treffend, wenngleich mit gebotener philologischer Vorsicht, im grimmschen Wörterbuch beschrieben wird:

> *Ratio* ist ein römisches Kaufmannswort, seine Verbreitung auf deutschem Gebiet ist der Lauf der Handelsstraßen an der Donau, am Ober- und Niederrhein, und die nächst angrenzenden Länder; und daher darf wenigstens als eine Vermutung ausgesprochen werden, dass die Germanen in den ersten Zeiten der christlichen Zeitrechnung das Wort von den römischen Händlern, mit denen sie in laufender Geschäftsverbindung standen, annahmen und allmählich auch in freierem Sinne in ihrer Sprache verwendeten.

Wiederum entpuppt sich ein scheinbar urdeutsches Wort als Entlehnung aus dem Lateinischen.

Eine weitere allgemeine Bezeichnung für das »Hervorbringen von sprachlichen Gebilden«, das Verb *sagen*, ist dagegen von zahlreichen

germanischen Verwandten umgeben: englisch *say*, schwedisch *säga*,
isländisch *segja* und niederländisch *zeggen* zum Beispiel.

Seine alte Bedeutung ›erzählen‹, ›berichten‹, heute nur noch in der
Ableitung *Sage* erhalten, wird bezeichnenderweise am Anfang einiger mittelalterlicher Erzähltexte verwendet – so etwa früh in der
ersten Zeile des »Hildebrandsliedes« (9. Jahrhundert):

> Ik gihorta đat *seggen*,
> đat sih urhettun ænon muotin,
> Hiltibrant enti Hađubrant untar heriun tuem.
> (Ich hörte [das] glaubwürdig berichten,
> dass sich als Herausforderer allein begegneten
> Hildebrand und Hadubrand zwischen zwei Heeren.)

Und auch viel später im »Nibelungenlied« (um 1200) wird gleich zu
Anfang »erzählt«:

> Vns ist in alten mæren   wunders vil *geseit*
> von helden lobebæren,   von grôzer arebeit,
> von fröuden, hôchgezîten,   von weinen und von klagen,
> von küener recken strîten   muget ir nu wunder hœren *sagen*.

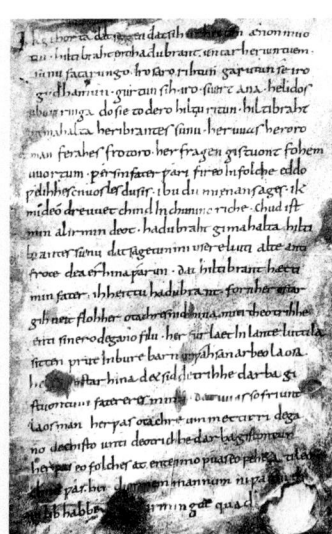

Das »Hildebrandslied« (Zeile 1):
Vom Hörensagen –
»ik gihorta đat seggen«.

(Uns ist in alten Mären   viel Wunderbares berichtet
Von lobenswerten Helden,   von großer Mühsal,
Von Freud und Festlichkeiten,   von Weinen und von Klagen,
Von kühner Recken Streiten   mögt ihr nun Wunder erzählen hören.)

Zu den übrigen Wörtern unserer Liste sei hier nur angemerkt, dass
sie in ihrer überwiegenden Mehrheit lautmalende Bildungen sind.
Gleich ob man jemanden *plaudern, plauschen, klönen, schwätzen,
schwatzen, schnacken, klatschen, tratschen, quatschen* oder *plap-
pern* hört: bis heute vermeint man die Geräusche hinter diesen

Das »Nibelungenlied« (Strophen 1446–51; Handschrift A)

Die Macht des Wortes:
Tibeterin mit Gebetsmühle

Wörtern wahrzunehmen – wenn man genau hinhört! Diese Bezeichnungen sind eben aus der akustischen Perspektive des – allzu oft leidtragenden – Hörers entstanden.

Doch nun sei dem Wort *Wort* der Schluss dieses Kapitels gewidmet. Mithilfe der von seinem Sprachzentrum gesteuerten Sprechwerkzeuge ist der Mensch in der Lage, Laute hervorzubringen, die sich zu – nicht immer – sinnhaltigen Wörtern zusammenfügen können. Diese bescheidene Charakterisierung von *Wort* muss hier genügen, zumal sich die Sprachwissenschaftler nicht auf eine allgemein akzeptierte Definition dieses wichtigen, jedoch schwierigen Begriffs einigen können. Doch sind zum Glück dessen Wortgeschichte und familiäre Verhältnisse transparent und – wie so oft – kulturgeschichtlich höchst aufschlussreich.

Die Uranfänge von *Wort* liegen wohl im religiösen Bereich. Das Wort hat Macht, und daher steht ein »Macht-Wort« in besonderem Maße der Gottheit zu. Diese Vorstellung kann sich derart zuspitzen, dass einem besonderen Wort magische Kräfte zugesprochen werden. Bekanntestes Beispiel: die heilige Silbe *om* der Brahmanen und Buddhisten, die für höchste geistige Kraft steht und den Meditierenden zur Freiheit gelangen lässt – wie es in den Upanishaden wunderbar gesagt wird:

> Wie eine Spinne an ihren Fäden emporklimmt und ins Freie gelangt, wahrlich so gelangt jeder Meditierende am Wort »om« emporklimmend zur Freiheit.

Dieses heilige Wort *om* hat Eingang in die magische Formel *Om mani padme hum* (etwa: ›O du Trägerin des Lotus‹) tibetanischer Gebetsmühlen gefunden.

Andererseits konnte die Bedeutung des Gotteswortes bis zur Personifizierung gesteigert werden – so am Anfang des Johannes-Evangeliums (1, 1):

> Im Anfang war das Wort (griechisch λόγος [lógos]; lateinisch *verbum*), und das Wort war bei Gott, und Gott war das Wort.

Wegen seiner religiösen Wichtigkeit ist *Wort* in den meisten indogermanischen Sprachen seit früher Zeit in eindrucksvoller Üppigkeit belegt – die ursprüngliche religiöse Bedeutung ist oft noch erkennbar, heute jedoch durchweg verloren gegangen, wenn man von Fügungen wie *heiliges Wort* oder *Wort Gottes* absieht. Jedenfalls liegt den einzel-

Wort

	Avestisch	urvata	
	Altindisch	vratám	
Indogermanisch	*wer-dh-		
	Litauisch	vardas	
	Altpreußisch	wīrds	
Germanisch	*wurða		
	Englisch		word
	Deutsch		Wort
	Schwedisch		ord
	Niederländisch		woord

sprachlichen Realisierungen von *Wort* die indogermanische Wurzel *wer-* oder erweitert *wer-dh* zugrunde – eine Ableitung von *wer-* mit der ursprünglichen Bedeutung ›feierlich sprechen‹.

Hier wurde ein religiöser Begriff im Lauf der Zeit profan, was wiederum ›ungeheiligt‹, ›gewöhnlich‹ bedeutet – entstanden aus lateinisch *pro + fanum,* das heißt: ›außerhalb des Heiligtums liegend‹.

Zum Schluss sollten wir uns nicht scheuen, von den Höhen der Theologie in die Niederungen der Pluralbildung hinabzusteigen und nach grammatischer Hilfe zu fragen: *Worte* oder *Wörter?* Die alte Schulregel (*Wörter*, wenn einzelne gemeint sind – *Worte*, wenn es um eine zusammenhängende Äußerung geht) ist

> den wenigsten Menschen geläufig und wird im Sprachalltag immer seltener eingehalten.
>
> (Duden, Bd. 9: Richtiges und gutes Deutsch)

Wem solch eine Bewertung als typische Absenkung des heutigen sprachlichen Niveaus erscheint, der sei auf das über jeden Zweifel erhabene grimmsche Wörterbuch verwiesen, in dem es herrlich umständlich, doch zutreffend heißt:

> … Indessen begegnet der Plural »Worte« an Stelle von regelgetreuem »Wörter« auch in jüngerer Sprache und bis in den modernsten Gebrauch hinein noch so häufig, gerade auch bei Schriftstellern ersten Ranges wie Klopstock, Herder, Lessing, Wieland, Goethe u. a., dass von da aus der Rang des Plurals »Wörter« als einer unbedingt verbindlichen Regel immer wieder in Frage gestellt wird.

Recht haben die Wörterbuchmacher. Die bis heute empfohlene Unterscheidung ist pedantisch, künstlich, zufällig und spät. Der zunächst endungslose Plural *Wort* (so meist noch bei MARTIN LUTHER!) wurde mal nach der einen Deklinationsklasse (Wort + -*e*), mal nach einer anderen (Wort + -*er*) umgestaltet.

Der Worte über das Wort sind nun genug gewechselt – als Nächstes kümmern wir uns ums Schreiben und Lesen.

3 Schreiben und Lesen

Während sich das Menschsein vor allem in der Sprachfähigkeit manifestiert – jeder gesunde Mensch kann sprechen –, ist das Verfügen über eine Schrift Ausweis einer Höherentwicklung – nicht jeder gesunde Mensch kann schreiben und lesen.

Diese Unterscheidung trifft auch für staatliche Gebilde zu. Arbeitsteilig organisierte, hoch entwickelte Gesellschaften bedürfen der Schrift, um ihre Verwaltung funktionsfähig halten zu können. Vielleicht entwickeln sich solche Gesellschaften sogar erst, wenn sie über eine Schrift verfügen.

Allerdings begnügten sich die Inka mit der Übermittlung zahlenmäßig fassbarer Daten durch Knotenschnüre aus Wolle oder Baumwolle (sogenannte *Quipu*) – eine Schrift haben sie nie entwickelt.

Auch unsere germanischen Vorfahren taten sich mit dem Schreiben schwer. Sie lernten es erst von den römischen Besatzern und dann von den christlichen Missionaren, Priestern und Mönchen: Christianisierung bedeutete eben zugleich Alphabetisierung – das Kennenlernen und Erlernen der lateinischen Schrift. Das kollektive Gedächtnis der germanischen Völker war auf die mündliche Überlieferung angewiesen.

Schwedischer Runenstein

Und auch die Runen, die erst seit dem 2. Jahrhundert n. Chr. in Gebrauch kamen, sind kein germanisches Eigengewächs, sondern etruskisch-lateinischer Herkunft.

Hinter dem Wort *Rune* verbirgt sich wohl eine gemeingermanische Bezeichnung für ›Geheimnis‹ (althochdeutsch *rūna*), von der auch unser heutiges Verb *raunen* abgeleitet ist. Die Fähigkeit, Runen zu ritzen und zu verstehen, war eben nur wenigen vorbehalten und erschien der analphabetischen Mehrheit als etwas Geheimnisvolles.

Erst mit der Missionierung der Deutschen seit dem 8. Jahrhundert erlernten diese in nennenswerter Zahl die schwierige Kunst des Schreibens: auf der Grundlage des lateinischen Alphabets natürlich. Dass Letzteres aus *Alpha* und *Beta,* den beiden ersten Buchstaben des griechischen Alphabets gebildet ist, weiß jedermann – wie ja auch die Herkunft des seit dem Mittelalter konkurrierenden lateinischen *Abece* keiner Erläuterung bedarf.

Nach all dem Gesagten ist es nicht verwunderlich, dass die deutschen Bezeichnungen für die zentralen kulturellen Tätigkeiten des Schreibens und Lesens lateinischer Herkunft sind.

Schreiben (althochdeutsch *scrīban*) wurde früh aus dem gleichbedeutenden lateinischen *scrībere* entlehnt, und das vom Verb abgeleitete Substantiv *Schrift* (althochdeutsch *scrift*) ist vom lateinischen *scriptum* zumindest beeinflusst.

Auch unser *lesen* kann den lateinischen Hintergrund nicht verleugnen. Das zugrunde liegende Verb ist zwar germanischer Herkunft (althochdeutsch *lesan*), bedeutet zunächst jedoch – heute nur noch selten – ›etwas sammeln‹, ›auflesen‹. Erst später erhielt es die dem lateinischen *legere* entlehnte Bedeutung ›Lesen von Geschriebenem‹.

Dieselbe semantische Entwicklung hatten lange Zeit zuvor eben dieses lateinische *legere* und das griechische λέγειν *(légein)* durchlaufen. Offenbar wurde das Lesen von Texten als ein Aufsammeln von Buchstaben betrachtet.

Im Unterschied zum Deutschen sind übrigens die englischen Bezeichnungen für das Schreiben und Lesen heimische Erbwörter, die mit dem Lateinischen nichts zu tun haben – wohl aber mit der Runenschrift.

Das heutige *write* geht auf altenglisch *wrītan* zurück und ist verwandt mit dem deutschen Verb *reißen* (althochdeutsch *rīzan*) sowie dessen intensivierender Ableitung *ritzen* (althochdeutsch *rizzen*). Sowohl das englische Wort als auch sein deutscher Verwandter bedeuteten zunächst unter anderem das Einritzen von Runenzeichen, später dann auch die neue Errungenschaft: das Schreiben auf Pergament. Während diese alte Bedeutung von *reißen* sich nur bis ins Mittelhochdeutsche hielt, ist sie im Englischen bis heute bewahrt.

Auch bei der Bezeichnung für das Lesen verzichten die Engländer auf lateinische Hilfe. Ähnlich wie *write* bezieht sich das Verb *read* (altenglisch *rǣdan*) auf die alte Runenschrift und bedeutet eigentlich ›[Runen] deuten, erraten‹ – es entspricht unserem deutschen Wort *raten*!

Die Geschichte des Schreibens beachtet nicht nur die unterschiedlichen Schriftsysteme, sondern auch die jeweils verwendeten Schreibwerkzeuge und Beschreibstoffe, deren Vielfalt beeindruckend ist und hier nur in Auswahl angedeutet werden kann.

Wir beschränken uns auf die Geräte und Materialien, die für die europäische Kulturgeschichte maßgeblich waren und sind – auf:

- Papyrus, Pergament, Papier
- Griffel, Gänsekiel, Feder
- Tinte, Blei, Grafit

Einer der ältesten Beschreibstoffe war der aus dem Mark der gleichnamigen Pflanzenstaude hergestellte Papyrus –griechisch πάπυρος *(pápyros)*, lateinisch *papýrus*. Aufgrund des massenhaften Vorkommens dieser Staude am unteren Nil beherrschte Ägypten vom 3. Jahrtausend v. Chr. an monopolartig den Markt, der sich seit dem 6. Jahrhundert v. Chr. nach Griechenland und dann nach Italien ausdehnte. Wichtigster Ausfuhrhafen war die alte phönikische Stadt Byblos (heute Djubail, 30 km nördlich von Beirut gelegen). Kein Wunder, dass die Griechen mit dem Namen ebendieser Stadt zunächst die Papyrusstaude und das aus ihr hergestellte Schreibmaterial benannten, dann aber auch das auf diesem notierte Textensemble: das Buch – fortlaufend auf eine Rolle geschrieben, und noch nicht auf einzelne Blätter.

Papyrusstaude –
vor der Erfindung
des Pergaments
wichtigster Lieferant
eines Beschreibstoffs

Aus dem Plural βιβλία *(biblía)* – von βιβλίον *(biblíon),* einer Ableitung aus dem Grundwort/Namen βίβλος *(bíblos)* – entstand im mittelalterlichen Kirchenlatein die Bezeichnung *biblia* für die Heiligen Bücher, also die Gesamtheit des Alten und Neuen Testaments. Im Mittelhochdeutschen schließlich wurde dieser Plural als Singular missdeutet und ergab so unser Wort *Bibel* – unsere Bezeichnung für das Buch der Bücher.

Seit dem 3. nachchristlichen Jahrhundert wurde Papyrus durch einen völlig anders hergestellten Beschreibstoff abgelöst, der bis zum Ende des Mittelalters den Markt beherrschen sollte: das Pergament.

Wenn wir dem römischen Schriftsteller PLINIUS DEM ÄLTEREN (23 bis 79 n. Chr.) glauben dürfen, begann der Siegeszug des Pergaments mit einem Handelsembargo. In seiner »Naturalis Historia« (13,70) berichtet er, dass im 3. Jahrhundert v. Chr. ein ptolemäischer Herrscher Ägyptens die Ausfuhr von Papyrus nach Pergamon verbot, da er diesem blühenden kulturellen Zentrum in Kleinasien dessen gewaltige Bücherbestände neidete: Er fürchtete um den Vorrang der Bibliothek im ägyptischen Alexandria.

Wie alle anderen Embargos erwies sich auch dieses als wirkungslos, ja schädlich für dessen Urheber: Die klugen Leute von Pergamon erfanden einen neuen Beschreibstoff – das nach ihrer Stadt benannte Pergament.

Wie dem auch sei – dieses aus enthaarter, geglätteter und getrockneter Tierhaut gewonnene Material war dem Papyrus weit

Papierherstellung
im alten China

überlegen: Es ist haltbarer, von beiden Seiten beschreibbar und für
Miniaturmalerei geeignet. Vor allem aber eignete es sich für die Herstellung von Kodizes aus übereinandergehefteten Blättern, während
die Texte auf Papyrus durchweg in Schriftrollen aufgezeichnet werden mussten.

Doch auch die Ära des Pergaments ging nach langer Zeit zu Ende.
Seit dem 14. Jahrhundert setzt sich als Beschreibstoff das aus Pflan-
zenfasern hergestellte Papier zunehmend durch– nur für die Europäer ein neuartiges Material: Die Chinesen kannten und nutzten es
bereits im 2. Jahrhundert n. Chr.

Immerhin blieb in der Benennung *Papier* die Erinnerung an den Papyrus erhalten. Aufgrund der – im Wortsinn gemeinten – »ober-

Moderne,
maschinelle
Papierherstellung

flächlichen« Ähnlichkeit der beiden Materialien verwendete man im Deutschen und in vielen anderen Sprachen das lateinische *papýrum,* eine Variante von *papýrus,* für die Bezeichnung des neuen Beschreibstoffs. Und noch eine andere sprachliche Spur hat der Papyrus hinterlassen: das russische *папиросы (papirossi),* das übrigens auch ins Jiddische als *papirossen* Eingang gefunden hat. Die so bezeichneten russischen Spezialzigaretten ohne Filter und mit langem Papiermundstück (daher der Name) wurden erfunden, damit sich der Träger eines Bartes denselben beim Rauchen nicht verbrennt. Fürwahr ein weiter Weg vom Nildelta bis nach Russland!

Die vielschichtige Bedeutungsentwicklung von *Papyrus* und *Byblos* lässt sich so veranschaulichen:

Papyrus aus Byblos

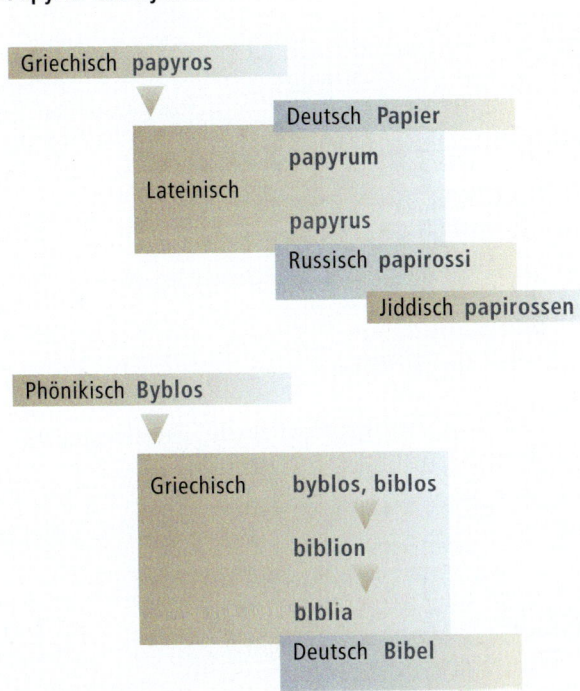

Auf Papyrus und Pergament schrieb man zunächst mit einem feder-
förmig zugespitzten Stück Schilfrohr: griechisch κάλαμος (*kála-mos*), lateinisch *calamus* – beide Wörter übrigens urverwandt mit
unserem deutschen *Halm*.

Seit dem 7. Jahrhundert wurde die Rohrfeder zunehmend von der
Gänsefeder verdrängt, die man bedeutungsverengend mit dem
Wort für Vogelfeder benannte: deutsch *Feder*. Von der lateinischen
Entsprechung *penna* (= ›Vogel-‹ und ›Schreibfeder‹) wurde Ende
des Mittelalters *pennale* mit der Bedeutung ›Federbüchse‹ abge-
leitet.

Im Deutschen bezeichnete man mit *Pennal* scherzhaft zunächst den
angehenden Studenten – einen jungen Mann also, der ständig sein
Schreibzeug mit sich führt. In der Schülersprache bedeutete das
Pennal dann seit dem 19. Jahrhundert ›höhere Lehranstalt‹, die
dementsprechend von *Pennälern* besucht wurde.

Doch längst ist *Pennal* der Kurzform *Penne* gewichen, die bezeichnenderweise vom gaunersprachlichen Wort *Penne* (›Schlafstätte‹)
beeinflusst wurde. Diesem (vielleicht aus dem hebräischen *binyä*
entlehnten) Wort wiederum verdanken wir die Ableitungen *pennen*
und *Penner*.

Um Texte mittels eines Schreibgeräts aufs Papier zu bringen, benötigt man eine Schreibflüssigkeit – es sei denn, man verwendet
einen Bleistift. Für diesen Zweck vorzüglich geeignet ist die Tinte,
die schon im 3. Jahrtausend v. Chr. in China und in Ägypten bekannt
war. Das Wort taucht im Althochdeutschen als *tincta* oder schon als
tinte auf und ist aus dem lateinischen *[aqua] tincta* (›gefärbtes Wasser‹) entlehnt.

Auch unser Bleistift verdanken wir den Römern seine Benennung – obwohl er kein Blei enthält, sondern Grafit. Bereits im alten Rom gebrauchte man das schwärzende Metall als »Reißblei« *(plumbum)*
in Form von kleinen runden Scheiben vor allem zum Ziehen von
Linien.

An diese Verwendung von *Blei* erinnert unser *Bleistift*. Die modernen Grafitstifte wurden zuerst im 16. Jahrhundert von den Engländern hergestellt und wegen ihrer Qualität geschätzt – auch von unserem zeichnenden Olympier, der in seiner »Italienischen Reise«
fachkundig bemerkt:

Bei Sonnenuntergang genossen wir des herrlichsten Anblicks …
Kniep trauerte, dass alle Farbenkunst nicht hinreiche, diese Harmonie
wiederzugeben, so wie *der feinste englische Bleistift* die geübteste
Hand nicht in den Stand setzte, diese Linien nachzuziehen.

Und mit solch einem feinen Bleistift zeichnete er auch seine geliebte
Ehefrau CHRISTIANE VULPIUS:

Christiane Vulpius –
von Goethe mit dem Bleistift gezeichnet
(um 1789)

4   Zählen und Rechnen

Wer zählt, hat etwas auf dem Kerbholz. Warum das?
Die Wortfamilie *zählen* geht auf *Zahl* (althochdeutsch *zala*) zurück – und dieses gehört zur indogermanischen Wurzel **del-* mit
der Bedeutung ›spalten‹, ›kerben‹, ›schnitzen‹.
Von dieser Wurzel wurden in den indogermanischen Sprachen zahlreiche Wörter gebildet, die den ursprünglichen semantischen Zusammenhang noch deutlich erkennen lassen:

zählen

Altindisch	**daláyati** (er spaltet)
Griechisch	δαίδαλον (daídalon: Kunstwerk) Δαίδαλος (Daidalos, lateinisch Dädalus: »Künstler«)
Lateinisch	**dolāre** (behauen, bearbeiten)
Armenisch	**tał** (Einprägung)
Litauisch	**dìlti** (sich abnutzen, abschleifen)
Lettisch	**dilt** (sich abnutzen)
Altirisch	**delb** (Gestalt, Form)

Die wohl interessanteste Wortbildung zu dieser Wurzel *del-* ist der
Name DAIDALOS – der »Kunstreiche« –, den die Griechen für den
mythischen Begründer des Handwerks und der bildenden Künste
erfanden.

Unter *Zahl* muss man also ursprünglich »Eingekerbtes« verstehen.
In der Tat wurden von vorgeschichtlicher Zeit bis weit in die Neuzeit

Dädalus, der Kunstfertige,
und Ikarus

Zahlen auf Knochen, dann auf Holz eingekerbt: anfangs zum Zählen, dann zum Abrechnen und Quittieren – in Deutschland gab es das bis zum 18. Jahrhundert.

Auch für das Zählen von Tagen – für kalendarische Zwecke also – konnte ein Kerbholz genutzt werden. Das wohl bekannteste Beispiel für solch einen Kalender findet sich in DANIEL DEFOES Roman »Robinson Crusoe« (1719):

> In die Seiten des vierkantigen Pfostens schnitt ich Tag für Tag mit dem Messer eine Kerbe. Jede siebente Kerbe war doppelt so lang wie die übrigen, und die von jedem Ersten eines Monats wiederum noch einmal so lang wie jene. So führte ich meinen Kalender oder meine wöchentliche, monatliche und jährliche Zeitrechung.

Unsere Redewendung *etwas auf dem Kerbholz haben* geht auf diese urtümliche Notierungsweise zurück und meint in diesem speziellen Fall eigentlich, dass jemand – laut Angaben des Kerbholzes – Schulden hat.

Dass übrigens die *Houses of Parliament* im *Westminster Palace* am 16. Oktober 1834 fast völlig niederbrannten, hatten Kerbhölzer auf dem Kerbholz. Diese bis 1783 als Steuerquittungen – *Exchequer tallies* – verwendeten und in Westminster aufbewahrten Hölzer wurden in den Öfen des Gebäudes auftragsgemäß in solch gewaltiger Zahl verbrannt, dass die Kamine Feuer fingen und die meisten Räume des alten Palastes in Schutt und Asche legten.

Das Parlamentsgebäude, das heute von den Touristen ehrfürchtig bestaunt wird, ist demzufolge ziemlich jung: Es wurde samt dem Glockenturm Big Ben in den Jahren 1840 bis 1870 neu errichtet.

Genug des alltäglichen, praktisch angewendeten Zählens – stellen wir die abstrakte Kernfrage: *Wie* zählen wir eigentlich? Genauer: Welches System und welche Ziffern verwenden wir heute, um Zahlen darzustellen?

Die Antwort auf diese Frage müsste jeden humanistisch und übernational denkenden Menschen beglücken: Es wird sich nämlich zeigen, dass Inder, Araber und Europäer – zeitversetzt, doch letztlich gemeinsam – unser heute verwendetes Zahlensystem entwickelt haben, das inzwischen weltweit die Grundlage unserer modernen Kommunikation und Technologie liefert.

Als Symbolfigur für diese gemeinsame wissenschaftliche Anstrengung kann uns LEONARDO VON PISA, genannt FIBONACCI (ca. 1170 bis 1240), dienen – der größte Mathematiker des europäischen Mittelalters. Ihm verdankt Europa die genauere Bekanntschaft und weite Verbreitung der sogenannten »arabischen« Zahlen, die ja in Wirklichkeit indische sind. Doch erst drei Jahrhunderte nach ihm wurde das bis dahin verwendete System der »römischen« Zahlen von dem revolutionär neuen abgelöst.

Lange vor den Europäern – bereits im 8. Jahrhundert – hatten die Araber das indische Zahlensystem kennengelernt.

Vor allem in Bagdad bildete sich eine mathematische Schule, die zahlreiche einschlägige Werke hervorbrachte.

Der bekannteste Mathematiker jener Zeit war MOHAMMED IBN MUSA AL CHWARISMI – ein Perser, der im 9. Jahrhundert in Bagdad tätig war und sich mit der indischen Rechenmethode beschäftigte. Aus dem Namensteil »Al Chwarismi« entstand später der mathematische Begriff *Algorithmus*.

In den folgenden Jahrhunderten verbreitete sich die Kenntnis dieses Systems auch in Nordafrika und im von den Arabern beherrschten Spanien. Wie viele andere in arabischer Sprache verfasste wissenschaftliche Werke wurde in Spanien auch das Rechenbuch des genannten AL CHWARISMI ins Lateinische übersetzt und auf diese Weise außerhalb des arabischen Herrschaftsgebietes bekannt.

Endgültig sorgte dann der bereits erwähnte Pisaner FIBONACCI für die Verbreitung der indischen Rechenmethode durch seinen »Liber Abaci« (Rechenbuch), das er wohl im Jahr 1202 veröffentlichte. Nach eigenem Bekunden hatte er seine mathematischen Kenntnisse bei zahlreichen arabischen Lehrmeistern in Ägypten, Syrien, Sizilien und Südfrankreich vertieft.

Er war ein europäischer Vermittler der arabischen Vermittler indischer Mathematik: wie gesagt, eine Symbolfigur für weltoffene Wissenschaft – dem Stauferkaiser FRIEDRICH II. (1194–1250) vergleichbar, mit dem er öfters Fachgespräche führte und der ihn überaus schätzte.

Worum geht es nun bei diesem, wie er es nennt, »modus Indorum« – der indischen Art zu rechnen? Lassen wir ihn in deutscher Übersetzung zu Wort kommen:

Die neun Zahlzeichen der Inder sind: 9 8 7 6 5 4 3 2 1. Mit ihnen und mit dem Zeichen 0, das arabisch »sifr« heißt, kann jede beliebige Zahl geschrieben werden.

Ganz banal erscheint uns diese Beobachtung – und doch war sie für die damalige Zeit revolutionär. Sie beschreibt kurz und bündig die Abkehr vom unbefriedigenden, weil umständlichen römischen Zahlensystem, das man als ein additives bezeichnen kann, in dem »sich die dargestellte Zahl als Summe der ihren Ziffern zugeordneten Werte ergibt« (Brockhaus Enzyklopädie).

So wird etwa 3 durch $I + I + I = III$ wiedergegeben, 6 durch V (für 5) $+ I = VI$ – oder noch eindrucksvoller: 384 durch C (für 100) $+ C + C + L$ (für 50) $+ X$ (für 10) $+ X + X + IV (= 5 - 1) = CCCLXXXIV!$

Dagegen ist das indische System ein Stellenwertsystem, in dem »der Wert einer Ziffer von ihrer Stellung in der Zahl abhängt«. Dieses indische Zahlensystem ist ein Dezimalsystem: 10 ist die Grundzahl, und alle ganzen Zahlen lassen sich – wie FIBONACCI ja treffend bemerkt hat – mit zehn Zahlzeichen darstellen.

Dass wir dieses Dezimalsystem bis heute rechts mit den Einern beginnen und dann jeweils nach links mit Zehnern, Hundertern und so weiter fortsetzen, verdanken wir der Vermittlung durch die Araber, deren Schrift ja von rechts nach links verläuft.

Indien, 3. Jhdt. v. Chr.

Indien, 8. Jhdt. n. Chr.

Arabien, 11. Jhdt. n. Chr.

Europa, 15. Jhdt. n. Chr.

Europa, 16. Jhdt. n. Chr.

Frühere Varianten
der »arabischen« Zahlen;
die Null fehlte zunächst noch.

Während die Anfänge des indischen Stellenwertsystems bis ins 3. Jahrhundert vor unserer Zeitrechnung zurückreichen und dieses Zahlensystem sich im 6. Jahrhundert n. Chr. in Indien endgültig durchsetzte, wurde die Null erst später von den indischen Mathematikern entdeckt: BRAHMAGUPTA im 7. Jahrhundert war einer der Ersten, der mit der Null rechnete. Dies gelang übrigens auch – völlig unabhängig von indischen Rechenmeistern – den Mayas.

Die Einführung der Null war bahnbrechend – und den Europäern nicht ganz geheuer. Nunmehr sollte ein wertloses Nichts den Wert der vorangehenden Ziffer – eben den Stellenwert – jeweils um den Faktor 10 erhöhen!

Die Sonderstellung der Null lässt sich auch aus deren Wortgeschichte ablesen. Während die Bezeichnungen der Zahlen 1 bis 9 zum indogermanischen Kernwortschatz gehören (siehe Seite 23 zur Zahl 2), wird die Null in den einzelnen Sprachen erst spät, ganz anders und zudem uneinheitlich benannt.

In diesem Benennungs- und Bedeutungschaos sind immerhin drei Beobachtungen unstrittig:

- Am Anfang aller Benennungsversuche steht das arabische Wort *ṣifr*, das ursprünglich ›leer‹ bedeutet, dann aber in Anlehnung an das altindische *śūnya* (›Leere‹) die Leerstelle im Dezimalsystem, eben die Null, bezeichnet.

- Dieses arabische Wort wird weltweit in die meisten Sprachen übernommen: in die romanischen Sprachen und ins Englische als *zero*, einer vereinfachten Variante der früheren italienischen Entlehnung *zefiro* – in die anderen als eine Ableitung von mittellateinisch *cifra*. Letztere Gruppe, zu der auch unsere *Ziffer* gehört, bewahrt zunächst die Bedeutung ›Null‹. Später erst bezeichnen diese Wörter (auch das deutsche *Ziffer*) jegliches Zahlzeichen, seitdem das lateinische *nulla* (›nichts‹) die ursprüngliche Bedeutung ›Null‹ dem arabischen Fremdwort abspenstig gemacht hat.

- Als in verschlüsselten Texten der frühen Neuzeit zunehmend Ziffern für Buchstaben eingesetzt werden, kann das Wort *Ziffer* nunmehr auch ›Geheimschrift‹ bedeuten. In dieser Bedeutung ist *Ziffer* aus dem gleichlautenden französischen *chiffre* neu ins Deutsche entlehnt worden.

Dieser Wortdschungel sei vereinfacht so dargestellt:

Ziffer und Null

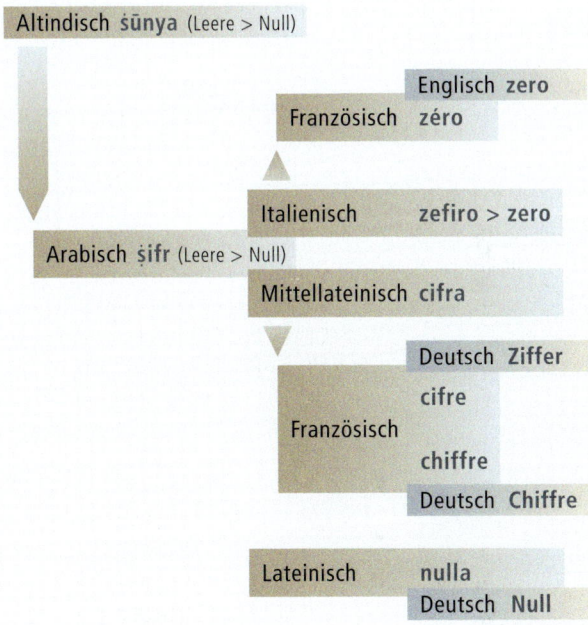

Die ursprüngliche Bedeutung ›Null‹ des älteren Lehnwortes *Ziffer*
hielt sich übrigens im Deutschen bis weit ins 19. Jahrhundert. So
können wir in einer Schrift ERNST MORITZ ARNDTS aus dem Jahr
1845 lesen:

> … in Dänemark, wo die ersten beiden Könige nach der Verjagung
> Christians des Zweiten wirklich fast nur *Ziffern* waren und wo alle
> Macht bei dem Adel und den Bischöfen stand.
>
> (*Schriften für und an sein liebes Deutschland* [1845] 3, 18)

Die weltweite Konkurrenz der arabischen und der lateinischen Bezeichnung für die Null lässt sich anhand einer (ausgewählten) Liste gut illustrieren:

Null

şifr		nulla	
Albanisch	zero	Afrikaans	nul
Baskisch	zero	Dänisch	nul
Englisch	zero	Finnisch	nolla
Französisch	zéro	Indonesisch	nol
Italienisch	zero	Isländisch	núll
Katalanisch	zero	Norwegisch	null
Polnisch	zero	Russisch	нуль (nul)
Portugiesisch	zero	Schwedisch	noll
Spanisch	cero	Serbisch	нула (nula)
Türkisch	sıfır	Ungarisch	nulla

Greifen wir ein einziges Beispiel aus dieser Liste zu weiterer Kommentierung heraus: englisch *zero*.

Nicht nur Wörter haben ihre Schicksale, wie ich eingangs im Vorwort sagte, sondern auch Zahlen: *Habent sua fata numeri*. Mit einem ganz besonderen Zahlenschicksal will ich meine Sammlung von Wortgeschichten beschließen, weil es ungemein aktuell ist, aber auch eine kulturelle, historische und politische Dimension hat. Ich meine die Bezeichnung »Ground Zero«.

Dieser Ausdruck, der inzwischen wegen seiner allgemeinen Verbreitung auch Eingang in den Duden gefunden hat, kommt aus dem Fachjargon der amerikanischen Luftwaffe und bezeichnete ursprünglich denjenigen Bereich des Bodenziels, der nach einem Bombenabwurf – bei »null horizontalem Abstand« zum explodierenden Sprengkörper – am stärksten betroffen ist.

Ursprünglich bezieht sich *Ground Zero* auf die japanische Stadt Hiroshima, die durch eine liebevoll »Little Boy« genannte amerikanische Atombombe am 6. August 1945 zerstört wurde. Ironie der Geschichte: Das Projekt, in dessen Rahmen die erste Atombombe entwickelt wurde, war nach demjenigen Stadtteil von New York benannt, der am 11. September 2001 traurige Berühmtheit erlangen sollte: Manhattan.

Seit ebendiesem 11. September 2001 bezeichnet *Ground Zero* meist das Gelände, wo ehedem die sogenannten »Twin Towers« in den Himmel von Manhattan ragten, bevor sie durch einen Angriff islamistischer Terroristen zum Einsturz gebracht wurden.

Ground Zero I:
Hiroshima am 6. August 1945

Ground Zero II:
das *World Trade Center* nach dem 11. September 2001

Auf diese Weise bezeichnet der westliche Mathematikschüler die Heimsuchung durch die ehemaligen arabischen Lehrmeister ausgerechnet mit einem Wort, das er der Wissenschaft der Heimsuchenden verdankt: mit dem arabischen *ṣifr,* das dem englischen *zero*, wie wir sahen, zugrunde liegt.

* * *

Register

Bildquellenverzeichnis

aisa, Archivo iconográfico, Barcelona: 13, 144, 218. – akg-images, Berlin: 65, 129, 139, 140, 155, 187, 195. – Allard Pierson Museum, Amsterdam: 24. – Archiv Waldmann, Stuttgart: 133. – Artothek, J. Hinrichs, Weilheim: 113. – Bibliographisches Institut & F. A. Brockhaus, Mannheim: 35, 41, 50, 53, 68, 71, 78, 84, 162, 169, 176, 199, 210, 221. – A. Gomille, Frankfurt am Main: 169. – Prof. Dr. W. Guglielmi, Tübingen: 36. – Image Source, Köln: 98. – Dr. V. Janicke, München: 211. – Dr. R. König, Preetz: 169. – MEV Verlag, Augsburg: 189. – Photo Digital, München: 157. – picture-alliance/akg-images, Frankfurt am Main: 12, 45, 61, 62, 92, 95, 106, 127, 152, 165, 174, 198, 201. – picture-alliance/Bildagentur Huber, Frankfurt am Main: 117. – picture-alliance/dpa, Frankfurt am Main: 20, 37, 38, 44, 51, 52, 87, 102, 130, 149, 186, 191, 196, 217, 229, 230. – picture-alliance/Bildarchiv Okapia, Frankfurt am Main: 89. – picture-alliance/Stockfood, Frankfurt am Main: 183. – picture-alliance/Votava, Frankfurt am Main: 34. – Silvestrisonline, Kastl: 171. – J. Stadtmüller, Limburg: 214. – Süddeutscher Verlag Bilderdienst, München: 209. – Voith Sulzer Papiertechnik, Heidenheim: 218. – The Yorck Project, Berlin: 173, 204, 222.

Sonstige Grafiken: Bibliographisches Institut & F. A. Brockhaus, Mannheim.